最後の晩餐
死ぬまえに食べておきたいものは？

宇田川 悟
Satoru Udagawa

晶文社

CONTENTS

最後の晩餐　目次

本書は、サントリーホールディングス（株）「サントリークォータリー」誌掲載の対談記事「食は人なり、酒は人なり」第一回（七三号／二〇〇三年九月）、第三回（七五号／二〇〇四年四月）と、（財）味の素 食の文化センター「vesta」誌掲載の対談記事「食べる人たち」第一回（六八号／二〇〇七年一〇月）～第一五回（八二号／二〇一一年七月）〔但し、第五回（七二号／二〇〇八年一〇月）を除く〕に新たな原稿を加え、加筆訂正したものである。

島田雅彦《しまだ まさひこ》

Last Supper
1

食物連鎖の中のエロスとタナトス

作家。法政大学国際文化学部教授。文芸家協会理事。1961年、東京生まれ。84年、東京外国語大学外国語学部ロシア語学科卒業。大学在学中の83年に、『優しいサヨクのための嬉遊曲』で作家デビュー。主な作品に『夢遊王国のための音楽』(野間文芸新人賞)、『彼岸先生』(泉鏡花文学賞)、『自由死刑』『無限カノン 3部作』『退廃姉妹』(伊藤整文学賞)、『カオスの娘』(芸術選奨文部科学大臣賞)など著書多数。近著は『悪貨』。また、音楽に造詣が深く、オペラの台本『忠臣蔵』『Jr. バタフライ』などを手がける一方、食に関する探究心も並々ならぬものがあり、自他共に認める文壇屈指の料理人。著書『ひなびたごちそう』では、自らの食哲学とオリジナル料理レシピを披露している。

撮影：佐藤謙吾

山海を食すための掟

宇田川　島田さんは料理の達人として知られていますが、一方でファストフードを拒否している。いつ頃からそのことを実践しているのですか。

島田　昔から料理をしていないときというのは、そこにあるもの、食べられるものをそのまま口に入れるという子どもみたいなことをやっていたわけですが、実際に自分で素材を選んで料理するとか、さらに最近では、野菜に関しては園芸というかたちで、つまり庭でプランターに植えるというような条件付きのかたちで作ったり、魚だったら釣り舟で釣りに行って釣ってきたもの、釣果を食べるということをやっています。狩猟採集の一端でいえば、山の中に入って山菜を採ってくるとか自然薯を掘るとか、ある程度の労働を通じて食に接する。私自身も産業社会に生きる人間、都市生活者ですが、条件付きで農耕文明や狩猟採集文明での、食と結びついた人の営みに触れてみると、黙って産業社会の産物、工業製品としての食べ物ばかり食べていると いうのも疑問に感じてくるというか、食に対するあまりに受動的な姿勢というのはいかがなものであろうかと。むろん安く早く美味しく食べられるという効率重視の立場からすれば、それを徹底追求すればよいのだろうし、その徹底追求した果てに現れてくるのがファストフードだということだと思います。しかし、私は日々ファストフードを食べなければいけないほど忙しくはないのです(笑)。

宇田川　人間の根源的なパワーを感じさせると言われる屋久島には、現代社会に生きる人間でも離島で狩猟生活をすれば何かを感じる、そのようなパワーが充満しているとか。

島田　実際に自然薯を掘るとか、シカを撃つとか、磯で貝を拾ってくるという作業は決して楽ではないんです。自然薯なんていうのは一本細いのを掘り出すのに小一時間、場合によっては二時間ぐらいかかりますからね。腰をかがめて二時間穴を掘り続けるというのはものすごく重労働ですよ。だから島では、「イモを掘る」というのは、「愚痴る」とか「ぼやく」という意味なんです、なかなか出てこないから。自然薯掘りに関しては、園芸よりはもっとつらい(笑)。

宇田川　ただ、人間が生活のなかで忘れている根本的な労働や農業、狩猟に直接触れるという意味では、大変貴重な体験なんでしょうね。

島田　狩猟というのは、まず実に手間のかかる営みです。猟銃を使っていますが、まず銃のエキスパートでなければいけないし、猟犬を使うから、犬のブリーダーでなければいけない。それから山奥のほうにシカを追っていくわけで、登山のエキスパートでもなければいけない。さらに無線も使うから、無線のエキスパートというのもある。それと仕留めたシカはその場で皮を剥いで解体するから、肉屋のノウハウも必要なんです。さらには獲物への感謝の表現として、それを余すところなく食べ尽くすという意味では料理人でもあるという、一人何役も兼ねなければいけないということがひとつの発見でした。その獲物を美味しく食べるためには、苦しませてはいけないという鉄則があるようで、なぜ死んだのかわからないぐらいに手際よく仕留めなければいけない。つまり相手に危機感を与えて、そこで内臓が破裂するまで走らせたりすると、全身に血が回って、全体の体温が上がったり、破裂した内臓の匂いが肉についたりして、急に食べにくいものになってしまうらしい。だから仕留める時から料理が始まっている。釣りでも、活《い》け〆《じめ》にして血抜きをするという作業もありますから、魚をあまり苦しませてはいけないというのはどうやら鉄則みたいですが、それはやや人間の身勝手ですが、慈悲、生類憐れみの意識と結びつくんじゃないでしょうか。

宇田川　猟師の方々の行動をつぶさに見ていると、自然や獲物に対する畏怖心をビビッドに感じたりするものですか。

島田　人間は食物連鎖のトップにいますから、ほかの動物を殺して食べるということには、なんらかの責任感、掟が自然に芽生えてきたんじゃないでしょうか。

宇田川　狩猟する人たちは個人的な生活のなかで、その掟をどう果たそうとしているのでしょうか。

島田　狩猟する人たちというのは、ある種の食料獲得に対して自らもリスクを負っていると思います。昔の捕鯨がいい例で、クジラより小さい小船に乗って、みんな海に飛び込むようにしてモリを撃ち込んで、クジラが暴れれば船も転覆するし、命懸けなんです。それでやっと一頭捕れるか捕れないかみたいなぎりぎりの線をやって、捕獲したら集落の共有の財産になる。めったに捕れないのだから、余すところなくすべて使う。ひげは道具にしたり、骨はテントの柱にしたりというように、すべて使うということが古くから狩猟採集生活を営む人たちの間の掟だったと思うし、狩りをしてもエコロジーがあったと思う。ただ、今どんな猟も、いきなり自分を安全地帯に置いてボーンとモリを撃ったり、大きなエンジン付きの船で、よほどのことがないかぎり転覆の心配はないような状態で漁労をやっている。人間に危機感はあまりないんでしょうね。

宇田川　宗教によっては牛や豚を食べない。島田さんはチベットの鳥葬について書いていますが、食物連鎖のトップにいる人間が最後は鳥によって食われてしまうという象徴的な風景は、理想のイメージに近いですか。

島田　「土に還る」という言い方がありますが、食物連鎖というのはまさにそういうことで、食物連鎖のトップに立っている人間も死ぬ。人間の死亡率は一〇〇パーセントですからね(笑)。食物連鎖のトップの人間もやがて死に、土に還っていく。そうすると、遺体を栄養分としてバクテリアや寄生虫が生き永らえる。その死体も分解されて、食物連鎖の一番下に来ているはずの微生物が潤い、さらにはそれが土に還るときに栄養分となって蓄積されれば、植物をも肥えさせられる。土が肥えて、植物も繁茂するというふうにして、還ってくるわけです。食物連鎖というのは単なる直線的なピラミッド型ではなくて、もうちょっと循環的なサイクルを持っていて初めて完成すると思うんです。

その意味では鳥葬というのも、鳥が死体を食べやすいようにやや開きにするとか骨を砕くという作業は入るけど、もう一度鳥の栄養にしてやる。鳥はどこかよそへ飛んでいくわけです。人間の肉体も鳥に食われて、どこかよそに運ばれていく。魂も一緒についていって、そこで転生した人が現れるという、ちょっと飛躍した宗教的な考え方も生まれたりするということでしょうね。

理想の酒場

宇田川　島田さんの居酒屋好きは有名で、一五歳から居酒屋に入り浸っている(笑)。いったいなぜ居酒屋なのですか。

島田　居酒屋はどこか飲茶に近いものがありますね。人それぞれの理想の食事の形態というのはあると思いますが、同じものを大量に食べるよりは、多種多様なものをちょっとずつつまみ食いするという形式が一番ハッピーです。居酒屋というのは、小皿にほんのちょっとしかない海鼠腸《このわた》(ナマコの腸の塩辛)とか獏久来《ばくらい》(ホヤの塩辛と海鼠腸の和え物)などの珍味から始まって、生物《なまもの》を入れたり、焼き物を入れたり、揚げ物を入れたり、炭水化物をちょっと入れたり、ひとりで何種類もつまみ食いできる。さらにいえば、デパ地下の試食を一個ずつつまんでいくような形式も悪くないな。

宇田川　世界には飲茶以外にも、スペインのタパスもあるし、ヴェニスのバーカウンターもそうだし、人間がそういうスタイルを要求しているんですかね。

島田　やっぱりあるんじゃないでしょうかね。ヴェニスのバーだって混んでくるとカウンターの正面に立てないで、ダークダックス状態で（笑）、やや半身に腕一本伸ばせるスペースだけ確保する。つまみも楊枝に刺さったのを手渡しで食べるのは窮屈で落ち着かないとは思いながら、やめられないんですから。

宇田川　居酒屋は日本の食文化のエッセンスというふうに考えていいのでしょうか。

島田　そう思います。居酒屋のラインナップの中に、ある種日本人の食の貪欲さというものが表れていると思いますし、あの形式は皆だいたい気に入りますよ。

宇田川　居酒屋で和洋中やエスニック料理との組み合わせを考えながら、お酒はどのように注文するんですか。

島田　直感的な結びつきというのは考えます。例えば、辛口の酒というのはつまみはあまりいらない。酒そのものの味を味わうようにして飲むと思いますが、煮物とかそこそこ味が濃くなっているものに関しては必ずしも辛口である必要はないし、むしろ甘口というのか、わりと味の濃い濁り酒を合わせる。あるいは煮込みというと反射的にホッピーに結びついてしまうかもしれないけど、モツ煮込みにはボルドーの赤ワインが絶対的に合うと思う。

宇田川　ウイスキー系統は居酒屋ではあまり飲まない？

島田　いや、時々居酒屋で比較的安めのウイスキーをハイボールで飲んだりすると、これがまた居酒屋のメニューに合ったりすることはありますね。

宇田川　ご自宅を改装して、リビングルームを多目的のバーにしたそうですね。

島田　高いカウンターを作ったんですが、それをやって発見したのは、家の中で突っ立っているのはけっこう気持ちいい。ただ突っ立っていても落ち着かないから、立ったまま肘が置けるような高さのバーカウンター、あれがけっこういいんです。

宇田川　フランスのバーカウンターみたいですね。

島田　そうそう、立ち飲みみたいな。立ち食いもできる。

宇田川　それはずっと考えていた理想のスペースですか。
島田　うちに客が来ると、わりあい長居していきますね。
宇田川　居心地がいいんでしょう。
島田　座り疲れたら、立ってふらふらもできるし、立ったまま飲める。こっちの趣味を前面に押し出すようなインテリアを置かずに、逆にシンプルにしたので、他人の家という気がしなくなるのかどうかわかりませんが、わりに長居していきます。だからといってよそに飲みに行かなくなることはない。うちと外の楽しみは別ですね。それが店でなくても、他人の家の茶の間でも、それはそれで独特の雰囲気があるわけですから。
宇田川　リビングのバーにはどんなお酒を揃えているんですか。
島田　泡盛の甕がメインのひとつとしてドンとある。随時ブレンドして育てていますよ。ほかにキッチンとバーとの間を隔てるところに棚があって、そこに長期保存可能なスピリッツ系の酒が並んでいる。
宇田川　世界中のお酒ですか。
島田　ウイスキー、ブランデー、グラッパ、カルバドス。ワインがあまり美味しくない、あるいは造れない地域には、いろんなスピリッツがあって楽しい。例えばオーストリアとかハンガリーとか中欧、まあハンガリーはワインも美味しいけど、ああいう地域にはフルーツを原料にしたスピリッツが豊富で、一種のグラッパのプラム版とかサクランボ版、洋ナシ版があります。スピリッツ好きのローカルな酒造メーカーがメイド・イン・オーストリアのアブサン（ニガヨモギを主にしたアルコール度数七〇前後の薬草系リキュール）を造ったり、不思議なリキュールを造ったりしているんです。野生のスグリを原料にしたブランデーとか、黒パンを発酵させた、どろっとしたクリームリキュールみたいなものを造っている。試しに気持ち悪いけど飲んでみたら、黒パンの中のライ麦のつぶつぶがそのまま残っていて、飲むというよりは、噛む感じ。一九度ぐらいのリキュールですけど、シロップの代わりにかき氷にかけると旨い。モーツァルト印のチョコリキュールやオレンジリキュールもよく売っているけど、夏はかき氷にかけて食べると旨いですね。
宇田川　お酒の遍歴というのもとても興味深いものですが、若い時分は新宿ゴールデン街で飲みすぎたり。
島田　若い頃は体力任せというか、飲み方に余裕がないんです。ばっと騒いで酔って寝るとか、狼藉するとか。

宇田川　破滅的な飲み方みたいなのは皆さんありますよね、青春時代の。

島田　三〇過ぎて、お金だけではなくて、精神的な余裕が出てきてからのほうが美味しいですね。

宇田川　美味しいというのはどんな感じですか。

島田　いろんなものを肴にできるようになったということでしょうね。食べるもの、つまむものだけではなくて、一緒に飲む人をからかう、お世辞を言う、噂をする、そのような意味での肴の種類が豊かになったんでしょうね、きっと。

宇田川　島田さんは二〇代までピザも食べられなかったり、すごい偏食でしたよね。それがお酒を飲むことによって劇的に食べ物の嗜好も変化していった。

島田　好奇心があるのとないのとでは全然違います。舌もある程度保守的ですが、その舌の保守性を好奇心で凌駕する。そうするとゲテモノに見えるものもつまむようになってきます。食習慣というのは皆、律儀に守るものだけど、ちょっとずらすだけでいろんな発見があります。

宇田川　食べ物の嗜好を変えるといえば酒もそうですが、旅もそうですね。二〇代から世界各国を回って、どんなお酒に出合いましたか。

島田　わりとフルーツが自慢の国、ハンガリーあるいはクロアチア、アルメニア、グルジア、あっちの地方は家庭でものすごく強い自家製のグラッパを造るわけです。これはマニアがいる。度数を上げていくには蒸留の過程を何度も繰り返さなければいけないから、手間はかかるんですが、強くしていくのが趣味みたいな農家の人がいたりする。好きだと言うと、ペプシの空き瓶か何かに詰めて持ってきてくれる。それは強烈な度数の酒ですね。

宇田川　食べ物には幼年期と壮年期と老年期とあるとおっしゃっていますが、今その三つの区分けをお酒に当てはめると、どの辺に位置していますか。

島田　年相応に落ち着いている。ちゃんと中年の舌を持っていると思います。

人には場末が必要

宇田川　お酒はコミュニケーションツールのなかですごい力を持っていますね。居酒屋というだらっとした空間の中で、人とお酒を交わしながら、すごく濃密なコミュニケーションをしている場合もある。一方で地方や海外に行って、うらぶれたバーで、言葉は通じなくても、そこの主や酔っぱらいと飲んでいる瞬間というのは、暗黙のコミュニケーションをしているような気がするんですが。

島田　旅先では情報収集もありますね。一方で、会社の帰りにガード下の居酒屋で飲む人たちが、会社でも顔を突き合わせているのに、なんでガード下でまた飲むのかなと思ったら、あれはちゃんと理由があるなとわかったんです。要するに、会社ではある目的とか属性どおり行動するけど、ガード下に行くとちょっと緩む。家に帰れば、家族から除け者にされる。だから会社から家に帰るまでの間に、都心のビジネスマンの属性を一枚一枚剥いでいく。いきなりまっすぐ帰宅すると、変身がうまくいかないから、変身にワンクッション置くんですね。会社を引きずっているように見えながら、少しずつ会社の属性を、一杯飲むごとにお互いに剥ぎとっていく。仕事のときには嫌な奴だと思ったけど、飲んでみると話が通じないこともないじゃないかというふうに、会社とは違う関係を飲みながら作りつつ、時には自堕落に猥談をやるとか、野球の話に終始しながら会社の属性を一皮むく。いい気分で家に帰るときにもう一枚脱いで、なんでもないものになっていくという、一日のサラリーマンの通勤・帰宅のプロセスのなかで、いろいろな意味で役割が変わっていく。緩やかな変身が繰り返されているという感じですよね。

宇田川　フランス人は絶対にそういうことはないんですね。アフター5の付き合いは基本的にない。

島田　ないでしょうね。アメリカ人もほとんどないでしょう。会社が終わったら、ピュッとどこか郊外の自宅に帰ってしまう。だから中間がないんでしょうね。

宇田川　日本人の変身していくプロセスというのは、アジア的な行動様式なんですか。

島田　だと思いますね。韓国では同じような習慣があると思います。

宇田川　島田さん流のお酒との付き合い方はどんなものですか。うまくお酒と付き合っていくような法則みたいなものは？

島田　抑圧されている自我がうまく解放されればいいと思いますよ。同僚と居酒屋で飲むときには、隠微な言いまわしだけど、お互いにわだかまりとかストレスを解きほぐすようにマッサージし合っているんです。例えば韓国語で「恨《ハン》」というのがありますよね。一種の恨みつらみみたいなもの、あるいはわだかまりといってもいいんだけど、これはひとりで抱えていても駄目なんです。ちゃんとした手続きに従って処理しないと駄目なんです。ある日、爆発してしまうから。ガス抜きをする必要があるんですが、それは自分の恨みつらみとかわだかまりを理解してくれるような相手じゃないといけない。「わかるよ」と、とりあえず聞いてやればいいんです。「わかった、わかった」ということで、そこである種のコミュニケーションが生じて、どこかわかりながら肴にされてしまうかもしれないけど、肴にされても、とりあえず言葉にすることで発散するものがある。わかってくれているやつもいるんだということで、ちょっと癒される。あれはそういう儀式なんですよ。だから軽い気持ちの精神分析、友人に精神分析を頼んでいるみたいな感じはあると思う。アメリカ人はそれをやらないから、いきなりカウンセラーとか精神分析医のところに金を払って行くんですよ。

宇田川　フランス人も精神分析が好きですしね。なるほど、日本人は居酒屋やガード下の飲み屋で軽い精神分析をやっているんですか。

島田　それをやっているから精神分析医のところに行かなくていいんです。ガード下で済ませている。そういうところに行かない人はほかにどこへ行く場所があるかというと、同じガード下にいる占い師のところに行く(笑)。だいたい同じようなところにいるでしょ。人は場末を必要としているんです。精神衛生上、場末が必要なんです。女性同士も、「ちょっと聞いてよ」というふうに食事しながらあれこれだべって、だべっているうちにほぐれてくるわけです。

宇田川　人はなぜお酒を飲むのか、よくわかりました(笑)。

エロスと「食」の関係

宇田川　人はなぜ悪食を重ねたりゲテモノを食べたり、食欲に際限がないのでしょうか。

島田　人はほうっておけば死にますが、むしろ本能として死により接近したがるというか、自己破壊衝動を抱えている。本能として人は死へと近づきたくなるものなんです。それを生のほうに引きとどめるのがエロスです。エロスとタナトスの関係は、死へ向かう衝動と生にしがみつく衝動の綱引きをいつもやっているんです。エロスというのは別にセックスのことだけではありません。食欲もエロスです。これも食ってみたい、あれも食ってみたいという欲求というのはある種、これを食わなければ死ねないという欲求ですから、生のほうに引きずり戻す本能なんです。だから、あれも食いたいこれも食いたいは、死にたい欲求と同じで自然です。確かに昔の人は今ほど流通網が発達していなかったから、その土地で取れたものしか食べられないということで、食生活は今よりずっと単純でした。バリエーションが少なかった。しかし、その土地で取れないものに対する渇望というのは強いんです。アマゾンで聞いた話だけど、笑ってしまったのは、アマゾンの人たちはサーモンが好きなんだって。「サーモン獲れないじゃないか」と言ったら、「獲れないから好きなのよ」と言われた。アマゾンの淡水魚はいくらでも食べられるから、逆にサーモンが食べたい。

宇田川　これからも中国やフランスのエピキュリアン（快楽主義者）のように、食の冒険というか、食い物もお酒もなんでも食べ飲みしていくのですか。

島田　私はセンザンコウ＊を食ったりキンシコウ＊＊を食ったりという極端はあまり好きじゃない。ほんとに旨いのかよと思う。いや、旨いのかもしれないが、味はともあれ、それを食ってみるということが中国のエピキュリアンにとっては大事なようです。アワビも、美味しい適正サイズというのがあるんです。ところが中国のエピキュリアンは、アワビはめでたいもののシンボルだから、どんな大枚をはたいてもでかいのを食べるという考えなんです。そういう極端に向かう人に対しては、やはりここは「ナショナリストとして中庸を守る」と言ってみたい（笑）。

宇田川　毎年誕生日に醤油漬けのアワビを食べるんですよね。

島田　だから小さい（笑）。あんまり大きいのは高くて買えないから、負け惜しみかもしれないけど、「このぐらいのほうが味がいいんだ」とか言って、トコブシぐらいのを食っているほうがいい。

宇田川　最近は健康ブームで薄いお酒が好まれるようになっているのは、タナトスの欲求があまりなくなってきたということですか。

＊　穿山甲。中国国家二級重点保護野生動物。全身が鱗で覆われたアルマジロに似た哺乳類。野生動物料理や漢方薬の素材として珍重されている。

＊＊　金絲猴。中国国家一級重点保護野生動物。孫悟空のモデルとも言われる金色の毛をした霊長類で、中国三大珍獣に挙げられている。

島田　健康という宗教が邪魔しているという感じかしらね。だから最近の私のもうひとつのテーマというのは、健康よりも快楽が大事だという立場なんです。つまり、どんな食品の世界でも、健康というのがひとつの巨大市場をなしているでしょ。清涼飲料水ひとつとってみても、健康という付加価値をつけて売っていますよね。

宇田川　快楽というのは食の快楽のことですよね。ということは、世界中のものならなんでもとことん食べていこうという気持ちなんですか。

島田　食べなくても死ぬが、食べすぎても死ぬ。だからいろんなものを食べたいとか、あれもこれも食べたい、もっと美味しいものを食べたいというのは確かにエロスの領域だけれども、それもあんまり突き詰めていってしまうと、食べることによって体を壊すし、食べすぎて死ぬという方向を逆に目指してしまったら、これはタナトスのほうに引きずられる。常にせめぎ合いですよね。

宇田川　健康より快楽と思わないと、お酒を飲んで、そこに溺れるということはできない。

島田　でも紙一重ですよ、健康追求と快楽追求は。私の立場はこうですから。人は快楽を感じているかぎり健康でいられる。

宇田川　どっちから入るか。逆に、健康でいるかぎり快楽は感じられる。

島田　ただ、健康でいるための条件を設定して、それを律儀に守るというのはけっこうつらいかもしれません。行《ぎょう》になってしまう。酒を飲む営みというのは一種の自己矛盾となっているんです。

常に向かい合うんです。ロシア人もけっこう矛盾したことをやっています。ウォッカという決して健康によくないものを乾杯するときに、「健康のために」とか(笑)。

宇田川　先ほど、サラリーマンがガード下で仮面を一枚一枚剥ぐために酒を飲んでいるとおっしゃったんですが、サラリーマンでない島田さんもお酒を飲むということは、仮面を一枚一枚剥いで調整するみたいなところがあるんでしょうか。

島田　それもあるでしょうし、酒の力を借りてできることは何かを研究しております(笑)。

宇田川　研究はずっと続くわけですね。そして最後の晩餐では、何を食べるのでしょうか。

島田　最後の晩餐で食べるものは「*鮒鮨《ふなずし》」です。その理由は、死後、自分の肉体を乳酸菌の巣とするためです。

＊　フナを使った熟《な》れ鮨の一種で、　滋賀県琵琶湖の特産品。

宇田川　本日はありがとうございました。

◆二〇〇三年九月

奥本大三郎《おくもと だいざぶろう》

Last Supper 2

グルメな虫屋

フランス文学者、作家。埼玉大学名誉教授、大阪芸術大学文芸学科教授、NPO日本アンリ・ファーブル会理事長、ファーブル昆虫館「虫の詩人の館」館長。1944年、大阪府生まれ。東京大学文学部仏文学科卒、同大学院修了。フランス文学の研究・教育に携わる一方、幼少の頃から昆虫採集を始め、昆虫の収集家としても著名であり、昆虫に関する著書や翻訳も多い。1981年に『虫の宇宙誌』で読売文学賞、1995年に『楽しき熱帯』でサントリー学芸賞を受賞。近著に『散歩の昆虫記』がある。また、産経児童出版文化賞を受賞したジュニア版『ファーブル昆虫記』(全8巻)の翻訳に続き、『完訳 ファーブル昆虫記』(全10巻・20冊)の翻訳刊行が進行中。

撮影：佐藤謙吾

足し算・引き算の「食」

奥本　本日はまず私から質問したいと思います（笑）。「日本料理は引き算、フランス料理は足し算」というのはよく言われることですが、それは本当のことなんですか。

宇田川　そうだと思います。フランス料理に比べて、日本料理はエッセンスを引っ張り出します。魚でも皮を取って、骨を取って、内臓を取ってしまい、最後は丸裸にして料理する。いわば引き算の料理と言われています。反対にフランス料理では、ソースの作り方でもそうですし、牛や豚などの食材でも頭の先から足、尾っぽまで全部使って料理するし、そういう意味で足していく料理と言えるでしょう。ヨーロッパ合理主義に倣って、AとBを足しながら、一つの弁証法的な料理にしていくんでしょうね。

奥本　フランス料理は足し算と、場合によっては掛け算になりますね。日本料理は引き算の中に、突然ふっと何かが現れる。なぜ日本の芸術というのは引き算になるのか。だって絵がそうでしょう。紙と墨と、その二つがよくないと墨絵が描けないのと同じです。引き算の文化であるからこそ、食の場合も最終的には素材が大切ということになってくると思うんです。逆にフランス料理って、たぶん油絵みたいに塗り重ねていく足し算方式なんでしょう。ところが日本料理は、引いていって引いていって、最後は墨と余白だけになる絵と同じようになっていく。

宇田川　料理というのは芸術とも言われています。

奥本　千利休*の場合、明らかに芸術と料理が結びついていましたよ。フランスではつい最近まで、料理人が芸術家として見られるということはなかったでしょう。そんなに地位が高くないし、利休みたいに知性と直接結びつけて語られることはなかったじゃないですか。

＊せんのりきゅう（一五二二―九一年）茶道の開祖。茶の湯を総合芸術とした「わび茶」の完成者。戦国〜安土桃山時代に、織田信長や豊臣秀吉に仕え、齢七〇の時に秀吉に切腹を命じられる。

宇田川　アートのジャンルに料理は入っていなかったんです。七〇年代にヌーヴェル・キュイジーヌ*を経験して、グランシェフ（総料理長）が市民権を得ました。昔はシェフに名前が付くこともなかったし、汚れた調理場で働いていて、芸術なんてジャンルに入るような仕事とは思われていなかった。アルティザン（職人）という言い方が一般的でしたね。フランス料理が国家に貢献したり、プロパガンダに使われていくプロセスの中で、世界の中のフランス料理というものが確立され、芸術として認知されるようになってきたんだと思います。

＊直訳すると「新しい料理」。ミシュラン3ツ星シェフであるポール・ボキューズやトロワグロ兄弟ほかのシェフたちが、オーギュスト・エスコフィエの精神を受け継ぎながらも、日本の懐石料理を採り入れたりして、軽いソースや新鮮な素材を活かした調理などを七〇年代に創造し、これが世界中に広まったもの。

奥本　そもそもフランス料理は大きな獣なども扱うので、力が要るし、やることが荒っぽい。鋸を使ったり、刃物を使ったり、それから大きな暖炉を使って焼いたりしますので、ひとつ間違うと、食人というイメージとつながるような気がするんです。ヒッチコックの映画で、シェフが殺人者で美味しいスープを出すという不気味なシーンがありましたけれども、あれがフランス料理につながるところがある。日本料理はそういう気配はまったくないんじゃないですか。

宇田川　フランス料理にはジビエ（鳥獣肉）料理という独特な分野がありまして、日本人には臭くて硬い肉というイメージがあって取っつきにくい。でもフランス人はジビエが大好きで、極端にいえば、「ジビエ料理を理解しないと、フランス料理のエッセンスはわからない」と言われる。フランス料理には血の記憶の歴史みたいなものがあるような気がします。

奥本　まさにフランス人は血を上手に食べますね。豚の腸詰のブダンもそうですが、血の最後の一滴まで利用する。それに骨髄というのも非常に大事にしますでしょう。でも日本料理ではメニューの中に骨という言葉は出ませんね。中華料理でも排骨とか東北大骨とか、骨という字がよく出ます。我々は子どもの時から骨というのが怖かった。特に頭蓋骨を一番として、骨そのもの、骨付きのハムというのは、僕は子どもの時に手塚治虫のマンガで初めて見ました。日常生活にはなかった。日本で骨が出てくるのは、煮魚を全部食べたあとにお湯を注す骨湯とかね。日本人にあるのは魚肉ソーセージの世界くらいですけれど。

宇田川　魚に関しては食文化の深さの違いなんでしょうが、フランスの魚屋に行って、「骨を付けてくれ」とか、「カマをくれ」とか言っていると、お前はなんだと嫌な顔をされて、「うるさいことを言うな」って（笑）。

奥本　頭を全部捨てちゃうでしょう。いいお出汁が出るような骨も全部捨てて、フィレだけシュッと出す。えんがわなんてハサミでジョキジョキ切っちゃう。だから外科手術と同じ感じがしますね。日本料理はそんなに荒っぽいことは普通しないもの。

宇田川　日本の魚類図鑑には、魚の味とか料理法まで書かれているとお書きになっていますが。

奥本　博物図鑑であって同時に料理書であるという図鑑は、世界で日本だけですね。中国なんかでも、本草書は薬になるかどうかしか書いていないんじゃないですか。

虫も棲まない黒い森

宇田川　日本の自然破壊というのはものすごいことになっているのですか。

奥本　平地はご覧の通り。今の日本の林業はスギとヒノキ、そして標高の高いところは全部カラマツなんです。スギそのものの材は虫も食わない。スギカミキリという特殊なカミキリが食うぐらいです。それに実がならないから鳥もいない。だからスギの林は本当にサイレントスプリングなんですね。山というのを材木の畑と考えていて、日本の七割は山地で、その中のかなりのパーセンテージが人工林なんですが、日本中どこへ行っても、味も素っ気もないスギ林になってしまった。それまで広葉樹の林にシカ、イノシシ、キジ、山鳥、ウサギとかがいっぱい生息していたんですけど。

宇田川　スギとかヒノキの林だけになると、動植物が少なくなるのですか。

奥本　スギは針葉樹の仲間で、フィトンチットといって、人間がすっきりするものを出すんですが、殺菌力があるんです。そして、ほかの植物の邪魔をする。第一、下が真っ暗ですから植物が育たない。日本人の仕事は大変能率がいいんです。ビシッと動いて、山の頂上までスギにした。昔から林業で食ってきたはずなのに、なぜこんな表土の浅い、スギが育つはずのないところまで植えたのかと考えていて、勤勉だからと思ったんですが、そうじゃないんですね。スギを植えると補助金が出たので、林業の人はこうなるという結果を知っていながらやったんです。

宇田川　わかっていたにもかかわらず、スギの植林を進めたわけですね。

奥本　広葉樹があると、葉っぱから虫が落ちるとか、落ち葉に植物プランクトンが発生するということがあって、川の水が豊かになっていく。イワナなどから始まって、アユとか、ヤマメとか、それからフナとか、コイとか、美味しい魚がいっぱいいたんですよ。ところが、針葉樹の林を流れてくると水が痩せちゃって、それが海に入るでしょう。そうすると海も駄目なんです。上に林がないと海の魚も育たない。それを魚の付く林という意味で魚付林《うおつきりん》と言います。政治家の中には、海岸の岸壁を緑色に塗ったら魚が増えたという、そういう発想をする人がいる。

宇田川 自然環境保護などいろいろな運動とかが起こっているわけですか。

奥本 やっと木を植え始めたところですが、それもまだまだ少数です。山を見てごらんなさい。どこの山へ行っても真っ黒けの窒息しそうなスギの林です。絶望的な状況ですよ。そして国土交通省なんかも、川を真っ直ぐにして水を流そうする。本当は広葉樹であれば、何ヵ月もかかって雨水が徐々に下におりていくんですが、スギの林だと保水力もないので、水が川にドッと流れる。そうするとダムを造ったり護岸工事をするいい口実になる。何百年に一回の洪水が起きたらどうするかということで、川も三面張りにした。だから昔の田んぼの用水路にいたドジョウも、フナも、ウナギも、コイも、ナマズも、何もかも生息しなくなってしまいました。昔はモクズガニが何百も獲れたのに、今はちょっとしかいない。天然ウナギだって、その辺の穴に手を突っ込むといたんですよね。砂を食い止めるダムを造ったりしますと、海岸まで砂が流れていかないから、砂浜が痩せていくわけです。そこをまたコンクリートで固めたり、テトラポットを置いたりしている。だからアサリ、ハマグリがいない。今は朝鮮・中国から全部輸入、ドジョウまで輸入ですよ。

宇田川 日本でアンリ・ファーブル会*を設立したのは、奥本さんなりにひとつの大きな構想を持って、そのような流れに立ち向かっていこうという発想からだったのですか。

奥本 子どもは昆虫採集をしてはいけないという時期があったんです。子どもが昆虫採集をして学校へ持っていくと、女の先生が「ギャーッ」と言ったり、「殺人鬼」とか言っ

＊特定非営利活動法人日本アンリ・ファーブル会。理事長・奥本大三郎。フランスの博物学者アンリ・ファーブルをひとつの理想像として、現代日本の子どもたちの自然に対する健全な感覚を養い育てることを目的として、ファーブル昆虫館「虫の詩人の館」の運営や各種イベントなどの活動をしている。

たり、それから「なぜ殺さなければいけないの?」と言う。でも昆虫採集をしなければ、虫の手触りも何もわからないし、遠くから観察しているだけじゃ何もわからない。子どもは生き物って知らないし、魚といっても、切り身をパックして売っているだけでしょう。家に包丁もない、まな板もない。たまにお頭付きの魚を見ると「お目々が怖い」とか、そんな状態じゃ、美味しいものが食えるわけがない。食に引きつけて言えば、アンリ・ファーブル会の動きは、美味しいものを食べようというのとつながっていくんですよ。

宇田川　美食と博物学は同じであると盛んにおっしゃっていますね。どういう共通点があるんですか。

奥本　馬鹿のひとつ覚えみたいに、それを言っているんですけれどね。さっき言ったみたいに、日本の場合のように引き算をしていくと、北大路魯山人[*]や木下謙次郎[**]みたいな人が言うように、最後は素材の良さに行き着いて、無限にその素材を厳選するようになります。それには豊かな自然がなければ駄目だということ。木下謙次郎の『美味求真』という本を読むと、それこそほとんど博物学について書かれている。コウノトリとか、ハクチョウとか、ガンとか、カモとか、魚にしても全部細かく書いている。我々がコイといっても、ひと頃問題になったコイヘルペスの状況を見てもおわかりのように、あんな場所で過密に飼って、美味しいわけがないんですよ。

宇田川　日本で自然破壊がさらに進行していくと、混じりけのない素材とか、あとは旬みたいなものも存在しなくなっていくというのは、美食家にとってはなかなかつらい。

奥本　だいたい昔は、鶏が農家の庭を走っていたじゃないですか。お客さんが来ると、裏のほうで「コケッ」という声が聞こえてきて、しばらくするとすき焼きになって出てきたとか(笑)。あの鶏は、それこそ天然素材で育っています。走り回って運動しているし、ミミズを食ったり、イナゴを食ったりしながら成長する。それがバタリー式だ

＊（一八八三―一九五九年）篆刻家・画家・陶芸家・書道家・漆芸家。食通としても知られ、高級料亭「美食倶楽部」「星岡茶寮」などを創業。漫画『美味しんぼ』の主人公と対立する父親のモデルとしても有名。

＊＊（一八六九―一九四七年）明治から昭和初期の政治家。美食家としても知られ、一九二五年に発表された随筆『美味求真』は、食を主題にした日本初の随筆としてベストセラーとなり、今日でも食通の原典とされている。内容は「美味の真」「人類と食的関係」「料理の通則」「各国料理の概観」「栄養学研究」「善食類」「悪食篇」「魚類篇」の八章からなり、美食から、古今東西の料理、昆虫食などの悪食や人肉食までを論じ、三七年と四〇年には二冊の続編が刊行されている。

と、安い人工飼料を定期的に与えて早く肉にする。餌の投入量と肉の出来方とで三ヵ月くらいで出荷するから、ブロイラーなんて水っぽくて、焼いても不味い、煮ても不味い。前にパリで鶏を買って親子丼を作ったんですけど、旨かったですよ。だから、フランスは食品の水準にうるさいんだなと思いました。

宇田川　地鶏とか、そういう食材がまだ安く手に入る。日本では地鶏やブランド牛がブームになると、全国どこでも普及しちゃう。フランス人にとっては地鶏といえばブレス鶏くらいで、ほかにほとんど知らない。ブロイラーならブロイラーなりに美味しい。今、世界中からいろいろな食材が日本に集まってきているわけですが、紛い物というか、偽の材料みたいなものがたくさん市場に出回っています。その中で本当の食材を見分けて、美味しいものを探すということは贅沢になってしまいました。

奥本　結局、我々の場合、先祖代々みんな貧しかったということはありますが、昔々の農家なんかでは、そんなに不味いものばかりは食っていないと思うんです。たまに白米が食えるという人たちでも、天然の美味しい米でしょう。普通の田んぼで、ちゃんとした水で、無農薬で、それを天日で干して、水車でついて、薪で炊いていましたものね。それに天然の塩でもかけて、家で造った味噌と干物でもあれば、本当に何も要らないという感じじゃないですか。

宇田川　時代が一回転して、そういうものがまたブームというか、そういうところへ戻ろうということになっているような気がします。贅沢三昧した挙げ句、素朴な原点に回帰しているわけですか。

奥本　日本の場合、グルメグルメとテレビで言っているけれども、何を食っても本当の味がしないから、目先だけ変えているというところがありますよ。

宇田川　世の中でイタリアンとか、エスニックとか、フュージョンだとか、あの変わり身の早さは本物の味がないからでしょうか。

奥本　何を食っても満足できないんじゃないですか。そのことを生物の本能としてわかっている。戦後に思いっきり食い物がないことを体験しましたので、魚肉ソーセージみたいな紛い物でも、初めは美味しかったわけです。子どもの時に、おまけみたいなもので食って、しみじみ味が染みついちゃった(笑)。

宇田川　美食といえば、ブリア＝サヴァラン*の「どんなものを食べているか言ってみたまえ。君がどんな人物であるかを言い当ててみせよう」という有名なアフォリズムがありますけど、今の日本人を見たら、サヴァランがどう描写するかとても興味がありますね。

＊ ジャン・アンテルム・ブリア＝サヴァラン（一七五五―一八二六年）フランスの法律家・政治家。美食家としても有名で、古典的名著『美味礼讃』を著した。

奥本　あの言葉は根本的に生き物を定義した言葉だと思います。あの言葉を巻頭に持ってきたのは、実はファーブル*なんですよ。食べるために昆虫はいろいろな工夫をしていて、生態は食い物で決まってくるということです。姿も、形も、生態も、行動も、何を食うかによって変わってくる。ところが養殖の魚も餌にしても改良を重ねて、ひと頃ほどひどくなくなりましたけど、とにかく脂をつければいいということで、全身トロマグロとかを造ってきましたが、それでは美味しくないんだということがわかってきています。

＊ ジャン＝アンリ・カジミール・ファーブル（一八二三―一九一五年）フランスの博物学者。昆虫の行動研究の先駆者であり、その研究成果をまとめた『昆虫記』は世界的な名著として知られている。

宇田川　肉でも松阪牛みたいなものがあって、凝り性、勤勉さみたいなものが表れるわけです。フランスにもフォワグラがあって、あれも一種の芸術品。しかし日本人は、ものすごいものを造っちゃいますね。

奥本　凝り性でしょう。あれは肉の切り身だけを見て造ろうとして、完成させただけですね。日本人の細かい目で見る凝り性というのは、例えばモモを育てるのに、油かすだけじゃなくて、最後はカラスミまで肥料に使ったということがあるじゃないですか。ああいう極端なところも出てくるんじゃないですか、日本人って。一方で、フォワグラのカヴァージュ（強制給餌）と中国の北京ダックのティエン*ヤーは似ていて、フランス人と中国人のやることはよく似ていると思います。

＊ 填鴨。口にくわえさせた管から胃に、麦などのカロリーの高い飼料を流し込み、強制的に、早く、大きく、脂肪を多く蓄えた状態に育てられたアヒル。

宇田川　日本の松阪牛の発想とフォワグラを造るフランス人の発想というのは、ちょっとニュアンスが違うのでしょうか。

奥本　フランス人がそんなものを造るなら、俺たち日本人はもっとすごいことをやってやろうというような、いわばハイテク機械を造るような凝り性でしょう。例えばドイツのカメラを見て、もっとすごいものを作ってやろうと思って作ったみたいな。箸でちぎれるような肉なんて、この辺の発想はやっぱり日本人ですよね。

宇田川　ちぎれる肉という形容はフランス人には通用しませんね。前菜に松阪牛を食べても物足りなくて、またほかの肉を食べる(笑)。

奥本　松坂牛はデザートでしょう(笑)。

グルメという生き方

宇田川　グルメとグルマンという言葉は日本でも定着しましたが、なんとなく日本人の頭の中ではグルメとグルマンの定義がわからない。

奥本　フランスでは、よく食べる体力のある人が好かれるんじゃないですか。貧弱な小男なんていうのは、押しが効かない。

宇田川　グルメ＝グルマンで、美食家で大食家。馬食の伝統は昔からあるわけですけど、生き方みたいなものを問われているような気がします。グルメというのは別に食うだけではなくて……。

奥本　生き方、生活態度ですよね。昔、学生時代に、パリに住んでいた友達と車でフランスからスペインに旅行したんです。その時にスペインで美味しい海産物でも食おうと思ったら、そいつが「レストランなんかで金を使うのは嫌だ」と言うから、「市場で買おう」と言ったら、それも嫌だと言う。「学生食堂を探そう」と言うんですね、「何を食っても同じじゃないか」と。そんな奴とずっと旅行をしていると、しまいには喧嘩になる（笑）。彼はパリに住んでいたから、「時々、日本料理を食いたくならなかったか？」と聞いたら、「別に」と言う。どうやら味盲らしかったんですけど、何が一番好きかというとチューインガム（笑）。そういう人と付き合っても、いくら知的でも楽しくないですね。

宇田川　日本人が思っているグルメというと、単に美味しいものをたくさん食べている人というイメージがあるけれども、それは違うと思います。人生をどういうふうに考えるかとか、どうやって生きていくかということを視野に入れている。

奥本　そうですね。日本の場合は特殊な目利きとか名人とかが、例えば、ほんのちょっとおすましを舐めただけで材料を全部当てちゃうとか、そんなことばかりやっているでしょう。そんなものじゃないです。もっと生活態度全部にわたって知的なものでしょう。

宇田川　アール・ド・ヴィーヴル（処世術）みたいなものに通じている人のことですね。ところで、フランス人は硬い肉を食べながらも、わりと軟らかいものが大好きです。

奥本　野菜には歯触りを求めませんよ。ブロッコリーを全部潰しちゃうし、ホウレン草も裏漉しして、赤ちゃんの緑便にしちゃうじゃないですか（笑）。だからタケノコは食べられないと思いますよ。フキとか、タケノコとか、ウドとか、ああいうものを知らないんじゃない？　キャベツは青黒くて硬さがすごいからずっと煮込まないと、キャベツスープにならない。日本のおでんに入っているロールキャベツもないでしょうし、トンカツで刻んだキャベツを生で食うなんてことも知らないと思う。

宇田川　最近はフランス人もダイエット志向というか、わりと繊細なものが好きになって、フレッシュ感がキーワードになっているようなところがありますけど、相変わらずスパゲッティのアルデンテ感覚はわからない。

奥本　日本もフランスもスパゲッティに関してはナイデンテというかね（笑）。国境を越えた途端に変わるでしょう。本当に不思議なところがある。僕の親父は奥本製粉という会社をやっていて、スパゲッティを作っていたんですよ。今でも奥本食料という会社がありますが、食品メーカーの原料の粉だとかインスタントラーメンとか作っている。親父がスパゲッティやマカロニを作ったりして、試供品をいっぱい家に持ってくるんです。でも、どうしても日本人はうどんや蕎麦の感覚が強くて、スープスパゲッティみたいなものが流行ってしまうと嘆いていました。昭和三〇年代の初めでしたけど。あの時代にアルデンテなんか出したら、お客さんは「煮えていない」って怒りますよ（笑）。

宇田川　味覚は時代とともに変わるんですね。でもフランス人は保守的で、なかなか変わらないですけど。

奥本　まあ、人間の安楽な生活というのは、結局、自己家畜化だと思うんですね。今は日常生活において、必死で走って逃げないと命を失うというような恐怖がないでしょう。それから食べ物も、一日に三回の絶えず満腹状態、飽食状態じゃないですか。非常に安楽な生活です。ありがたいけれど、家畜と同じだと思う。イノシシなんかが豚になると、顔が短くなってくる。つまり家畜化、セルフドメスティケーションの印というのは顔が短くなってきて、イノシシの顔から豚の顔になってきて、耳が垂れてくる。それから犬の場合は、オオカミがお座敷犬やチンみたいにクシャッとなって、耳が垂れてくる。それと非常に早熟になるんです。幼形成熟（ネオテニー）と言います。子どもの形のまで成熟するわけです。それが人間の場合も起こっている。アイドルなんかは、みんなそうですね。

宇田川　子ども顔で小顔ですね。

奥本　それで顎が小さくなってとがって、子どもなのか大人なのかわからないけれども、すぐに結婚して子どもが生まれたりする。栄養状態がいいものですから、セックスにシーズンがなくなるんですね。だけど薄くて淡泊質（笑）。ライオンなんかシーズンがあって、そのセックスのシーズンはもうセックスばっかりです。人間の場合は絶えず薄いセックスをしている。それが今の若い人たちで、まさに家畜ですね。それから過密状態で飼ったネズミが前足を齧ったり、尻尾を齧ったりして、自分の体を傷つける。「舌にピアス」なんかは生物学的に見れば、ひとつのセルフドメスティケーション、ネオテニーの例だと思います。いわば自然界ではなかった進化、いや特殊化と言えるでしょう。日本の場合は、その現象が世界のトップを突っ走っている感じがします。

自然界の「食」

宇田川　さて、自然破壊されながらも動物の世界は厳に存在しています。動物は食べることと、子孫を残すこと、それだけに尽きるようですね。肉食と草食の違いは遺伝的なものによって分かれているのですか。

奥本　いきなり変なことを言うようですが、牛は肉食なんですよ。つまり四つも胃袋があって、だけど哺乳類にはセルロースは溶かせない。それで胃袋の中にバクテリアを飼っていて、そのバクテリアが分解してくれて、そのバクテリアの死骸を吸収するわけです。実際に肉の味でも、魚の味でも、何を食べさせているかで全部決まりますでしょう。冷凍イワシのミンチばかり食わせているマグロは、やっぱり美味しくないですよ。養殖のタイって食えないじゃないですか。料理しようと思うと、指がズブッと入ったりする。

宇田川　『ファーブル昆虫記』で知られる有名なスカラベ・

サクレは糞尿を食べますが、栄養的にはカスですよね。

奥本　スカラベが食べる糞というのは、草食獣などが栄養分を吸収したカスです。いわば税務署が搾り取った残り(笑)。栄養にならないから大量に食わないといけない。体よりずっとでかい分量を、一週間ずっと食い続けますからね。

宇田川　今、南仏のほうではスカラベがいなくなったそうですが。

奥本　ファーブルの時代の南仏の自然というと、今はコルシカとか、サルジニアに残っているくらいですね。あの辺の田舎の山中に行ったら、その自然がありますよ。だから、スカラベを見るにはコルシカ、サルジニアがいいですよ。あるいは北アフリカ、もっと大規模なやつはケニアにいっぱいいます。大草原に何十万頭、何百万頭という草食獣がいて、その群れがボタボタを糞を落とすし、ゾウも落とす。でもこんな糞も、二時間もあればペシャンコになっちゃう。スカラベの仲間がダーッと来て、それをせっせと運んでいったり、土に埋めたりする。そのスカラベをコウノトリがついばんでいる。激しい世界ですよ。

宇田川　人間と同じように悪食とかゲテモノ食いなど、なかにはそんな動物もいるんですか。

奥本　ハイエナとかハゲタカとかは腐敗したものを食べています。プトマインという毒があるんですが、それを早く分解しちゃうんだと思います。人間だったら、一発で食中毒で死んじゃうようなものを食っていますけれどね。昆虫でもそうで、シデムシはわざわざ腐った死体を食いますね。それを悪食と呼ぶのか、彼らからすれば、生肉を食っている人間のほうが悪食だと思いますよ(笑)。

宇田川　悪食という言葉は人間にとっての言葉ですね。動物にそんなことを言ったら、動物に失礼です(笑)。

奥本　肉といえば、日本人ほど肉にタブーのない国民もいないんじゃないですか。豚はいけない国とか、牛はいけない国とかあるでしょう。例えば日本のマタギとか、猟師とか、ああいう人たちはサルも含めて全部を食っていますものね。なんのタブーもないです。

宇田川　明治維新で肉食が解禁になりますが、それ以前から庶民は「薬食い」とかいって隠れて食べていたようですね。

奥本　彦根藩から徳川家にいつも「ワカ」というものが献上されていましたが、それは牛肉の味噌漬けなんです。ポルトガル語の「ｖａｃａ（牛）」で、それを焼いて食っていたんです。だから肉の美味しさは知っていたけれども、あれを食いだしたら贅沢でキリがないと思ったんじゃないですかね。役牛を食い尽くしたら大変だ。それでお上のほうからストップをかけた。仏教思想もあったでしょうけれども。庶民もどこかに隠れて、薬を手に入れていたと思います。山里では特にそうでしょうね。

宇田川　肉食によって油を摂るという願望は、普段あまり油脂を摂取する生活をしていなかったので、とりわけ強くなったわけですか？

奥本　それはわりあい最近のことでしょう。江戸時代だと日本人の摂る油はツバキ油とカヤの油とナタネ油。それぞれの国の摂る主要な油というと、ヤシ油の国もあるし、オリーブオイルの国もありますけれど、日本の場合、一番多いのはナタネ油だと思います。徳川家康は鯛の天麩羅を食って死にました。あれはカヤの油らしいですけどね。だから油に飢えている人にとって、油はすごいご馳走だと思います。永平寺で修行する禅僧たちがたまに油揚げなんかを食べると、手のあかぎれがパッと治るんですって。それから、江戸時代の化け猫が灯心を舐めるでしょう。今の猫は舐めませんよ、ナタネ油なんか（笑）。だから、猫から人まで、油に飢えていた時代があった。

虫屋の食卓

宇田川　ご自身の食生活をお聞きしたいのですが、料理を作るのがお好きだそうですね。

奥本　作るといっても自分で魚を捌くくらいです。不思議と忙しいときにやりたくなる。スーパーに買い物に行って、材料を買ってきたりして。時々、台所を鱗だらけにするので、「風呂場でやってくれ」と言われて、今度は風呂場が鱗だらけになったり（笑）。肉より魚のほうが好きですね。体が肉を受け付けるようにはできていないんじゃないですか。

宇田川　子どもの頃からそうだったんですか。

奥本　子どもの時にずっと寝たきりの病気をしていまして、小説や何かにウナギが出てくると、「ウナギが食いたい」とか言ったりしていました。それから冬に「トマトが食いたい」と言って、その当時で一個一〇〇円するようなトマトを食ったり。自分で「もうすぐ死ぬ」と思っていましたし、親も不憫だと思ったんでしょうね、冬のトマトを買ってもらいました。日本で一番早くチキンラーメンを食ったくちじゃないでしょうか。うちに試供品があって、台湾の人がこういうのを作ってきたと。

宇田川　大学の先生としては、生徒を時々自宅に呼んで、自家製の得意なメニューを振る舞うのですか？

奥本　ええ、やりますよ。中華海鮮とか、そんなことをやりますけれどね。それもすごく不味いやつを作るんですが、学生はすごく喜びます。

宇田川　喜ばざるを得ないのかもしれませんね（笑）。

奥本　単位が懸かっていますからね（笑）。

宇田川　お酒はかなり飲むそうですが。

奥本　困っています（笑）。ジャンルを問わず、ワインも日本酒もウイスキーも飲みます。ラオスあたりの竹筒を突っこんで飲む酒まで、みんな好きですよ。機嫌がよくなってくると、とことんまで飲んじゃうタイプなんですかね。

宇田川　お酒の失敗は？

奥本　これは数々あって……（笑）。だいたいが大言壮語しておいて、すっかり忘れてしまう。約束したり自慢したりとか。でも、もともと人間が謙虚なんですよ、虫ですから（笑）。

宇田川　酒のピークは過ぎましたか。

奥本　そうですね。でも飲み方がずるくなったのか、一日酔いをしなくなりました。それに量はそんなに少なくなっていない。ワインだったら一本プラス強い酒、そのまえにビールをちょっと飲みます。明け方まで水割りを飲んで歌を歌ったりしていると、翌日こたえますけれど、頭がガンガンというのはなくなりました。あれはなんですかね。酒の腕を上げるとともに、肝臓の酵素が増えたのかもしれません。

宇田川　気分を解放するみたいなところでお酒を好まれるのでしょうか。

奥本　お酒を飲むと気分が解放されますね。もともと解放されているんですけど、それが加速されるというかな。陰々滅々で愚痴をこぼすということにはなりません。馬鹿丸出しになっちゃう（笑）。

宇田川　例えば虫仲間の世界で、お酒の効用みたいなものは何かありますか。

奥本　虫の仲間で酒を飲んでいると、それはまたそれで楽しい。ただ気が大きくなって、あの標本をやるとか言っちゃったりすることがあります（笑）。虫好きな人は好奇心旺盛ですから、酒なんかでもいろいろなものを飲みたがります。そう、ちょっと小心な人がいたりすると、酒が入って放言するようになる。

宇田川　それでは終わりに、最後の晩餐には何を食べたいですか。

奥本　最後の晩餐に食べたいものは、大阪・和歌山近海の鯛の刺身と水茄子のぬか漬け。もう食べる力がなくなっていたら、見るだけでもいいです。その理由は、子どもの時に食べていたから。家の裏木戸を開けると一面、水茄子の畑でした。

宇田川　本日はありがとうございました。

◆二〇〇四年四月

猪瀬直樹《いのせ なおき》

Last Supper
3

自分の本能が求めるもの、これが大事

作家。1946年、長野県生まれ。87年『ミカドの肖像』で第18回大宅壮一ノンフィクション賞を受賞。『日本国の研究』で96年度文藝春秋読者賞受賞。2002年6月、小泉純一郎首相より道路関係四公団民営化推進委員会委員に任命される。その戦いを描いた『道路の権力』に続き『道路の決着』が刊行。06年10月より東京工業大学特任教授。07年6月より東京都副知事に任命される。近著として、10年に『東京の副知事になってみたら』、11年に『猪瀬直樹の仕事力』『突破する力』『地下鉄は誰のものか』『言葉の力』を刊行。ほかに『日本の近代 猪瀬直樹著作集』(全12巻)、『ピカレスク 太宰治伝』『マガジン青春譜 川端康成と大宅壮一』など著書多数。

市場経済における農業の未来

宇田川 猪瀬さんは著書『二宮金次郎はなぜ薪を背負っているのか?』の中で、農業についても触れています。二一世紀型農業の未来についてどう思いますか。

猪瀬 これからも諸外国からさまざまな農産物が入ってきます。そのときに日本の農業を鍛えておかないと駄目なわけですね。生き延びていかなきゃいけないとしたら、国際社会に向けて高品質で美味しい農産物を作るしかない。最近、日本人が作っている「二十世紀」、青森や長野のりんご、福岡の「甘王」などが世界一美味しいと言われている。日本の農業製品もブランドだから高くて当然なんですよ。最近は中国や台湾の富裕層の間でコシヒカリとか売れ始めているでしょ。彼らがコシヒカリを食べたいっていう気持ちは、日本人がブランドのバッグを持ちたいというのと同じなわけ。だから、日本はモノ作りとしては世界一の技術を持っているんだから、自信を持てばいいんですよ。世界に一つしかないような農産物を作る。これが二一世紀における日本の農業への提言ですね。

宇田川 フランスのブランドに似たような農産物版を作るという話はよくわかります。日本の優れたモノ作りの原点を活かせばいいと。でも、高品質の農産物の輸出は始まったばかりだから、輸出量はまだ微々たるもの。農業問題は根が深そうですね。

猪瀬 政府も輸出額一兆円を目指そうと言っています。現在、農林水産省の予算は二兆六〇〇〇億円あるけれど、農業生産高は約一〇兆円しかない。二兆六〇〇〇億円の予算をかけて売上高はたかだか一〇兆円。GDPは五〇〇兆円なんだから考えられない状況ですよ。日本人はレストランなんかの外食も含めて八〇兆円食べている。ということは、食料自給率が四〇パーセントだけど、売上ベースでいえばもっと低い。食料自給率はカロリーベースの計算だから。だから八〇兆円食べて、一〇兆円しか生産していないなんて異常ですよ。

宇田川 フランスをはじめ先進国の食料自給率は軒並み一〇〇パーセントを超えている。先進国の中では日本だけが圧倒的に自給率が低い。

猪瀬 ろくに味もわからないのに高いものを食べているんですよ。まったく飽食窮まれり。若い連中は平気でよく残すでしょう。ああいうのを見ていると腹立つね(笑)。日本人は遠洋のマグロも北朝鮮のシジミも含めて、とりあえず八〇兆円を食べているわけ。しかも大半が輸入だから、世界の食料をかき集めているんだよね。

宇田川　「もったいない」という言葉が流行っていますけど。猪瀬さんによれば、昔から農民は「作る」だけでなく、「売る」ことも考えていた。生産から流通、販売まで、農業のプロセス全体を見ていたそうですね。

猪瀬　農業というのは本来的に工業であり、商業であるようなものだったんですよ。お米が税金の対象になっていたけど、お米以外のものもいっぱい作っていたからね。例えば徳島なんか、江戸時代から藍を作っていて、それが大阪でボンボン売れたから、お金持ちがいっぱいいた。そうなると藍は農業とは言えなくて、ある程度工業製品。だから米なんか作るもんかって思われていて、いつの間にか農業が貧乏臭いものになっちゃった。農業を社会的な管理下に置いた戦争の頃から間違っていた。昭和以降、戦争体制で*食糧管理制度ができて社会主義化した。大正時代の富山の米騒動も、米の相場が下がったからおばさんたちが一揆みたいなのを起こしたわけ。つまり相場商品なんだよ。上がったら儲かって、下がったら損するという意味で農業は商業だった。だから、市場経済の中で商業を目指せばいいんです。

＊一九四二年制定の食糧管理法に基づき、主食である米や麦などの食糧の需給と価格の安定を目的として創設された、食糧の生産・流通・消費に政府が介入して管理する制度。制度的限界を生じていたが、一九九三年米騒動（記録的な冷夏による米不足）による価格の暴騰や外国産米の緊急輸入、ウルグアイ・ラウンド農業合意による一九九五年の米の輸入開始などを受け、一九九五年に廃止され、新たに食糧法や食糧制度が制定された。

多忙な生活を支える食生活

宇田川　作家以外に政府諮問委員、大学の先生、講演会などの活動、それに副知事に就任してますます多忙になりましたが、普段はどんな食生活を送っているんですか。

猪瀬　戦争中の兵隊さんみたいに、撃ち方をやめた時に食べるんです（笑）。時間が空いた時に食べるしかないの。家では朝食にモズク、納豆、昔から好きなタラコ。今は明太子になったりするけどさ。小さく切った鰻とか、タマネギをスライスしてちょっと水にさらしたものや、ちょっとチンしてふわっとして温野菜みたいにしたレタスとか。

宇田川　朝食兼昼食ですか。

猪瀬　だいたい朝が遅いから、朝食は昼と一緒になるね。家にいるときはだいたい一一時ぐらいに食べます。ただ僕は月曜から金曜まで都庁にいるから、自宅に戻るのは週末だけですね。だから、かみさんが事務所に食べ物を持ってきてくれたりするので、出かける直前にパパッと作って食べるとか。

宇田川　夕食はどうですか。公的な仕事をしている人は、ホテルとか料理屋で接待を受けたりというイメージがありますけど。

猪瀬　急に美味しい店に呼ばれることはありますが、間違いなく和食の店です。何を食べますかと尋ねられたら、皆さんそれなりの年齢の人たちだから、自動的に和食と答える。そうじゃないときは中華。畳にあぐらをかいて、日本酒を飲みながらのほうがコミュニケーションがとりやすい。僕が普段食べているものより高級品が出てくるけど。

宇田川　付加価値の高いものが出てくるわけですね。皆さん年齢的に、無意識のうちに健康管理しているわけでしょう。猪瀬さんは事務所に戻ってから執筆しているそうですが、そうなると当然夜型になる。仕事のあとに晩酌などをしますか。

猪瀬　事務所で原稿を書き終わると、だいだい朝の五時とか六時頃。それからひとりで晩酌を始めるんだけど、朝酒なのか夜酒なのかわからない(笑)。仕事が終わってホッとしても、すぐに眠る気にならないからさ。だからサラリーマンが赤提灯に立ち寄るみたいに、飲んでないと高ぶった調子は鎮まらないよね。酒のつまみは冷蔵庫にあるものをつついたり。かみさんが作ってくれた金平《きんぴら》とか、手土産にもらった小女子《こおなご》(イカナゴ)とか、しょっぱくない梅干しとか、事務所の人間が買ってきたサバなんかのお惣菜をチンして食べている。

宇田川　特に健康に気をつけて飲んでいる飲料水はありますか。

猪瀬　青汁は体に良さそうだから、もう二〇年は飲んでいますね。慣れちゃっているし、味も気にならない。野菜を摂らなきゃいけないし、忙しいから頭の血管が詰まっちゃしょうがないからさ(笑)。特に道路公団の委員を引き受けてから、その前は朝晩一杯ずつだったのに、朝晩二杯ずつに増えたよ。

宇田川　家族も周りの人たちも心配しているんでしょうね。ストレスやフラストレーションが相当溜まりそうな仕事だから。

猪瀬　ワインや日本酒は半分ぐらい飲んでちょうどいいんだけど、ワインは赤が多いかな。できるだけポリフェノールを摂取しようとしているからね。でも、資料を整理したり原稿を書き上げたりして、仕事が一段落して、冷蔵庫のものをつついていると太っちゃう。食べるという行為は、どこかで欲求不満の解消になっているわけですから。

宇田川　多忙になると酒量が上がって困っちゃいませんか。

猪瀬　上がると困るから、二日酔いになりそうな前の段階でやめるんだけどさ。ただ、ちょっとつついている間にけっこうな量になっちゃうわけね。でも、それはまずいと思ってすぐに少なくしましたけどね。

生存本能が求める食べ物

宇田川　小さい時は体が弱かったとか。

猪瀬　弱いんじゃなくて、タラタラしているのが駄目なの。学校の体育の授業なんてタラタラやっているでしょ。ああいうのはくたびれちゃうけど、短い時間に集中してやるのはいいの。短期集中はいいんだけど、マラソンみたいな持久戦は駄目なわけ。だから短距離型かな。

宇田川　小さい頃から、どちらかというと偏食気味だったんですか。

猪瀬　偏食だったこともあるんだけど。昔からタラコが大好きで、タラコは個人にとっての生存条件だったんですね。これについては誰からも理解されなかった(笑)。その頃は偏食だと思われていたけど、僕にとってはそれがないと生きていけなかったから、生存条件なのね。

宇田川　なんでタラコを食べていたのですか。

猪瀬　高カロリーのタンパク質で、塩分が豊富なタラコを体が要求していたんでしょう。

宇田川　塩分補給をしていたということは、血圧が低かったんですか。

猪瀬　子どもは血圧が低いかどうかなんてわからないですよね。「低血圧」という言葉は、僕が大学に入って以降出てきた便利な言葉でして。その代わり、昔は「微熱」という言葉が流行っていた。母親が「おまえ、微熱があるのか」って聞くから、体がだるくて「ある」とか答えるわけ。でも、幼稚園ぐらいの時から、もう自分の生理的条件を把握していて、一病息災を自覚しているから、今まで大病は一回もしていない。今は忙しくて睡眠不足になるから、土曜日か日曜日のどっちかで一二時間寝ます。危ないという信号を感じるんだと思う。寝不足を放置しておくと疲労が蓄積して不良債権になるから、一週間ごとにその不良債権を返しているわけですね。

宇田川　すでに幼い頃から無意識に健康管理を心がけていたわけですね。

猪瀬　父親が早世したから、僕は幼稚園の頃から母親に「心臓なんてすぐに止まるもんだよ」なんて言われていてさ（笑）。救急病院がない時代だから、かけつけた町医者に「心臓止まってますね」で終わりだから。実際体がだるかったんだけど、本当は面白いものがないし、好奇心旺盛だったから、生活がつまらなかった。単に退屈していたんだと思う。食べ物に好き嫌いが多かったのは体質だから、自分でも原因はよくわからない。ただみんなが食べているものを食べないというか、そういう生理的な体質があることはわかっていて、本能的にタラコじゃないと駄目だと言い張っていた。

宇田川　お新香と納豆も偏食気味だから食べなかったそうですが、その偏食を克服したプロセスもあるわけでしょう。

猪瀬　味噌汁も駄目だったからさ。母親が、「近所にすごくよく当たる姓名判断の人がいる」って聞いてきたわけよ。僕のことで「偏食があって困っています」と相談したんだろうけど、「息子さんは偏食が多いけど、三〇歳になったら治ります」と言われた。それを聞いた母親は嬉しそうに、「おまえ、三〇歳になったら偏食が治るんだってよ」。嫌いだったキャベツも味噌汁もお新香も納豆も、大学に入る頃に食べられるようになった。昔、母親は「解決するんだって」と嬉しそうに言ってたけど、考えてみたら一般的に、その年になったら誰でも治るんだよね（笑）。納豆は食べているうちに美味しくなって、今は毎日、朝出る前に食べています。

宇田川　成長するにつれて誰もが偏食を克服して、うまく治していくというのが普通なんでしょう。心理的な問題もあるんでしょうけど。

猪瀬　小原庄助*さんみたいに朝寝、朝酒、朝湯という、体を温めてから仕事しないと駄目な人もいた。朝起きたときに何か元気が出るものが必要というので、それがお風呂に入ることだったり、朝酒で体を温めることだったんでしょう。

＊民謡「会津磐梯山」に登場する人物。「小原庄助さん　なんで身上潰した　朝寝　朝酒　朝湯が大好きで　それで身上潰した　ハァモットモダー　モットモダ」

宇田川　作家と偏食の関係でいえば、猪瀬さんが『ペルソナ』で書いた三島由紀夫はひどい偏食だったとか。カニがまったく駄目だけどトロは好きで、鮨屋に行くと、なんとかのひとつ覚えみたいにトロを注文した。

猪瀬　三島には現実というものがなくて、全部自分で物語として再現しなければ生きていけなかった。だから食にしても、物語を作らないと食えなかったんでしょう。自分の本能がトロを美味しいと思うんじゃなくて、鮨にはトロが一番だと思って食べる。カニが嫌いで、カニを見ると怒ってブルブル震えちゃったそうです。つまり彼の場合、朝起きたときに物語が成立していないと駄目なんでしょう。普通にいえば自然の欲求があるわけだけど、彼の場合は自然の生態系が壊されていて、全部人工的なものにしてしまった。祖母の部屋で外界と遮断されているから、刷り込みの理論と同じなんです。そうすると花はこれだなとか、木はこれだなとか、全部自分で概念化していかなきゃいけない。食べ物も同じだった。

宇田川　人工的に食べ物ストーリーを考えて、それに添って食べているようなものですね。でも、食べ物の嗜好は実に個人的な問題だから。

猪瀬　俺は味がいいとか悪いとか、わりとわかるほうだから。高くてこれがいいってものを食べるんじゃなくて、俺がいいってものを食えばいいんだから(笑)。トロよりサンマやサバのほうが旨いよ。

宇田川　それは自分にとって美味しいってことね。

猪瀬　そうそう。僕はサバとかサンマが一番高級品だと思うけどね。サバとかサンマとか青魚の美味しさっていうのは、焼きたてのものとか、開きたてとか、ちょっと一夜干しぐらいとかのほうが美味しいよね。

宇田川　それは何か食べ物の原体験というか、子どもの頃に培われたものですか。

猪瀬　いやいや、生存本能の求める味だから、絶対間違っていないよ、自信あるよ。

宇田川　だから人にとやかく言わせない。

猪瀬　その辺の評論家なんかがごちゃごちゃ言うじゃないですか。でも、僕はそう思っているんだから、絶対にそれは旨いに決まっている(笑)。

宇田川　まあ、「不味い」と言う人もいるわけだから。食べ物は社会的条件と個人的な生存条件にかなり規定されています。とりわけ日本人はブランドイメージで食べているから。

猪瀬　固定観念が先にあったから、「トロは美味しい」と言っているわけでさ。戦前はトロなんて捨てていたんだから。それを誰かが「旨い」と言ったのよ。フグの白子だってそうで、下関では捨てていたんです。食べ物というのは他人の言うことに左右されちゃいけないんです。

宇田川　ブランドとか、有名人の発言などの情報で知ってから食べる人が多い。そうすると旨いことになっちゃうけど、そんなのは当てにならない。主体的に決めて食べるんじゃなくて、相変わらずマスコミの影響やブランドによって行列をさせられている。それはわりと日本人の特徴みたいなところかもしれません。

猪瀬　金持ちも貧乏人も関係なくて、値段も関係なくて、旨いか不味いか判断できないと駄目ですね。ずいぶん前からハンバーグが子どもの御飯の主流になっちゃったけど、僕たちの子どもの頃は魚だったよね。肉が少ない時代だったってこともあるんだけど、イワシの丸干しなんかを頭から食べると、ロス五輪で優勝した柔道の山下さんみたいに強くなる。だから、魚からハンバーグに変わったのは根本的に間違いだと思う。それから子どもは、幼い頃に食べたもので味覚を知るわけでしょう。大人になってからフランス料理が旨いとかの知識が入ってきても身につかない。フランス人は子どもの頃からフランス料理の味やワインの匂いを知っているから、日本人が大人になってから急にワインの匂いなんていっても無理なんですよ。

宇田川　フランス料理も基本は匂いから入りますね。だから鼻を鍛えろとも言われる。嗅覚がよくないと美味しい料理を作れないとも。身体で覚えるものが一番正しいと言えるかもしれない。

猪瀬　僕らは魚なら魚、豆腐なら豆腐の匂いってわかるじゃない。やっぱり肉体になっている匂いじゃないとわからない。パッとこれがなんとかの匂いって言えるんだよね。

宇田川　後天的な蘊蓄だけでは味覚は肉体化されない。今の子どもは生まれた時から、まさにハンバーグという世界で生かされているようで、かわいそうな気がするけど。

猪瀬　大事なことは、食べ物の基本は匂いだからさ。ジュージュー焼いたサンマの匂いが空腹感とどういうふうに結びついているかが重要なんです。ワインも実際は、ブドウそのものの匂いと味がひとつになって全体を構成している。日本の場合でいえば醤油の匂い。

生理的欲求とバランス

宇田川　私たちの世代は、もうあまり時間が残されていないけれど、これからどういう食生活をしていこうと考えていますか。お話を伺っていると、それほど凹凸もなく淡々と、ドラマティックな食生活もなかったような感じですけど(笑)。登場する食べ物がわりあい限られているようだけど、偏食を克服して、とりあえず今はなんでも食べると。食べ物に関する欲望はそんなに強くないほうですか。

猪瀬　いや、強いですよ。そうじゃないと生きていけないってところでぎりぎりに生きているから。ただ今は、フランス料理を食べても疲れちゃう。洗練されすぎて、粘っこくて、途中でお腹がいっぱいになっちゃうんだよ。だから、大根おろしにシラスとかを食べているだけで、僕は充分なんです。

宇田川　猪瀬さんのパワフルな仕事や話しぶりとか態度なんかを見ていると、誰もそう思わないような気がする(笑)。時には肉とかパワフルな食材を食べているという感じですけど。わりあいに粗食系の食べ物を食べていて、世の反対派を相手に論戦しているのだから、潜在的なエネルギーはすごい。仕事と食生活のアンバランスが面白いし、精力ギュウギュウって感じがする。でなければ、集中力だけでこんな持久戦はできないんじゃないかと思います。

猪瀬　まあ、サイコロステーキなんかは食べるけど(笑)。

宇田川　最後の晩餐には何を食べたいと思っていますか。

猪瀬　絶対にヨコ飯は食わないよ(笑)。サバでもうんと美味しいのでなきゃ駄目ですね。あんまりしめてないゆるい〆鯖《しめさば》、美味しい秋刀魚の一夜干し、スルメの一夜干しなんかもいい。ほかに粒々がはっきりしている新鮮な明太子も旨いからさ。

宇田川　猪瀬さんは昭和の妖怪、岸信介*が長生きの三訓として挙げた「転ぶな、風邪をひくな、義理を欠け」を引用しているけれど、猪瀬さんにとって食い物の教訓はありますか。

＊（一八九六―一九八七年）。第五六・五七代内閣総理大臣。佐藤栄作（ノーベル平和賞を受賞した第六一〜六三代内閣総理大臣）は弟、安倍晋三（第九〇代内閣総理大臣）は外孫。自由民主党の初代幹事長であり、一九六〇年の政界引退後もフィクサーとして影響力を示した。

猪瀬　まず大切なのは、人に言われたものじゃなくて、好きなものを食うってことかな。自分の生理的欲求が求める好きなもの、これが大事。絶対に他人が好きなものとは違うから、それに合わせちゃいけない。義理を欠けというのはそれと関係してくるけど。他人が「これが好きだ」と言っても、「俺はこれだ」って言わないと駄目。僕なんか、幼稚園の頃から強く主張していたよ。

宇田川　他人とは容易に妥協しない自己主張の強さを思うと、猪瀬さんの前世はたぶんフランス人(笑)。非常に合理的なフランス人の考え方に近いようですね。戦後の日本人に決定的に欠けている資質だから目立っちゃう。

猪瀬　ハハハ!!　フランス人はうるさいんだよね。こうだと思ったらテコでも譲らない。確かに僕は、そういう意味でなら自由主義者で個人主義かもしれない。本当は僕みたいなタイプがもっといっぱいいてもいいんだと思うけど。もうひとつは当たり前だけど、バランスをとること。だから温野菜を食べるとか青汁を飲むとか、牛乳や豆乳を飲むとか。だから好きな食べ物と好き嫌いは別にして、体に必要な食べ物を摂取する。例えば「三〇品目を食え」とか言うけど、少しでもいいから、好きなものにフォローを入れるってことでね。でも僕はいまだに、里芋の煮っ転がしとか煮たダイコンは食べられない。

宇田川　大根おろしは食べるんでしょう?

猪瀬　そうだけど、煮たダイコンは匂いが駄目で食べられない。おでんのダイコンも匂いが駄目だから、かみさんはおでんなんかを作ったりしても、僕が帰宅すると慌てて隠したりしてる(笑)。三〇歳までに克服できなかったものはサトイモとダイコンの二つだけ。「こんな旨いものあるか」と言うけど、俺は違うんだからしょうがない(笑)。

宇田川　猪瀬さんの文体は、食べ物への生理的条件や生理的感覚とどこかで通じている気がします。文章はスピード感があって切れ味がある。それは猪瀬さんが言っているように、短距離走者のスピード感に近くて、ダラダラという文章じゃない。

猪瀬　文章にスピードがあるのは短距離走者だからですよ。道路公団の一番忙しいときでも執筆していたんです。

ちゃんと文学をやりながら、道路公団の委員もやっていることが大事。それをわかってほしいんだな(笑)。副知事は、新しい連載をやってみようという気持ちで引き受けたわけです。

宇田川　本日はありがとうございました。

◆二〇〇七年一〇月

おぎの あんな

荻野《おぎの》アンナ《あんな》

Last Supper
4

飲み込めるってことが「生」

作家、慶應義塾大学文学部仏文科教授。1956年、画家である母親とフランス系アメリカ人の父親との間にひとり娘として、横浜に生まれる。慶應義塾大学大学院に進み、パリ第4大学に留学、論文「ラブレーにおけるコミックとコスミック」で博士号取得。91年に小説『背負い水』が第105回芥川賞を受賞。2002年に『ホラ吹きアンリの冒険』が読売文学賞受賞。07年に『蟹と彼と私』が第19回伊藤整文学賞受賞。07年フランス教育功労章シュヴァリエ叙勲。ほかに、テレビ・ラジオ出演、講演活動なども行う。著書に、『私の愛毒書』『働くアンナの一人っ子介護』『アンナのエネルギー観光』『ラブレーで元気になる』など多数有り、近著は『大震災 欲と仁義』。

ラブレーの世界に描かれた「食」

宇田川　荻野さんは大学の先生で、テレビに出演したり講演したりと有名人。しかも女性には珍しい駄洒落専門家(笑)。でも、いったい何を研究されているのか、意外と知られていません。専門は一六世紀のフランス最大のユマニスト(人文主義者)、＊フランソワ・ラブレーですが、そもそもどんな人物なんですか。

＊（一四八三―一五五三年）フランス・ルネサンスを代表する作家。神学者エラスムスの影響を受けたユマニストであり、人体解剖をした医学者でもある。伝承譚「ガルガンチュア大年代記」から着想を得て、巨人ガルガンチュアに息子の巨人パンタグリュエルが生まれたことにして、『第二の書 パンタグリュエル』を公刊。これが評判を呼んだため、その父ガルガンチュアのことを書き直した『第一の書 ガルガンチュア』を公刊。一五四六年に、そのパンタグリュエルの臣下のパニュルジュというひょうきんな男を創造し、『第三の書 パンタグリュエル』を公刊。続く『第四の書 パンタグリュエル』は、一五五二年に全六七章の完成版が公刊。一五五三年のラブレーの死後、一五六四年に、話が完結する形で『第五の書 パンタグリュエル』が公刊されたが、偽書との疑いもある。

荻野　ラブレーはシェイクスピア、セルバンテスと並ぶ大文豪で、ルネサンスの巨人ですけれども、日本では今ひとつ知名度はありません。学生に「先生の研究している美味しそうな作家」と言われて、「えっ?」と思ったら、鳩屋サブレーとか、ラブリーなんていうのもありました(笑)。ラブレーの『ガルガンチュアとパンタグリュエル』という作品は、巨人が主人公の物語。当時の知の最先端と下ネタ話が、同時に作品の中で共存しているというものです。まあ、哲学落語のようなものですが、私が最初に翻訳を読んだのは、一五歳くらいの時なんです。最先端の知の部分はわからなくて、落語的な面白さや饒舌体の面白さに惹かれて。

宇田川　落語好きの家庭環境があったようですね。そんな環境だと、ラブレー的世界にもすっと入れる……。

荻野　当時は食べることと読むこと以外に趣味がなかったので、図書館をうろうろしていてぶつかったという感じですね。主人公のガルガンチュアはオギャーの代わりに、「飲みたい」と言って生まれてきますが、その幼年期はというと、「この時期を、その国の子供たちと同じようにすごしたのだ。すなわち、飲んだり、食べたり、眠ったり、あるいは食べたり、眠ったり、飲んだり、はたまた眠ったり、飲んだり、食べたりしてすごしたのである。」(フランソワ・ラブレー著、宮下志朗訳『ガルガンチュア』ちくま文庫)

というわけで、〝食べた・飲んだ・眠った〟という、一行で済むことをわざわざ三行使って書いている。そういう状態が面白おかしく、おまけに食べることが主題のひとつになっている。フランスで「私、ラブレーを読んでいます」って言うと、みんなすごく喜んでくれます。外国人が日本にやって来て、「落語は志ん生だね、『厩《うまや》火事』が最高だね」なんて言われたら、「あっ、わかっているじゃないか」というのと同じ感じで。

宇田川　ラブレーの世界では、食べ物を巡って暴飲暴食がよく描かれていますけど、それには歴史的・時代的な背景があるわけですか。

荻野　ガルガンチュアは飲みたいと言って生まれてくるし、その息子のパンタグリュエルの場合は、お母さんが彼を産む前に、お腹の中から牛タンとかエシャロットとか酒の肴が一式出てくるとか、酔っ払いがクダを巻いている描写があるんです。でも、当時の人たちがみんなグルメやグルマンだったかというと、現実にはそうじゃない。一五世紀はペスト・飢饉・戦争の不幸三点セットの時代で、ヨーロッパの人口が大幅に減っています。当時の庶民の普段の食事といえばスープ。

宇田川　硬くなったパンにスープをかけたものですね。

荻野　いまだに「スープを食べる」という言い方をフランスではするわけですが、パンを軟らかくする方便がスープだったわけです。パン茶漬けと同じ原理。でも美味しかったらいいけど、ちょっとベーコンが入った豆やキャベツの煮込みとかを食べていた。ジャガイモがヨーロッパの食文化の中に組み込まれるのはもっとあとです。おまけにカレーム（精進潔斎）の時期になると、ベーコンさえなくなってニシンの干物になる。そんななかで、日本の盆と正月が一緒に来たようなカーニバル（謝肉祭）という大変なお祭りがあって、肉食が許されるときだから、血に至るまですべてソーセージにして食べてしまう。モツは保存できないから、その場でがんがんモツ煮にして食べる。それで全身に赤血球が増えて、体が温まった感じというか、その熱気が投影されているのが、ラブレーの作品に描かれた「食」だと思います。

宇田川　カーニバルは年に一度やって来るわけですが、そのときは食だけじゃなくて性の欲望とか、つまり人間の基本的な欲望がすべて解放されてしまうようなときでもあったわけですか。

荻野　欲望も解放されますし、日常生活が逆転―反転する「さかさまの世界」が現れるときなんです。カーニバルのときに阿呆の王様が滑稽な王冠を被り、勺を持って練り歩く。つまりこの世の中の権威とか秩序が一瞬に入れ替わるわけで、それもまさにラブレー作品の構造そのもの。でもカーニバルのあとは、キリスト教の暦からすると肉の火曜日、そして灰の水曜日が来て、次に永遠に精進しなきゃいけない。民衆には、肉食のあとのダイエットのつらさというのが染み込んでいます。個人のダイエットならいいですけど、善きキリスト教徒であるためには、そんなときに肉を食べたら地獄落ちだと、そういう強迫観念付きのダイエット。ですから当時は飽食とダイエットがよほど染みついたとみえて、ラブレーという個人の作品だけでなく、ブリューゲル*にもカーニバルとダイエットの戦い、精進潔斎の戦いという有名な絵（謝肉祭〈カーニバル〉と四旬節〈レント〉の喧嘩）がありますし、ラブレー以前の文学作品にも出てくる。私たちの知る西洋文化で一番陽のあたる部分じゃないですけど、裏街道の庶民の路地には脈々と受け継がれているという感じがします。

＊ピーテル・ブリューゲル（一五二五～三〇？―六九年）。生年・生地不明のブラバント公国（現在のベルギー）の画家。「農民の踊り」「子どもの遊戯」「雪の中の狩人」などの風俗画で有名。初期には、画家ヒエロニムス・ボスの影響を受けた寓話を主題とする絵画が多かったが、後期は、農民たちの生活を多く主題にして「農民画家のブリューゲル」と呼ばれた。ブリューゲル一族は多くの画家を輩出し、同名の長男は地獄の絵を描いた「地獄のブリューゲル」と呼ばれる画家。

宇田川　その後も叶えられない暴飲暴食の夢というのは、肯定的に捉えられて何世紀も続く。ブルボン王朝の王様は食事の光景を庶民に見せて、悦に入っていた。権力と権威を誇示したわけで、ディナーショーみたいなもの。みんなが満足に食べられるようになる二〇世紀後半まで、人間はそんな夢を引きずっている。飽食の二一世紀を生きている私たちから見て、それをどう解釈したらいいんですか。

荻野　もちろんグルメのためのグルメじゃなくて、灰色の日常の中で特権的な一瞬があるというわけです。具体的に書かれている食べ物という表層よりは、「そういう特殊な時間としての食もあるんだ」ということを把握しながら我々の日常を振り返ると、ラブレーの頃と比べると格段に素晴らしい食事なのだけど、食を享受するというよりは、だらだらと惰性でこなしている。「食べる」ということは「生きる」ということの代表的な行為ですけれども、より濃密な生き方・食べ方を古から学ぶということは大事じゃないかと思います。

宇田川　荻野さんの好きな落語には、普段は長屋で貧乏暮らしをしていても、食を巡って大騒ぎするような話がありますね。グロテスクなブラックユーモアなんかも、ラブレー的世界に通底するところがあるんですか。

荻野　通底どころか同じですね。例えばガルガンチュアの『第三の書』という後期作品ですけれども、その中にエピソードとして小噺が出てくる。焼肉の煙でパンを食っちまった人足がいて、因業な焼肉屋が「煙の代金を払え」って。そこに道化《フール》が出てきて、道化に仲介役を頼むと、彼が裁いて、人足に「金を出せ」と。で、チャリンチャリンと金の音をさせて、その音で煙の代金にしたのです。まったく同じ話が落語にありまして、焼肉の代わりにウナギです。隣が鰻屋でウナギのいい匂いがしてきて、おまんま食べていた人が代金を要求されると、やっぱりお金の音で払うのです。東西の説話につながっていますね。

増量との闘い

宇田川　荻野ワールドの中で、ラブレー的世界と落語的世界とがうまく共存しているみたいですね。ところで、著作の『食べる女』あるいは『一日三食ひるね事典』に書かれたように、荻野さんみたいに悪食やゲテモノ食いにのめり込んでいる女性作家は少ないし、後継者もいない。まさに独壇場。輝いています(笑)。

荻野　友達に食だけのことじゃないけど、私は「道なき道を行く人」って言われていまして。獣道ですね(笑)。今、実生活がそのまま獣道にのめり込んでいて、そんな状態を小説『殴る女』という連作に書いています。テーマはボクシングで、ここ一年数ヵ月やっていまして、「減量」の反対の「増量」話が出てきます。ボクシングに目覚めてしまいまして、近くのジムに通っています。おまけに本末転倒して、今年の四月から神奈川女子アマチュアボクシング大会の演技の部に一回出たらハマリまして、今メラメラなんです。私が受けていた中軽量級というところでは、例えば三人しか受けていませんから、一位、二位、私はビリ。○・一ポイント差のビリなんてあまりにも悔しくて、その上の重量級ならほとんど人がいない。出れば二位。一人が何かの都合で出なければ、秤に載った途端に神奈川県優勝（笑）。重量級を目指して増量に励んでいますが、最初は黙々と淡々と食べているると、食べることが苦痛なんですね。胃がシクシクしたりするのを乗り越えて、昔の大食らいだった頃の感覚が少し戻ってきて、あと二キロ増えればいい。脂肪デブでもなんでもいいから五九キロにと。そのために食べているのがプロテイン。ゲロマズです（笑）。でも、それも美味しくいただく方法をなんとか考えて。

宇田川　どんなふうに工夫しているんですか。

荻野　薄ら甘いバニラ味にして、牛乳とココアだけでなくて、カルーアを入れてグワァーとシェイクして、カルーアミルクにする。

宇田川　そうやって涙ぐましい努力をしてるんですか。

荻野　さらに、「餅がいい」「卵がいい」と言われましたので、平気で生卵二個を連続して飲んでいますし。

宇田川　そうすると、『食べる女』や『一日三食ひるね事典』で書いている、悪食とかゲテモノ系とはちょっと方向が違うような……。

荻野　ただ単に体重を増やすだけですからね。ダイエットの最高の方法は「太ろう」と思うことなんです。太ろうと思うと、本当にプレッシャーになって太れない。食べても体重の針が上がらない。その苦しい時期を乗り越えて、ようやく今、上向きになりかけたところでして。痩せたんじゃなくて絞ったというか、引き締まったんです。アフター・ボクシングに飲むのが楽しみなんですが、バーに行くと、左に座った人が格闘家になりそこねた歯医者さん、右の人が理科系の人だったり。左の格闘歯医者さんが、「カレーは飲み物だから、噛む手間を省いて飲め！」って言うんですよ。その隣で「いや、よく噛んだほうが消化吸収にいいですから、牛乳も三〇回噛んで飲んでください！」って言う。「飲め！」「噛め！」、私、手帳に書きましたよ、牛乳を噛んで、カレーを飲めって（笑）。

宇田川　『食べる女』では無酵母パンのパン・アジムという新しい食べ物を発見したり、カマンベールチーズを使って自分でトリュフを作るみたいなことを書いているけど、今はわりとまっとうな食の世界ですね。

荻野　プロテインをどう飲むかとか、解毒ジュースなんていうのを作って飲んだり、最悪ですよ（笑）。健康雑誌の受け売りですけど、ヨーグルト・豆乳・小松菜・リンゴなんかをグワァーとミキサーにかけて作る。たいがい不味いんですけど、そこにプロテインが入った日には劇的に不味い。ほかにも材料を聞いただけで食欲がなくなると思いますけれど、ニガウリとナシとダイコン、要するにクズ野菜とか冷蔵庫の中で腐りかけたものなんかを入れて、プロテインとリンゴジュースを混ぜる。ラブレーにはカーニバル的な反転の世界があると言いましたが、今は私におけるカーニバル。ダイエットが推奨される時代だから、誰もが痩せなくちゃいけないっていう強迫観念がありますけど、それをひっくり返した事態に、図らずしてなってしまった。

宇田川　でも体重を増やすためなら、時々は豪勢なフランス料理のコースを食べてもいいんでしょ？

荻野　いいですね。でも日常のめっちゃ忙しいときにそんなことやっていられないから、仕事でフランスに行ったときに思い切り食べようと思っています。以前は、夜中に食べても胃にもたれない、低カロリーの食べ物を頼んでいたのですが、今は夜中にちゃんこ食いして、「太るような脂ぎったものを何か出せ！」って叫んでいる。ある日を境に、私の要求がまったく逆になったから、店の人は呆れています。

宇田川　食べ物には一方に美食の世界があって、もう一方にジャンクフードがあるけれど、以前の荻野さんはわりと、それをバランスよく摂っていたような気がします。美食とジャンクフードを行ったり来たりしていないと、精神のバランスを崩しちゃう。

家族との食卓

宇田川　ビニール袋なんかを提げて、スーパーに買い物に行くんですか。自分で食事を作ったりも？

荻野　やらないとしょうがないですね。母は要介護四ですけどヘルパー拒否なので、あらゆる買い物と食事を私が担当。父のほうはもう限界なので有料老人ホーム。おまけに父の部屋は大人の快適を目指してバーという設定にしまして、酒瓶がすごく並んでいます。

宇田川　荻野さんはお父さまがフランス人、お母さまが日本人。一般の日本人の食卓と違っていたんでしょうけど、三人に共通した好き嫌いというのはあったんですか。例えば、甘いものに関してはみんな賛成しちゃうとか、辛いものに関しては拒絶しちゃうとか。

荻野　父はフランス人なのにあっさりしたものが好きで、

母は日本人ですのにブルーチーズとか好き。おまけに父は船乗りだったから、なかなか家に帰れなくて。母が忙しいときは関西の祖母が母代わりで、私は伝統的な日本食で育ちました。まあ、三人で共通したことというと「酒」ですね(笑)。

宇田川　何か記憶に残るような食べ物というのは？

荻野　父がいないときが多かったので、祖母の関西の田舎食とか太巻とか、元旦にはカキの入った味噌雑煮とか。二日はとろろなんですが、それも関東の長いのじゃなくて、丸い自然薯みたいな。そういう季節ごとの食というのは体に刻まれていますね。

宇田川　父親不在の母子家庭みたいな食卓だったわけですね。でも、父親が帰宅すると……。

荻野　突然、ナイフとフォークが出てくる。

生きることは飲み込むこと

宇田川　ところで、近著の『蟹と彼と私』ですが、私も読んでいて、ぐっと胸にきました。また、食べているシーンに、どうしても目がいってしまう。恋人が癌に侵されて入院するという闘病記。彼は毎日食が細くなって、やがて何も食べられなくなってしまう。一方で、荻野さんたちが病院で盛大な宴会を開く。シャンパンとか一九七五年のシャトー・ラトゥールとかキャビアを持ってきて。生きている者と極限状況を生きる者が、食という欲望を媒介にして間近に描かれる。そんないたたまれないコントラストが鮮明な印象として残っています。

荻野　小説の中で、病室の状態は本当にリアルに書きましたが、今から思えば象徴的な行為だったと。癌と闘っている前後は、何か特別なものを食べますよね。それは人類の基本なんじゃないでしょうか。幻想シーンもありますが、癌の闘病記の部分はほとんどリアルです。

宇田川　彼が最後を迎える最中に華やかな宴会をやるわけですけど、何度か開いたんですか。

荻野　一回だけですね。

宇田川　想像はできますけど、病人には食に対する欲望や意欲は出てこないものですか。

荻野　手術が終わって抗癌剤を投与される。本当の癌のつらさは、特に消化器系の癌患者は食べられなくなること。とにかく食べられないというのがネックでして、おまけに食べたものが、癌が進むと吸収されないというのもありますし。そういうなかで、いわゆる飲むカロリーメイト系のものがありますが、これが信じられない不味さ。本当は手術とかして腸に穴を開けて、そこから腸瘻《ちょうろう》という管を通して栄養摂取していたのが、実は一番楽でした。それが取れたとき、こっちはワーイって喜んで……それをずっと付けていれば、飲み込むという難しいことをせずに栄養補給が続けられたのにと、あとで後悔するんですが。

宇田川　荻野さんはカップラーメンなんかを食べていたようですね。やっぱり食べられなくなりますか。

荻野　ええ。至近距離でそういう人がいると……。彼のそばでそういう状態を見ていると、がっつけないですよ。もう、ミニチュアみたいな量しか食べられないっていう人のそばにいると……。あとで友達に「二人とも同じ顔をしていた」って言われました。「死相が出てた」って。

宇田川　死んでいく人にとって最後の晩餐も何もないでしょうけど、夢として何かあるんでしょうか。

荻野　喉から栄養摂取できる、口からものを入れて飲み込めるという「食べられる」ってことは生きていることでして、それがものを食べられなくなったら危ないんです。腸とか胃から栄養補給することもできますけれども、自分の力で嚥下することは本当に生の基本なんです。彼の場合、最後にアイスクリームを一口飲み込めたことが最後の晩餐になりまして。ちゃんと飲み込めるってことが生きられる、まだ大丈夫だっていう徴ですね。だから、本人にとってもつらいし、おままごとくらいの量を食べるのに二時間かかる。それを傍で「アーン」てやっているほうもヘロヘロになる。病人も看護する側の私も、本能的に絶対口から摂取するということにこだわっちゃった。お医者さんはむしろ誤嚥の危険性もあるし、「がんばらなくていいんですよ、こだわらなくていいんですよ」と言われたけれども、なんだか本能ですね。もう絶対、食べさせなくちゃいけないと思ったし、本人も絶対がんばるって。飲み込めなくなった瞬間に死が来ますから。そういう意味で、最後の晩餐というよりも、飲み込めるってことが「生」ですね。

宇田川　私たちが気楽に最後の晩餐とか言っているのは、幸福の頂点、絶頂にいるからできることでしょう。以前、荻野さんは「最後の晩餐はシャンパンがあればいい、料理はいらない」と言っていた。荻野さんらしい表現で、「指を口に含むだけでいい」と。それは今でも変わりませんか。

荻野　もしもそういう幸せな最後の晩餐があるとしたら、

やっぱり今でも同じで、シャンパンですね。指を舐めるというのは落語が背後にありまして、「籤に当たったらどうするの?」って、みんなで「ああもしたい、こうもしたい」と。「俺は池を造って、並々と酒でいっぱいにして、スルメ片手にドボンと飛び込んで、そのまま沈んでしまいたい」という「富久《とみきゅう》」という噺が大好きです。でも、スルメじゃ同じになっちゃうんで、指でもしゃぶろうかなと(笑)。

宇田川 確かに指にはいろんな食べ物の記憶が染まっていますからね。

荻野 赤ちゃんの時の指しゃぶりというのもありますから。そういう胎内回帰と合わせて。

宇田川 それから七年経って、最後の晩餐の夢は変わりませんか。

荻野 液体ですね、はいっ!

宇田川 相変わらずシャンパンですか(笑)。

荻野 いいですね。選択肢があるのなら、地獄に「血の池巡り」というのがあるじゃないですか。だからコート・ド・シャンパーニュ池、サロン池とクリスタル池と巡って、最後のシメはクリュッグ池にドボドボドボドボ……そのまま極楽へと(笑)。

宇田川 本日はありがとうございました。

◆二〇〇八年一月

KRUG
CHAMPAGNE
KRUG

南部《なんぶ》靖之《やすゆき》

Last Supper
5

コミュニケーションの場としての「食」

株式会社パソナグループ 代表取締役グループ代表（株式会社パソナ 代表取締役）。1952年、兵庫県神戸市生まれ。1976年、関西大学工学部卒業。1976年2月、「家庭の主婦の再就職を応援したい」という思いから、大学卒業の1ヵ月前に起業。人材派遣システムをスタート。以来、“雇用創造”をミッションとし、新たな就労や雇用のあり方を社会に提案、そのための雇用インフラを構築し続けている。著書に、『人財開国』『創業は創職である。』（共著）、『この指とまれ』『ベンチャー三銃士の経済再生会議』（共著）、『自分を活かせ！』など多数有り。近著は『これから「働き方」はどうなるのか』（共編）。

農業への人材派遣

宇田川　パソナは二〇〇五年、東京本社の地下に農場「PASONA O2」をオープンしました。それも大手町という都心のど真ん中だったから、大きな話題を呼んだ。そもそも人材派遣業のパソナが、なぜ異分野の農業問題に関心を向けたのですか。

南部　私たちパソナの使命は、社会から必要とされる会社になることなんです。そのために創業以来の企業理念として、社会的な問題点を解決したり、ベンチャー企業精神を維持することなどを掲げています。いつも社会的な問題に一石を投じたいという気持ちがありますね。これまで取り組んできたように、「女子大生の就職支援」や「中高年の人材流動化」「障害者のための就労機会の創出」もそうですし、阪神・淡路大震災や401K（確定拠出型年金）導入など、大きな社会的問題に積極的に取り組んできたのも、その気持ちからです。だから現在、大きな問題を抱えている農業問題へも関心があったわけです。

宇田川　それがどうして都心に地下農場を創設することに結びついたのですか。

南部　二一世紀に入ってから、失業率がどんどん上がってきました。そこで僕は、雇用創出というのは民間企業が率先してやらなくちゃいけないと思ったんですね。一時、社長職を離れて、二年半くらい日本全国各地の経済状況を見てまわりました。それで気づいたのは、中高年のホワイトカラーが数多く失業していたり、学校を卒業しても就職できない若者がたくさんいること。一方で、農業の高齢化が進んで、後継者不足が取り沙汰され、日本の農業は衰退の一途をたどっている。そんな状況をなんとか改善したいと思って、農業で新しく雇用を生みだせないかと思ったんです。

宇田川　南部さん自身、日本各地を見てまわるまで、農業問題に強い関心があったんですか。

南部　正直にいえば、そんなにありませんでしたね（笑）。農業は朝が早くて大変だろうとか、機械化されていないから家内工業的な仕事だとか、世襲制になっていて誰も参入できないとか、常識的なイメージだけでした。でも、せっかく全国を回るのだから、頭を真っ白にしてよく状況を見ようと。僕は常日頃から、人間として大切なのは経験して初めて物事を知ることだと思っています。実際に農業に目を向けたものの、民間企業は規制があって入れないし、場所もないし技術もない。農家は人手不足なので「誰でもいいから」と言うけれど、簡単に外部の人間を受け入れないだろうし。それで秋田県の大潟村という場所を紹介された。大潟村には脱サラの人とか、普通の公務員とか、全国から選ばれていろんな人たちが入植したんです。その人たちががんばったから、干拓地でたくさんお米が穫れるようになって、国策にも影響を与えた。大潟村の農業のやり方が、食管法*を根本から変えたと言われている。だから、大潟村は日本の農業を変えた革命的な村なんですね。

＊食糧管理法。もともとは日中戦争の最中、戦時下における米の流通不全を解消するために、一九四二年に制定された。食糧の生産・流通・消費に政府が介入して管理するためのものであり、主食である米や麦などの食糧の需給と価格の安定を目的とした。制度的限界を生じていたが、一九九三年米騒動（記録的な冷夏による米不足）による価格の暴騰や外国産米の緊急輸入、ウルグアイ・ラウンド農業合意による一九九五年の米の輸入開始などを受け、一九九五年に廃止され、新たに主要食糧の需給及び価格の安定に関する法律（食糧法）が制定された。

宇田川　なぜ、大手町のビルで地下農業をやろうと思ったのですか。

南部　最初から、都心の空きビル農業をやろうと狙っていたけど（笑）。都会の人たちに農業問題に関心を持ってもらうには、すごく目立つ旗を高く掲げたほうがいいと思っていたので、確信犯かもしれません（笑）。でも、大手町のビルの地下に空きがあったのは、たまたまだった。地下だから使い勝手も良いし、テナント料も安い。皆さん、「地下農場は先見の明があった」なんておっしゃってくれますけど、本当にたまたま（笑）。

宇田川　当時のマスコミの取り上げ方を見ていると、パブリシティ効果は相当あったんじゃないですか。

南部　あったどころの話じゃなくて、おかげさんでむちゃくちゃありました（笑）。年間一万人以上が見学に来てくれました。

宇田川　将来的な雇用創出として、どんな構想を持っているんですか。

南部　雇用創出の方針は二つありまして、ひとつは六〇歳で定年を迎えた人たちの仕事を創出すること。ただし大手企業で働いてきた人は、ネクタイを外した仕事に就くことって、とても難しいと考えちゃう。だから、きちっと株式会社にして、健康管理から福利厚生まで面倒をみる。「パソナに在籍していれば心配ないですよ」と。それで定年退職者を対象に、大潟村で「農業インターンプロジェクト」

をスタートしました。丸の内で働くのと同じ感覚で参加してほしいと思ったわけ。

宇田川　もうひとつの方針は？

南部　もうひとつは、フリーターの若者にも呼びかけようと考えたこと。企業に入っても途中で辞めていく若者の中で、故郷に戻って農業に従事したいとか、地方で就職したい若者にきっかけを与えられればいいなと。都会で育った若者を応援しようと、坂本龍馬にちなんで「農援隊」という名前を付けました。大潟村で汗を流して働いた貴重な農業体験を通じて、フリーターの若者の気持ちが変わっていきましたね。

宇田川　農業に関しても、株式会社の参入が認められたけれど、いろんな規制がしかれているし、既得権益なんかの問題もあるでしょう。

南部　日本に派遣法*がまだない時に、パソナは何度も、当時の労働省に待ったをかけられた。「会社のライセンスを剥奪する」とか、「会社を潰す」とか脅されましたね（笑）。

僕がいろいろ提案したのは、新たな雇用インフラを作って、失業している中高年や女子大生を就労させようとしたこと。社会環境は年々変化しているのに、働く人の雇用インフラの整備が遅れていた。今回も、農場問題に一石を投じられればいいなという使命感でやってます。私たちのやれることはたかが知れているから、土台作りのお手伝いをさせていただこうと。

＊　労働者派遣法（労働者派遣事業の適正な運営の確保及び派遣労働者の就業条件の整備等に関する法律）一九八六年施行。労働者派遣事業の適正な運営と、派遣労働者の就業条件の整備等を図るとし、派遣労働者の雇用の安定と福祉の増進を目的とする。つまり、「派遣という形での労働」という、従来の労働関連法ではカバーしきれない労働に焦点を当てている。社会環境の変化に対応して、何度かの改正が行われ、特に一九九九年の大幅改正によって、派遣として働ける仕事の種類が原則的に自由化された。

宇田川　パソナは民間企業だから当然、将来的には採算の問題も考えているんでしょうね。

南部　「農業インターンプロジェクト」は五ヵ所に増えました。地方の活性化には農業と観光を切り離せない。少しでも農業にかかわる人たちが増えれば、活性化につながると思う。ただ正直にいえば、農業分野への人材派遣をビジネスとして考えたら、五年くらいはかかるでしょう。でも人材派遣だって、ここまで来るのに三〇年かかったわけですからね。僕の持論は、すべては夢から始まるというもの。そんな夢が社会全体、オーバーになるけど人類全体を変えるようなものであれば、それは志になりますよ。

コミュニケーションの場「社員食堂《カフェテリア》」

宇田川　昔から南部さんのキーワードは志だと思っているけれど、常に変わらずに力強く持続させている。いつもその志を社員と共有しているわけですか。

南部　志こそ、多くの人たちを動かす原動力になると思います。僕は、社員は仲間と思っているし、彼らと共有するつながりは、ある意味で家族の絆より強いと思ったりしている。自分の命を捧げてもいいなと思えるような志を持てる人生は、本当に素晴らしいでしょう。僕は毎日、そんな気持ちで社員と接している。だから新入社員や途中入社の社員の採用試験でも、最初から必ず面接に立ち会いますよ。

宇田川　人材派遣業としては、まさに新入社員は得がたい財産だし貴重な宝でしょう。南部さんはユニークなベンチャー社長と言われています。社員とのコミュニケーションを非常に大事にしていることでも知られている。

南部　新入社員が入社後に、どの部署で働いているかということも把握しています。大切なことは、クライアントにしても社員にしても、日頃からコミュニケーションをとることなんですね。そのために僕は社内で、社員と年中パーティーを開いている。社員が海外や地方から戻ったり、転勤で離れたりするときなんか、皆でワイワイガヤガヤやるんです。皆が集まる理由なんてなんでもよくて、意思の疎通を図ることのほうが大事。僕はかつて、アメリカで七年ほど生活していたことがあって、パーティーに慣れているから全然苦にならない。身近な人たちと親しくスキンシップできるパーティーを開くわけです。

宇田川　私も何度か南部さんのパーティーに招かれたことがあるけれど、国内外の偉い方々から社員のパーティーまで、実にまめに開いている。それに社長室まで社員に開放しているとか。社長室はサロン、談話室、ビールやワインが揃ったバー、またコンサートホールや集会所でもある。「来る者は拒まず」というわけですね。

南部　社員がよく社長室に来るから、僕はお茶を淹れてあげたり、激励の手紙を書いたりとかね。僕はひとりで部屋に閉じこもっているのが苦手なんです。閉じこもって、読書したり瞑想したりなんていうのは嫌いなんです。物事を考えるにしても、アイディアや構想を練るにしても、まず体を動かすことから始めて、耳から情報を得る。子どもの頃から勉強部屋や書斎に入るという習慣がなくて、どちらかといえば、静より動を好むタイプ。昨年、ヘッドクォーターを東京駅前の新丸の内ビルディングに移したんですけど、社長室は廊下に造った(笑)。

宇田川　廊下にある社長室の話は後回しにして(笑)。奇抜なアイディアは、エントランスに一五〇人ほど収容できる社員食堂を設置したこと。思い切ったことをしましたね。

南部　皆さん、入ってこられるとびっくりしますよ(笑)。普通、社員食堂は社内の奥のほうにあるでしょう。だから、驚かれた方の中には眉をひそめる人もいます。確かに、クライアントより社員を大切にしているような社員食堂の造り方に賛否両論あるんでしょうけど、僕は会社のために働いてくれる社員が、毎日快適にすごしてくれるほうがいいと思っています。食べ物はとても大切だから、皆が憩いの場として食堂を利用してくれて、ワイワイガヤガヤ言って、情報交換しながら楽しく食事してくれたほうが素晴らしい。社員にとって仕事は大事だし、楽しく食べることを通じて仕事の面白さもわかるようになる。だから、社員食堂を一番いい場所に造ろうと思った。

宇田川　一四階の素晴らしい眺めの食堂ですが、どんなふうに設計しようと考えたんですか。

南部　日本の企業はお金をかけてビルをきれいに造っても、内部は疎かにしている。デスクや椅子は以前使っていたものを再利用するとか。アメリカとは逆ですね。だから、僕は内部にこだわって、空間のコミュニケーションの流れを重視したり、食器も普通の社員食堂にあるようなものじゃなくて、きちっとした陶器の食器を揃えたり、専門のコックさんを置いて、きちんとカロリー計算したレシピに基づいて作ろうと。街のレストランに負けない料理ですよ。コックさんも、ついこのあいだまでホテルで働いていた人たちばかりだから、決して手を抜かない。おざなりな社員食堂には絶対したくなかった。しかも昼夜ともに無料。

宇田川　そりゃ驚きですね。全額無料というのも、いかにも南部さんらしいユニークな発想だけど、その理由は?

南部　社員はお金を出しちゃうと、お財布も大変だし、何かと気を使うでしょう。親御さんから預かった子どもだから、美味しいものを食べて帰りなさいという気持ちですね。それが明日への活力になればいいなと。長期的に見れば、企業にとって社員は大事な石垣で、それが集まって頑丈な城を造っているわけ。だからメンタル面が崩れると、いくら会社が伸びていても土台が崩れてくる。会社の土台だけはがっしり組んでおきたいと思う。そのためには社員との日常のコミュニケーションとか、食の栄養を考えたうえでの社員の健康づくりとかに注意を払っています。いわゆるセーフティーネットですね。そういう意味で、社員食堂は土台作りの根本になっている。

宇田川　でも、ネーミングが社員食堂じゃ、いささか古風すぎる（笑）。ほかに呼び方はないのですか。

南部　カフェテリアと呼んでますね。ほかにも、社員がリラクゼーションするために、ビタミンルームと呼ぶ部屋も造りました。

宇田川　南部さんはカフェテリアへはよく足を運ぶんですか。

南部　ええ、しょっちゅう食べてますよ。僕は自分をあまり社長って思ったことがないから、自由気ままに出入りしている。一日に昼は二回、夜は二回食べてます。食べ物はコミュニケーションの根源だと思っているから、年中社員と食べている。社員の中には仕事で失敗したり、悩んだりしている子どももいるから、一緒に食べながら話を聞いてあげたりして、元気になってもらう。食べ物は人間に回復力を与えてくれますからね。早朝会議でも必ず食べながらミーティング。でも、ミーティングの時間なんて五分くらいで、あとの五五分は食事の時間なんです（笑）。

宇田川　社外で社員と食べたりすることもあるんでしょう。

南部　僕はほとんどの集まりに参加してますよ。僕の場合、今社員は五〇〇〇人いるから、それこそ計算上、たぶん一生に一回くらいしか一緒に食べられない社員もいるわけですね。だから、僕と食べる社員には、最高に美味しいものを食べさせてあげる。表参道に「倶楽部ＰＡＳＯＮＡ」という施設を造ったんですけど、多目的ホールとかあって、ワンフロアは全部レストランにした。スタッフと関係者しか利用できないけど、そこでは最高の料理を作って社員に出してます。僕がお客さまと食べる料理より、よっぽど美味しい料理をね（笑）。

宇田川　南部さんも社員と同じ食事を摂るわけですか。

南部　一日に何度も食べるわけですから、二〇年以上も僕の専属で作っているコックさんに、すべてメニューも任せている。食べ物の量を皆の半分にしてもらったり、塩分や砂糖の量を抑えてもらったり。

宇田川　社員を大事にする社風は女性社員が多いこともあるでしょうし、人材派遣というイメージ産業的な要素もそうさせていると思うけど。

南部　メーカーなどと違って、私たちの人材派遣はイメージ産業ですから、いかにブランドの価値を高めるかが重要ですね。時には、社員の意識を変えるためにはどうしたらいいか、どこに本社を構えて、信用を得るためには何をしなければならないかとか。そういう意味で、ファッションブランドと同じだと思う。今度ヘッドクォーターを新丸ビルに移転したのは意識改革の一環だし、イメージ作りとしては、一般企業と違うスタイルのオフィスにする。例えば、一般的な企業だと社長室や役員室とかは角部屋に取ったり、管理職は部屋の窓際の特等席とか一番いい場所を占めている。でも、パソナの社長室は廊下を囲って簡単に造っているし、役員席は窓のない通路側にあって、窓際の快適なスペースは全部社員の席になっている。そういう発想も、ブランド力を高めるためなんです。

人生における時間の使い方

宇田川　上場企業の社長であれば、連日顧客なんかの接待があって、夜は接待の予約で埋まっているとか？

南部　僕は基本的には接待をしません。お付き合いで食べるのは一年に一回あるかどうか。料亭に行くのは四〜五年に一回程度。それに、僕はお酒を飲まないから誰も誘ってくれないし（笑）。誘っても南部は行かないと知っているから、接待されませんよ。もっぱら倶楽部ＰＡＳＯＮＡで社員や友人たちと食事してます。そもそも人材派遣業は、接待をしたりされたりするような業種じゃないんですね。接待してモノを売り込む仕事じゃないから、私たちは社内の応接室で堂々と仕事をしている。もちろん営業で接待をすることがあるから、そのときは営業担当がやってます。

宇田川　南部さんは多趣味の社長として知られている。相変わらず和太鼓やタップダンスを続けているんですか。

南部　アメリカに暮らしてみてよくわかったんですけど、ただ忙しいと言っているだけでは空しいわけですよ。時間に振りまわされるのはいけないんじゃないかと思ったわけ。これからは自分から時間を振りまわして、自分らしく生きようと。それで一日を四分割して考えた。まず四分の一は睡眠。次の四分の一はインプットに費やす。いつも第一線にいたいという気持ちがモチベーションになっています。世の中の流れを知ったり、社員とコミュニケーションをとったり、新規事業を構想したり立ち上げるための時間です。第三の四分の一はアウトプットに充てている。最前線で社員を指揮したり、海外に出張したり、全国に講演に行ったり、クライアントや社員とコミュニケーションをとったり。最後の四分の一は、僕は「ドゥタンク」と呼んでいるものに費やす。つまり仕事以外で、アクティブに行動する。主に趣味のジャンルですね。和太鼓やタップダンス以外にも、音楽、書道、テニス、陶芸なんかをやっている。

宇田川　一日を上手に捌いているようですけど、食の話題が挙がらないところを見ると、元来、食に対するこだわりはあまりないほうですね。食に関しては、どんな少年時代を送ったんですか。

南部　食べ物に関しては好き嫌いのない子どもでしたね。なんでも「美味しい美味しい」って食べてた。僕の両親は結婚するときに、約束を三つしたそうなんです。その中の一つに、「食べ物の好き嫌いは言わない」があったわけ。「嫌だ」とか「好きじゃない」とか言ってはいけないと。親父はニンジンとか嫌いだったんですけど、約束があったから無理して食べたりね。僕たち三人兄弟が全員、食べ物に対して好き嫌いなんていうネガティブな言葉が出なかったのは、両親の約束があったからでしょう。

宇田川　ということは、毎日同じ料理が食卓に並んでも、一切文句を言わなかった？

南部　毎日同じものを食べても全然平気でした。月に一回くらい、日曜日とかに外食に連れていってもらうことがあったけど、回数が少ないと思わなかったし、不満はなかったですね。小さい頃に、美味しかった食べ物の記憶はそんなにない。

宇田川　食べ物の記憶が鮮明になっていったのは、いつ頃からですか。

南部　四〇代になってからで、それまではなんでもよかったんです。土日になると、好きな納豆蕎麦なら必ず食べにいくとかありますね。でも、食べ物の冒険はしません(笑)。決まった店しか行かないから幅がないかもしれない。上海ガニのシーズンになれば、同じ店で食べ続けるとか、好きなスープを香港で食べるとか。

宇田川　食べ物に関しては、ギラつく欲望は感じられませんね(笑)。むろん蘊蓄系じゃないし、むしろ淡白系かもしれない。

南部　淡白ですね。でも美味しい店があると、もうそこだけしか行かない。串カツなら大阪のあそこでしか食べないとか、一生その店にお世話になるような感じ（笑）。だいたい月曜から金曜まで、僕のコックさんが作る料理を食べているわけですから、食べにいくといっても土日しかない。店や料理の選択が限られているから、どうしても馴染みの店になっちゃう。ただ、お茶だけは蘊蓄系かもしれません。けっこううるさくて、九時に出社して仕事を始めるんですけど、社員にコーヒーや紅茶を淹れてあげるのが日課なんです。ゆっくり淹れてあげてから仕事の話をするけど、急いでいる社員には、「なんでそんなに急いでいるんだ。太陽はいつも東から昇るから、そんなに慌てなくてもいいよ」って言ったりしてね。

宇田川　南部さんの一年の仕事タイムは、一一ヵ月で終わることになっている。一一ヵ月間はがむしゃらに働いて、あとの一ヵ月間を船旅クルーズですごすそうだけど。

南部　海外クルージングは四〇歳くらいから始めました。地中海クルーズとかカリブクルーズとか。海外で長く暮らした経験があるから。一ヵ月バカンスを取ることは普通だと思ってるんですよ。贅沢といえば贅沢ですけど、どんなに忙しくても、一ヵ月はしっかり外国航路の船旅をする。日本人にはそんな発想はありませんけど、僕は、「リーダーたる者は余裕を持たなきゃいけない」というのが持論でして。だから、言い訳みたいなものですけど、余裕を持って実践しているわけです（笑）。

宇田川　寄港地で美味しい食事をするんですか。

南部　日本にいるときや船員さんから情報はあらかじめ入手しておきます。夕方六時頃に港に到着して、下船して美味しいレストランに食べにいく。

宇田川　海外の寄港地で食事をしてて、もし明日、自分の命が終わるとしたら、なすすべもなく港町のレストランが最後の晩餐になりますね。

南部　僕には「最後だから何かを食べたい」という気持ちはないんです。モノを持たない主義なんですね。洋服はあるものを着ているだけだし、時計も持たないし、モノにこだわってどうこうするというタイプじゃない。だから食べ物に対しても、「社員の皆が僕と一緒に食事をしたい」という気持ちを実現してあげたい、「皆に美味しいものを食べさせてあげたい」っていう気持ちがある。だから最後に、自分はこれを食べたいっていうのはないんですよ。

宇田川　本日はありがとうございました。

◆二〇〇八年四月

磯村尚徳《いそむら ひさのり》

Last Supper
6

日本文化と交雑するフランス料理

外交評論家。1929年、東京都生まれ。学習院大学を卒業後、53年に日本放送協会（NHK）に入局。インドシナ、中東、パリ特派員を経て、ワシントン支局長、外信部長に就任。74年からは、報道局副主幹として「ニュースセンター9時」の編集長兼初代キャスターを務めた。その後、ヨーロッパ総局長、報道局長などを経て、91年にNHKを退職。1995年から2005年までパリ日本文化会館初代館長を務めたほか、日仏メディア交流協会会長、ユネスコ事務局長特別顧問、フランス語最高審議会委員など、日仏の懸け橋として活動。フランスのレジオン・ドヌール勲章オフィシエ、芸術文化勲章コマンドゥールを受勲。2011年には、旭日中綬章を受章。グルメやファッションにも詳しく、著書には「ちょっとキザですが」シリーズ、『しなやかなフランス人』『日本人はなぜ世界が読めないのか』など多数有り。

ミシュランと星付きシェフの上陸

宇田川　一九九五年から二〇〇五年までパリの日本文化会館の館長をされていましたが、磯村さんによれば、現在の日仏関係は歴史上最も友好的な関係だそうですね。

磯村　最高になるまでには最低のところもあったわけですね。かつて日仏の経済摩擦がありまして、フランス人の場合は誇り高き国民ですから、一方的に日本車とか日本製の家電とかに市場が侵されたわけですので、両国の関係は非常に悪かった。でも最低点を過ぎてからずっと底上げが始まって、嫌われることはある意味では非常に関心を持たれていることです。逆に日本の良い面がいろいろ目に付くようになって、今は日本を単なるちょっとした憧れで好きというんじゃなくて、かなり理解してくれていると思います。

宇田川　その間、トップが親日家のシラク大統領だったことで日仏関係が有利に運びました。密度が濃くなって、さらに接近しました。

磯村　シラクさんの功績は非常に大きいです。フランスという国は、アメリカとか日本みたいに民間が威張るという国じゃなくて、完全にお上の国ですから。お上のてっぺんにいる大統領が大変に日本好きだったということは、日本人にとって非常に仕事がやりやすかったです。

宇田川　この一〇年間、料理文化に関しては日仏関係の進展状況はどうでしたか。

磯村　かつて日本からフランス料理の先駆者たちがフランスへ出かけていって、フランス料理を勉強した。その中でいっぱい努力した人たちが帰国してお店を開いたりして、料理のレベルが上がってきたわけです。開花した時期は九〇年代の初め頃からだと思うんですね。

宇田川　団塊世代の先人たちによって八〇〜九〇年代にフランス料理が花開いて、日本に根づいていったわけですね。

磯村　日本は九〇年代を通じて長く不況が続いたわけですけれども、不況といっても世界的な常識の意味における不景気じゃなくて、特にファッションとかグルメとかに支払う金ぐらいは、日本人はみんな持っていた。美味しいものを食べるために二万や三万ぐらいは投資できました。それが二番目の変化で、三番目に女性の地位がどんどん上がってきて、キャリアウーマンも増えてきて、彼女たちがフランスのファッションとかグルメとかに関心を向けたこと。その三点が大きな変化で、その間フランスから有名シェフが東京に競って来るようになった。ジョエル・ロブション[*]のように東京で店を開く人も出てきたし、それを皮切りに、ほかの有名シェフも来日する……。

宇田川　九〇年代後半から日本で料理フェアを開催するために、フランスの3ツ星や2ツ星の有名シェフはこぞって来日した。ロブションやアラン・デュカス[*]、トロワグロ[**]など、出店するシェフも少なくない。フランスにとって、世界に向けて発信できる残されたブランドは二つだけだと思います。つまりファッションとグルメしかない。ファッションは出尽くしたという感じだし、そこで満を持して登場したのが『ミシュランガイド 東京』。私は、ミシュランはフランスのブランドの最終兵器だと思います。磯村さんは「ミシュランが拝金主義や商業主義に毒されている」とおっしゃってますけど。

磯村　そもそもタイヤメーカーのミシュラン社は国際的な多国籍企業です。それにフランスも国際化していく。アメリカ人やイギリス人はもともと生きるために食べる人たちであって、フランス人やイタリア人みたいに食べるために生きる人たちじゃない。「悪貨は良貨を駆逐する」（グレシャムの法則）という言い方がありますけれども、反対に「良貨が悪貨を駆逐する」こともある。アメリカ人やイギリス人は一時に比べ、ずいぶん舌が肥えてきた。そこへ、IT革命でお金がだぶついた英米系資本や産油国がレストラン企業に投資するようになる。昔は、ミシュランの星付きには裕福なファミリーで来たり、金持ち男性が奥さんとか愛人なんかと来るというのが、フランスの高級レストランの情景だったわけです。今は明らかにビジネスマンが接待費で食べに来ることが多くて、自腹を切ってという人が少数

＊ 一九四五年生まれ。「フレンチの神様」とも称される世界的に著名なシェフ。二八歳でホテル「コンコルド・ラファイエット」の総料理長に就任し、七六年にはMOF（フランス最優秀職人章）を授与される。八一年に独立し、レストラン「ジャマン」を開店、八四年には史上最短でミシュラン3ツ星を獲得。現在では、日本を含め世界中にジョエル・ロブションの名を冠する店が運営されている。

＊ 三三歳の時、史上最年少で、なおかつフランス以外の国籍で初めてミシュラン3ツ星を獲得したモナコ国籍のフランス料理のシェフ。東京をはじめ世界各国に店舗を展開している。

＊＊ メゾン・トロワグロは、一九六八年から四〇年以上にわたってミシュランの3ツ星に輝き続ける名店。ヌーヴェル・キュイジーヌ（後注参照）を牽引した兄ジャン＆弟ピエールのトロワグロ兄弟から、ピエールの息子ミッシェルが三代目オーナーシェフを引き継いだ。

になりつつある。

宇田川　多国籍企業の資金がグルメの世界に侵入してきているわけですか。

磯村　そういうふうになってしまって、シェフだけが純粋にフランス人っていうような感じで、ミシュラン自体が彼らの気に入るように偏向していくわけです。そうなると本当の料理を作れなくなる。だからフランスの料理評論家とかシェフとかは、ものすごく不満を持っている。自分たちの、いわば宝であるフランス料理の世界が今やすっかり金まみれになっていると。そういう文脈の中で、ミシュランは日本進出を思いついたわけだから、まさに多国籍商法ですね。日本人はお金を持っているから、『ミシュランガイド東京』を出せば成功するだろうと。私が言いたいのは、パリの敵を東京で討ったということ。つまり、パリでは英米系資本の縛りや制約が強いし、金融資本家を満足させるために評価とか格付けまでが影響を受けてきた。それなら英米系資本の影響をあまり受けていない東京で、『ミシュランガイド』を出版しようかと。

デュカスとロブションの系譜

宇田川　現在のフランス料理の見取り図でいえば、英米系の資本にサポートされているのがアラン・デュカスの世界戦略でしょう。フランス料理を主体にして海外に二二店舗、スタッフ一四〇〇人の国際的企業に成長した。もう一方のポール・ボキューズにロブションがいる。

磯村　派閥があるとすれば、大雑把にいうとフランス人シェフの系列は二つ、つまりロブションとデュカスなんですよ。明らかにデュカスと違って、ロブションのほうにはまだフランス人的な職人気質が残っている。デュカスの職人としての腕は素晴らしいと思いますけれども、今や彼の関心は全世界に限なくビジネスを展開する戦略にあります。つまり、ビジネスマンのデュカスに対して、小さな商店の手作り的なものを大事にする職人ロブション、という対立があるわけです。みんなどっちかの影響を受けている。

宇田川　職人ロブションが象徴するものは二〇世紀型のパパママ的商店のスタイルで、お父さんが料理を作ってお母さんがサービスするレストラン。それに対してデュカスの場合は、フレンチをビジネスにしようとする路線。いわば二〇世紀型スタイルと二一世紀型スタイルという、新旧のレストランのコンセプトが激突している構造になる。

磯村　一方は価値もわからずに、三〇万も四〇万もするロマネ・コンティを何本も飲むようなもの。簡単にいってしまえば、フランス語でヌーヴォー・リッシュ的（成金的）な客層で支えられている。片やものがわかっている人たち、例えば本当に料理がわかっている北大路魯山人*のような人たちで、陶器の世界でいえば白洲正子**のような人物が支えているレストランがある。でも、本当の食通みたいな人がだんだん少なくなっているのも事実。デュカスの店で、ジャガイモサラダとジャガイモの厚さと同じぐらいの厚さのトリュフの上に、同じぐらいの厚さのキャビアをのせた料理を食べたことがありましてね。それだけ豪勢に作っているんだから、美味くなきゃ困りますよ(笑)。お金を持ってて、どうやって使おうかと考えているような人にはいいけれども、こんなものは料理の本質じゃないという感じがする。

＊（一八八三―一九五九年）篆刻家・画家・陶芸家・書道家・漆芸家。食通としても知られ、高級料亭「美食倶楽部」「星岡茶寮」などを創業。漫画『美味しんぼ』の主人公と対立する父親のモデルとしても有名。

＊＊（一九一〇―九八年）随筆家。随筆『能面』で第一五回、随筆『かくれ里』で第二四回の読売文学賞を受賞。骨董にも造詣が深く、夫は実業家として有名な白洲次郎。

宇田川　フランス人の食に対する意識が変化しているかもしれません。例えば、サルコジが二〇〇七年に大統領に当選して、従来のフランス的なものの考え方と違った、金融資本主義のアメリカ型社会を目指すサルコジ的な動きが出てきた。実際には、フランスの料理界の中で、デュカス的なやり方に批判はあるんですか？

磯村　逆に羨ましいと思っている人も多いでしょう。第二のデュカスを目指すような料理人が多いと思います。だいたいが3ツ星を狙うとか言っている料理人は、どうしてもそういう人が多くなる。フランス人そのものが変質していって、移民も多くなったのも現実です。かつてはカトリックの国だから、離婚なんかしたら絶対に政治家になれなかったのが、サルコジのように離婚しても大統領になれる。それどころか正式結婚が少なくなって、いわゆるユニオン・リーブル（同棲）が多くなっている。フランス人の言う「アメリカ化した」フランス社会ですね。そういうものの代表みたいなのとしてサルコジが出てきている。

宇田川　そのアナロジーを料理界に移すと、デュカスの登場なんでしょう。フランス料理による世界戦略、大いにけっこうとなるんでしょうね。今までの二〇世紀の職人的なコンセプトが破られつつあると。そのせめぎ合いの只中にいるんでしょうか。

磯村　あんまり単純化していうと間違えるんですが、職人のロブションも世界のいろんな所へ出店しているわけです。ロブションだってデュカスに近いことをやりだしているわけですね。グローバル化の時代だから、職人の立場に限界があることはよく知っていて、デュカスがロンドンに出店しているのに自分は出していない、ということがなかなか許されないから、どうしても出店しちゃう。

ヌーヴェル・キュイジーヌの登場

宇田川　磯村さんが在仏二度目の七〇年代のフランスでは、ヌーヴェル・キュイジーヌ*の嵐が吹き荒れていた。その親分だったポール・ボキューズ**を日本で最初に紹介したのが磯村さん。NHKのテレビ番組「ニュースセンター9時」でしたけれど、どんなふうに紹介したんですか。

磯村　私が「ニュースセンター9時」を始めた時に、いろんなジャンルの出来事を紹介しようと思いました。その頃、当時の辻調理師専門学校創立者の辻静雄が、ヌーヴェル・キュイジーヌの創始者ボキューズが日本に来ているという。それまでのフランス料理はオーギュスト・エスコフィエ*以来の伝統的なフランス料理、つまり材料がどんなに腐りかけたものであろうと、カタツムリのような珍しいものであろうと、こってりしたソースを使うというのがコンセプトだった。ボキューズはそれをぐるっと変えて、日本料理が持っていたコンセプトの「材料七分に腕三分」という考えを持って、食材を重んじる方向に変えた。そのボキューズにインタビューをしたわけです。

＊　直訳すると「新しい料理」。ミシュラン3ツ星シェフであるポール・ボキューズやトロワグロ兄弟ほかのシェフたちが、オーギュスト・エスコフィエの精神を受け継ぎながらも、日本の懐石料理を採り入れたりして、軽いソースや新鮮な素材を活かした調理などを七〇年代に創造し、これが世界中に広まったもの。

＊＊　一九六一年にMOF（フランス最優秀職人章）を授与されたフランス料理のシェフ。六五年に得たミシュラン3ツ星を四〇年以上維持。七〇年代に、辻調理師専門学校創立者の辻静雄の招聘によりトロワグロ兄弟らと来日。日本料理に触発されて、フランス料理を新しい時代「ヌーヴェル・キュイジーヌ」へと進めた。

＊一八四六年、ニース近郊に生まれる。フランス料理の改革者アントナン・カレームの技法をシンプルに体系化することで、伝統的なフランス料理の大衆化・革新に貢献。フランス料理のバイブルといわれるレシピ本を出版。コースメニューや、部門シェフを置くシステムを考案・導入。規律と節制を採り入れ、シェフという職の社会的地位向上にも貢献。一九三五年、八九歳で他界。

宇田川　ボキューズは七〇年代初頭に『市場の料理』という本を出版した。それまでのシェフは、業者が持ってくる食材を調理場で待っていた。当たり前だけど、市場に行けば新鮮な素材を買えるにもかかわらず。でも新しいフランス料理が台頭していることに、日本の視聴者はびっくりしませんでしたか？　相当反響があったのですか？

磯村　インタビューは七四年のことで、ホテルの鮨屋のカウンターでやったんです。びっくりすると同時に反響で多かったのは、「磯村はフランス好きだからあんなことを言ってるけれども、フランスの実態はそんなに変わらないよ」と。特にフランスに詳しい人ほどそう言ってました。ヌーヴェル・キュイジーヌを簡単にいえば、私が五〇年前にフランスに行った時には、インゲンを茶色になるまで煮込んじゃって、ぐちゃぐちゃにしていた。それを日本式に茹でるとしゃきっとする。その方法がヌーヴェル・キュイジーヌの神髄ですね。

宇田川　ボキューズは非常にカリスマ的な料理人ですけど、ヌーヴェル・キュイジーヌの流れが一挙に広まったというのは、フランス料理自体にフラストレーションが溜まっていて、何か突破口を見つけたがっていたんでしょうか。

磯村　食べる人のほうにも問題が出てきましたね。昔はランチにも悠長に時間をかけた。僕の一番長い経験では昼飯に五時間だし、ディナーもかなり長い。ボキューズたちは、客は有産階級のごく限られた人だけじゃないし、しかも社会がだんだん民主化していって、みんなが仕事を持つようになってから、四〜五時間も昼飯にかけられる状況じゃないことを知っていた。世の中がせわしくなって、ビジネスランチの機会も増えて、それに適する料理が必要となった。そうなるとあっさりして消化が良くて、外食を二度続けてもいいっていうふうに変えていかなくちゃいけない。ソースもこってりしたのは駄目だとなる。

宇田川　腹に溜まらない料理の登場ですね。ヌーヴェル・キュイジーヌの社会的なバックグラウンドになっていたのが、六八年の五月革命。従来の社会的規範をひっくり返して、道徳や文化の価値観を根底的に変えてしまった。当然、料理を取り巻く環境も激変した。ところで、今や飛ぶ鳥を落とす勢いのロブションを、日本人で初めて見出したのも磯村さんですけど、その経緯は？

磯村　私がフランスに滞在していた頃、ロブションはパリの日航ホテルのセレブリテというレストランのシェフでした。ＭＯＦ（フランス最優秀職人章）という、フランスの料理人がミシュランの星以上に望むものがあるんですね。ロブションは若くしてＭＯＦを取ったけど、まだ知る人ぞ知る存在でした。私はホテル日航にある日本レストランに何度も行ってたんだけど、フランス料理のレストランがあるなんて考えもしなかった。ところがある時、フランス人の取材相手がランチをご馳走したいと、そのレストランを指定してきたわけ。日本人の私を喜ばせるためにホテル日航に招待したのかなと思って出かけていったら、料理が本当に目を見張るぐらい美味しい。もうびっくりしましてね。その後も三笠宮御夫妻がパリにお出でになったときにも、私は学習院ですから、そのレストランにお連れしました。やがて日本人仲間が素晴らしい料理だと絶賛していった。星が一つ付いて、２ツ星が確実になったときに、ロブションは給料の値上げを要求したんです。でもホテル日航はそんな給料は払えないということで、彼は独立した。その後の活躍はご存知の通りで、ホテル日航はさぞや歯噛みしたでしょうね（笑）。

フランス料理と日本料理の交差

宇田川　磯村さんは昭和一一年、御両親に連れられてフランスに滞在されている。戦前のパリと戦後に行かれた頃で、現地での日本食の事情に変化はありましたか。

磯村　まったく変わりませんでしたね。父も母もわりあい西洋料理系の食事が好きでしたけれど、当時、日本料理の食材はヨーロッパでは売ってもいませんしね。日本から来るお客さんを迎えて、母がいろいろ作るんですけど、マルシェ（市場）に行っても魚は少ない。戦後になってもフランス人は魚を食べなかったんですよ。カトリックの信仰の厚い人は、金曜日の夜だけはちょっと魚を食べるんですけど。だから日本料理なんて食べられなかったので、私はフランス料理的なものを食べるのにはまったく抵抗はなかったです。その頃、在留邦人は六〇〇人ぐらいだから、お正月に大使館でパリにいる邦人を全部呼んでも収容できたわけです。留学生は飢えているから、一番前の所を占めちゃうわけ(笑)。普段ろくなものを食べていないから楽しみで楽しみで。我々は職を持って来ているから、留学生よりはまだしも余裕があるので、後ろに控えていた。

宇田川　磯村さんが出された本を読むと、奥さまが中華食品で豆腐を買ってきて、厚揚げやがんもどきを作ったり、おでんの具に使ったりして苦労されている(笑)。戦前とそれほど変わってない。シュークルート（＝ザワークラウト、キャベツの漬物）を作るために「味の素」を使ったりとか。

磯村　私の家内が「味の素」を創業した鈴木家の出身でして、家内の父はドイツの法律が専門だったんですけど、文部省留学生でフランスにいたことがあるからフランス好きでしたね。私が結婚した頃に、婿の私をいろんな店に連れてってくれて、美味しいものをご馳走してくれた。クレッセントとか「花の木」とかに連れてってもらって。当時は私も飢えてましたから(笑)、フランス料理というのはこんなに繊細で美味しいものかと。ブイヤベースもオニオンスープも美味しい。でも、本場に行ってオニオンスープを食べたら、チーズがお餅みたいで、熱くて半分も飲めない。最初の頃は「こんなはずじゃなかった」と思いましたね(笑)。

宇田川　NHKのパリ駐在員といっても、月給は決まっている。それに当時は円安だから、いろいろやり繰りしながらレストランに通ったんですか。

磯村　NHKの場合は皆さんからの受信料をいただいているものですから、無駄使いはできません。ただ一般論としていえば、ジャーナリストは出るところは出なきゃいけない。そのために、一流のものにいきなりポーンと出合うと気圧されちゃうから、普段からちゃんとピンのものを知っておかなくちゃいけない。「それだけだと鼻持ちならないから、キリも知れ」と先輩から言われたわけです。だから、パリに行ったら借金してでも3ツ星に行くとか、普通の人たちが利用している近所の美味しい店に行けと。その中間の2ツ星も1ツ星も必要ないと(笑)。私はその忠告を忠実に守って、その頃の3ツ星中の3ツ星のマキシムとか、グラン・ヴェフールとかに食べにいきました。

宇田川　それから数十年が過ぎましたけれど、おっしゃるように日仏関係は料理交流も含めて良好な関係を築いている。今ではフランスの料理人が日本に出店するだけでなくて、京都で食べ歩いて研修をしたり、生け花を勉強するとか、刀鍛冶や造り酒屋を見学するとか、数十年前には考えられないくらい交流が盛んになっています。

磯村　日本の国際交流基金が遅まきながらもお金を出して、日本料理フェローシップという制度ができました。星付きのシェフを一〇人ぐらい日本に招聘して、京都の板前さんと交流する。二〇〇九年に「世界料理サミット」が東京で開催されるそうですが、そういう一環としてフランス料理のシェフを呼んだわけです。彼らはすでに何回も来日している人が多いんですけれど、彼らの希望で刀鍛冶を見たいと。というのは、日本からフランスに来る板前さんの包丁さばきが素晴らしい。「日本の包丁じゃなくちゃ、最高の本当の料理はできない」と言うので、刀鍛冶を見学したいとなった。刀鍛冶の基本にあるひとつの哲学みたいなものが知りたいと。ほかにも日本のパティシエの盛り付けが三次元的立体感を持っているから、そういうのを研究するために生け花を見たいとかね。

宇田川　この数十年、最前線で日仏料理を見てきたわけですから、さぞや感慨深いでしょう。日本のフランス料理がここまで進化したり、日本料理がこれほど注目されると想像していましたか。

磯村　もう全然ですね(笑)。私は過去において、仕事上の硬いニュースのほうで、自分の予想が若干当たって悦に浸ったってことがいくつかありますけど、「世の中は複雑だな」と思ったのは、五〇年前に特派員としてパリに行ったときには、将来フランス人が生魚を食べるというようなことは、残念ながら想定できませんでした。

宇田川　今でもフランス料理好きは変わりませんか。フランス料理を食べたいという食欲が衰えていないそうですが。

磯村　全然ないですな(笑)。お里帰りって言っているんですけど、私の場合は幼児体験が若干あるかもしれませんね。例えば、画家の藤田嗣治《つぐはる》*はフランスの国籍まで取得しておきながら、私も知っていますけど、晩年の藤田のアトリエに入ると、ぷーんと味噌汁の匂いがした。西洋料理は駄目なんです。パリの日本料理屋に入り浸って、フォークとナイフのカチャカチャって音を聞くだけで、フランス料理拒食症になっちゃう人もいた。だから皆、お里帰りをする(笑)。

＊（一八八六―一九六八年）洋画家・彫刻家。現在も、フランス・パリにおいて最も有名な日本人画家であり、日本画の技法を採り入れた「乳白色の肌」の裸婦像や猫の画を得意とするパリ派の代表的画家。一九四九年、「私が日本を捨てたのではない。日本に捨てられたのだ」と言って渡仏以降、日本には二度と戻らず、五五年にはフランス国籍を取得。

宇田川　磯村さんの生きる活力の源泉は、フランス料理への飽くなき欲望にあるわけですね。毎年3ツ星のミッシェル・ブラスに食べにいかれるとか。ブラスはフランス中部の片田舎にある(笑)。

磯村　あそこはね、年が改まらないと予約を取れないから、毎年一月二日に電話して予約する。八月九日の私の誕生日の夜に、必ず私と女房と二人で八年ぐらいずっと通い詰めですよ。南フランスのオーベルニュ地方のちょっと不便な所って、けっこう時間がかかる。

宇田川　＊ブリア＝サヴァランの有名なアフォリズム、「どんなものを食べているか言ってみたまえ。君がどんな人間であるかを言い当ててみせよう」に倣って、食の経歴を振り返りながら最後の晩餐を自問自答したら、どんな回答が出ますか。

＊ジャン・アンテルム・ブリア＝サヴァラン（一七五五―一八二六年）フランスの法律家・政治家。美食家としても有名で、古典的名著『美味礼讃』を著した。

磯村　性格的なものは、本当にジャーナリストになるために生まれてきたような、せっかちなところがありましてね。つい先ごろ勉強したことでも、一〇年前から知っているような顔をして、得々とテレビで説明する才能は持っていますけど(笑)。仕事振りはすぐ咀嚼するファストフード型なんですけど、食べ物だけはスローフードが良いです。だから、最後の晩餐は三日くらい煮込んだブフ・ア・ラ・モードかな。

宇田川　その牛肉の煮込み、私の手元の資料によれば、確か奥さまとの結婚式の時に出た料理ですよ。追憶の料理なんでしょう。ちなみに、その時の前菜はマス。

磯村　今でも好きですね。このあいだ、女房と一緒に家庭料理を作ったりしたんです。フィレンツェ風の煮込みがありましてね。これはトマトがちょっと入りますけど、これも三日仕事で。料理はプロセスが楽しい。昔は日本でも、プロセスで豊かさを味わっていました。フランス人と似たようにプロセスを楽しむところがありましたけど、そういうプロセスがなきゃ、豊かな気持ちになれません。

宇田川　本日はありがとうございました。

◆二〇〇八年七月

小山薫堂《こやまくんどう》

Last Supper 7

一食入魂の精神

放送作家、脚本家、作家。1964年、熊本県生まれ。日本大学芸術学部放送学科在籍中の85年に「11PM」(日本テレビ系)の構成に携わり、放送作家としての活動を開始。「カノッサの屈辱」「料理の鉄人」(共にフジテレビ系)など数々の人気番組を手がけたかたわら、現在は、「UOMO」誌で「小山薫堂　食務質問」の連載や、小説やコラム執筆などで活躍。08年、映画「おくりびと」が第32回モントリオール国際映画祭グランプリと、第81回米国アカデミー賞外国語映画賞を受賞。現在は観光庁観光アドバイザー、東北芸術工科大学デザイン工学部企画構想学科長などを務める。東北地方太平洋沖地震被災者応援サイト「kizuna311」(http://kizuna311.com)を俳優の渡辺謙氏と立ち上げた。

Photo by Hiromi Shinada

生と死を結ぶ「食」

宇田川　小山さんが脚本を書いた映画「おくりびと」[*]が、国内外で賞賛されて話題になっています。納棺師という珍しい職業に就いた主人公が、さまざまな死を通じて成長する姿を描いたヒューマンドラマ。死は厳粛な事実だけれど、不条理の世界みたいなところがあって、悲喜劇が絡んでいる。

＊二〇〇八年製作の小山薫堂脚本による日本映画。監督・滝田洋二郎、出演・本木雅弘、広末涼子、山崎努ほか。第三二回モントリオール国際映画祭のワールド・コンペティション部門でグランプリを受賞。第八一回米国アカデミー賞外国語映画賞。第三二回日本アカデミー賞作品賞・監督賞・脚本賞ほか受賞。その他、国内外で多数の賞に輝く。

小山　最初はどっちかというと小さな映画になって、単館系の映画館でひっそりと上映されるような映画だと思っていました。「いいね」って言ってくれる人がちょこっとだけいるような感じで。僕は深夜番組とかが好きなので、たくさんの人に共感してもらおうという作品をあまり作ったことがなくて、一部の熱狂的なマニア向けのものがすごく多かったから。

宇田川　最初は執筆を辞退したとか。

小山　本当は引き受けたくなかったんですけど。実はそんなに死に興味を持っていたわけでもないですし、映画をどうしてもやりたいと思ってもいなかった。人の縁みたいなもので頼まれまして、それじゃやってみますぐらいの感じでしたね。特に締め切りが決まっていなかったので、自分のペースで書いてみようと。僕は伊丹十三さんの「お葬式」が大好きで、死にまつわる映画はあれで完成していて、あれに敵う死をテーマにした映画は作れないだろうなと思っていました。あの作品を目標に、あれを超えたいなという思いがあるけれども、でも無理だろうなというので辞退した。けれども、ふとしたつながりで引き受けたんですよ。

宇田川　小道具として重要なエピソードがいくつかあって、例えば石文とか食べ物とか。石文というのは、向田邦子のエッセイからヒントを得たそうですね。

小山　向田さんのエッセイ『男《お》どき女《め》どき』の中に、昔の人は石なんかで自分の気持ちを伝えあっていたんだみたいなのが書かれていた。今から五～六年前に読みまして、石文っていいな、何かのときに使いたいなと思っていました。

宇田川　食通の小山さんのことだから、映画を観ながら、いつ小道具として食べ物を登場させるのか興味津々でした。死を扱った重いテーマにもかかわらず、そのシーンが出てくるとクスッと笑わされたり。

小山　白子とかフライドチキンとか鶏鍋とか、ああいうのは書き込みました。脚本を頼まれて僕が自分らしさを入れるとしたら、食べ物しかないと思ったんですね。食べ物というのは奇しくも死と非常に近いから。監督にカットされてすごく残念だったんですけど、本当は塩を入れたかった。食べ物と死を結びつけるものとしてお清めの塩がある。納棺師役の山崎努さんが見習い役の本木雅弘さんに、「この仕事をしているかぎり、塩には困らんぞ」と言って、白子にフランス産の自然海塩ゲランドをかけて食うというシーンを書いたんですけど、監督の心にヒットしなかったらしくて不採用になった。

宇田川　山崎さんが白子を焼いて、ちゅうちゅう吸いながら食べるシーンがあるけれど、実に旨そう(笑)。死という向こう側の世界への橋渡しをする仕事から解放されて、こちら側の世界に戻る手立てとして、貪欲に食べるシーンが挿入されている。白子という命を媒介にして、それを蘇生力として現世に戻るというように。

小山　季節が冬で、命の塊みたいなもので、見た目にも旨そうと思うものは何かと考えたときに、白子しかないんじゃないかなと。山崎さんは白子をそんなに食べたことがなくて、撮影現場で「どうやって白子を食ったら旨いの?」と聞かれたから、「破ってちゅうちゅう吸うようにして食べるといいんじゃないですか」と。そしたら、すごく上手に芝居をされてたんですね。

宇田川　フライドチキンもそうですけれど、食べ物にしゃぶりついて、死の世界からこっちへ戻ってくるという、命の綱引きみたいな感じがよく出ていました。小山さんは命のバトンタッチという言葉を使っているけれど、そういう思いをこめているわけですか。

小山　骨を持って食べる行為は、本当はすごく気持ち悪いことじゃないですか。人間はなんて残酷だなと思うこともありますね。牛の場合は一頭を二〇〇人ぐらいでシェアしますけど、鶏は一人一羽ぐらいだからすまないような気分(笑)。ジャコとかも「ゴメン」と言いながら一口で食べなきゃいけないみたいなのがあって、昔からいつも申し訳ないなって思いながら食べている。白子とか明太子とかもそうですけどね。小さい時から罪の意識を感じながら食べるんです。

宇田川　白魚の躍り食いなんかもそうですね。だから、罪悪感がなるべく少ない食べ物のほうがいいと思っちゃう。でも結局は、心の中で謝るしかないわけ。食物連鎖の頂点にいる人間は何もかも全部食っちゃうわけですから。にもかかわらずダイエットしたりとか、すごく矛盾した存在。そんな宿命を背負っていることを、常に自覚しておいたほうがいいでしょうね。

小山　そうですよね、本当にエゴの塊みたいな存在。それはもう、しょうがないと思うんですよ。これを言い始めたらきりがないし、自分の人生を楽しく生きるしかないなと思いますね。

「食」をプロデュースするということ

宇田川　いろんなジャンルの仕事をしていますね。放送作家の仕事としてよく知られているのが、一九九三年から放映されたテレビ番組「料理の鉄人」。それまでの料理番組は主にレシピ紹介が多かったんですけど、「料理の鉄人」は画期的でインパクトが大きかった。料理番組に一石を投じようと思っていたのですか。

小山　一石を投じたくて生まれたというよりは、新しいものを作らなければというか、今までにない料理番組をやろうと。それで料理人という存在に注目しようと考えたわけです。しかも料理を戦いにするというか、F1中継のように冷蔵庫前にレポーターがいたり、スポーツのように料理を取り上げたら面白いと思った。スポーツ的に料理を見たって感じですね。僕一人がやりたいって言ったものではなく、何人かが集まって話しているうちに決まりました。

宇田川　料理をエンターテイメントとして扱い、視聴者のハートを掴んだ理由はなんだと思います？

小山　スポーツや格闘技を見るような感覚で見ることができたというのが大きいと思う。対決するときに、例えば野球でいえば、巨人がいるから見やすくなるじゃないですか。好き嫌いという感情移入がしやすいし、料理人が勝ったり負けたりするところに面白味がある。そのときに鉄人という存在がいて、ある意味で料理界の巨人のようになって、毎回勝って強いことを証明する。でも、最初僕は反対したんですよ。

宇田川　どうしてですか。

小山　鉄人という言葉は僕が考えたんですけど、実際にそんな料理人はいないんじゃないかと思ったから。毎回勝負に勝つような料理人がいるのか懐疑的だった。例えば石鍋*裕さんが勝ち続けて、フレンチの鉄人になるのはちょっと無理があるような気がした。だから、鉄人を勝たせるためのヤラセをやらなければ成立しないんじゃないかと(笑)。でも、回を重ねていくうちに面白いなと思ったのは、鉄人と呼ばれている人たちがだんだん勝つコツを身につけていったこと。

＊フジテレビの「料理の鉄人」に、番組開始の一九九三年一〇月から一二月末まで、初代フレンチの鉄人として出演。番組降板後は「名誉鉄人」となる。現在、東京・西麻布を本拠とするレストランチェーン「クイーン・アリス」を経営するオーナーシェフ。

宇田川　番組とともに成長していくわけですね。

小山　試食まで一五分ぐらいのセットチェンジの時間があるものですから、料理はすぐに冷たくなる。本当に旨いものを完成させても一五分経ったら冷たくなるので、冷たくなることを前提に美味しいものを作る、冷たくなっても旨いものを作る、そんな勝つテクニックをみんなが身につけていったんじゃないかなと思う。審査員に受けるような味の作り方とか、無意識のうちにそういうテクニックを身につけていって、鉄人が鉄人になり得た。あとは慣れですね。今までは、料理人が調理しているところをリアルタイムで撮られるなんてことはないわけです。その緊張感はすごいと思う。鉄人は繰り返し何回も何回も出るうちにアウェイじゃなくて、常にホームで戦っているみたいに強くなっていったんじゃないですかね。

宇田川　それまでは固有名詞で語られることが少なかった料理人に光をあてて、その中からスターが誕生して身近な存在になった。店や料理だけじゃなくて、料理人にファンがつくようになった。それが功罪の功だとすれば、反対に罪はなんでしょうか。

小山　罪はメディアがあおりすぎて、料理人を勘違いさせてしまったことかもしれない。ほかにも、経営の陽のあたる部分だけが評価されてしまって、例えば本当は白い御飯が一番旨いのに、それで勝負されても面白くないから派手なことをやったりとかね。そうすると料理が本質的なものとは違うところで判断されてしまう。本質的なものが地味に見えて、評価されにくい時代を作ってしまった。

宇田川　小山さんは放送作家以外にも、プロデューサーとしての仕事も知られている。日本最古のリゾートホテル「金谷ホテル」の再生プロデュースも手がけていますね。カレー好きの小山さんが百年カレーを再現したと評判になった。

小山　当時の社長が大正時代かなんかの古いメニューを出してきて、その最後にサラダ感覚でライスカレー添えがあったんです。お米をサラダ的・野菜的というか、そこにカレーのソースがかかっている。「このレシピがどういう味だったか再現しましょう」というところから始まりました。独特なイギリス風のカレーで、ややスパイシーな感じもあって、名前は「百年ライスカレー」にしようと。

宇田川　そのカレーが作られるプロセスを、連載していた雑誌で紹介したとか。

小山　毎回僕がいろんな会社とコラボして、だいたい一〇〇〇個限定で誌上通販していくという企画をやっていたんです。儲けるためにやるというよりは、プロダクト商品作りごっこみたいな感じの情報を入れていく連載。第一回目で、金谷ホテルの百年前のカレーを再現するという企画を書いた。すごく評判が良いので、それをメインにすることになった。百年カレーを作ったあとに、これでカレーパンを作ろうという話になりました。カレーパンを作ろうといろいろ試食を重ねていた時に、金谷ホテルの料理長から「パイもイケます」と言われて試食して、パイを作りました。

宇田川　東京タワーのカレーラボも、カレー好きな人たちに評判になりましたね。東京タワーは一時人気がなくなりましたけど。どんないきさつで始めたんですか。

小山　東京タワーの中に店舗を持っている人が、和のカフェをやってたんですよ。でも赤字がすごいので、「話題になるような空間に変えてほしい。お土産屋をプロデュースしてくれ」と依頼されたんです。お土産屋をやっても面白くないなと思っていたときに、カレーを使ったコミュニケーション作りみたいなものができないかと考えた。ちょうどその時に、頼まれて日産のパーティーをプロデュースしたことがあるので、カルロス・ゴーンのゴーン・カレーを作ろうと。それでカルロス・ゴーンのイメージでカレーを作ったらどうなるかと、友人の東京カリ～番長[*]に話して実現しました。

＊ 知り合いを集めて公園でカレーを食べるというイベントが定例化して発足した料理ユニット。カレーと音楽を中心に「食」の新しい楽しみ方を提案し続けている。著書に、『東京カリ～番長がつくるご当地カレー　47都道府県コレクション』『カレーになりたい！』ほか多数有り。

宇田川　カルロス・ゴーンのイメージにふさわしいカレーだったら、私は遠慮したいな(笑)。

小山　彼らしくちょっと辛口で、ちょっとスパイシーなカレー。ゴーン・カレーといっても実際には名前だけじゃないですか。でもゴーン・カレーと言った瞬間に、みんな食べたがるわけです。だから食べ物はメディアになり得るんだなと思った。本を読みたいような感覚で食べたい。それによってカルロス・ゴーンを読み解こうとするみたいな、そういうのを求めるわけですね。そういうカレーを研究する空間を作ろうと思って、カレー屋に替えました。別に食べ物にかかわらず、すべてのことに言えるんですけど、誰かをあっと言わせたいとか、旨いねとか、面白いねって言ってもらうとか、喜んでいただけることへの自分の喜びみたいな、ただ単純にそれだけを求めているんです。

宇田川　以前、私もご相伴に預かった「ロマネ・コンペイトウ」という、赤ワインで作った金平糖も不思議な食べ物でしたね(笑)。小山さんが京都に行って金平糖屋さんを訪問した折に、そのアイディアが浮かんだとか。最初は甘口白ワインのソーテルヌ（世界三大甘口ワインの一つ）で作ろうとした？

小山　ワインを使って金平糖を作って、フランス料理店とかで最後にプティ・フール（小菓子）で出せばきれいじゃないかと思ったんです。最初にソーテルヌを何本か買って、わざわざオーナーのところに持っていって、「これで作ってくれないか」と頼んだら断られた。しばらくしたら赤ワインで作って持参してくれました。それがロマネ・コンペイトウ。開発のために赤ワインのボーヌ・ロマネを二一〇本くらい使ったらしい(笑)。

宇田川　今でも作っているんですか。

小山　もうないです。一回作ったら、もう一回釜を回すのに二週間ぐらいかかるんですけど、オーナーと息子さんは二人ともお酒が弱くて、その期間ワインの香りで大変だったらしい(笑)。それでどうしようもなくて、作れなくなってしまった。

宇田川　最近プロデュースした作品は、小山さんがダイエットで始めたマイブームのスープ。軽井沢にあるフランス料理店エルミタージュ・ドゥ・タムラの桃のスープですね。そのスープがたいそうお気に入りで、人生最後の一週間に食べたい傑作だと書いているけれど、最後の晩餐はやはりそれ？

小山　そうですね。そのスープはレトルトにするまでに時間がかかった。レトルトにした途端味が落ちちゃうから、駄目出しが何回も出て、ようやく作ったんです。凍らせてくり抜いた桃を器にしていて、その桃の果汁をブイヨンとクリームと牛乳でのばした桃のポタージュみたいなもの。味はすごく優しい。なんで僕が桃のスープを飲みたいかというと、そのスープを飲むと、体中が浄化されてきれいになっていくようなイメージがある。死んで焼かれるときに、肉とかそういうものがあると汚い焼け滓になるような気がする。だから、ほんのり桃の香りみたいな、固形物じゃないほうがいいなと思います。桃のスープは果肉が七ミリぐらいの厚さ残してあって、食べるときにその果肉も少しずつ溶かしながら入れて食べていく。最後に皮だけが残る。当然皮も食べてもいいんですけど、そのお皿の上に残った桃の皮が、人間が天国に行ったあとの亡骸というか、身体から魂が抜けた抜け殻みたいなものを連想させて、ミケランジェロの天地創造のシーンを思い浮かべてしまうのです。皿の上に描かれた自分の人生のような……。そして最後、「オレって幸せだったな」と言いたい。

宇田川　一年中、和洋中の垣根を取っ払って、朝食から夕食夜食までしっかり食べている。時にはそのスープのように身体に優しいものを食べたくなる瞬間があるわけで、体が自然にバランスをとっているんでしょうね。

小山　とってますね。閾値《いきち》を下げるといつも僕は言うんですけど、閾値という言葉は嗅覚が一番わかりやすい。初めてニンニクを食べた普通人の嗅覚は、この値を超えたら臭いとか匂いがいいとか感じる。次の瞬間に閾値が上がって、これより下の匂いはわからなくなる。焼肉でも食べた者同士はまったく匂いを感じないのに、食べてない人が来たら、「わー、この人臭い」と感じる。食べた本人は、「俺、そんなに臭いの?」ってあるじゃないですか。料理も同じで、旨いものばかり食ってるとどんどん閾値が上がっていって、例えば出汁を飲んだときに、本物じゃないから駄目だってなる。そう感じないためにも、美味しいものを食べ続けるよりは、閾値をなるべく常に低いところに置いとけば、吉野屋の牛丼も旨いと思うし、旨いものを食えば当然旨いとなる。その閾値を下げるという意味もあり、B級グルメも美味しいと思うことを忘れない気持ちはありますね。

宇田川　食べ物でもワインでもそうですけど、美食ばかりしたり高級ワインばかり飲んだりしていると感覚が鈍る。

それをずっと続けるのじゃなくて、時々はB級グルメやジャンクフードを食べる必要がありますね。両方の良さがわからないとバランスがとれない。いかに相対的な姿勢を保てるかが大切。食べ物の評価基準はどうですか。

小山　僕は評論しようとは思ってないんです。評論するというよりも、「これ美味しいから食べてみなさいよ」というお婆ちゃんと同じような感じで、「これ旨かったから食べてみてよ」と。美味しいというのを共感してもらうところに喜びを感じる。自分が薦めたものを食べてもらって、食べた人が美味しいと言ってくれたら嬉しい。

「一食入魂」の飽くなき探求

宇田川　雑誌に連載している記事に、なぜ「一食入魂」というタイトルを付けたんですか。連載を始めたのが三〇代だったのに、すでに悲壮な覚悟が見え隠れする（笑）。山田風太郎の作品に『あと千回の晩飯』＊があるけれど、ある程度の年齢を経なければ、そんな気持ちになれないはず（笑）。

小山　僕は昔から、もうすぐ死ぬんじゃないかといつも思ってたんですよ。小学校の時に半ズボンだったんですけど、俺って長ズボンはくことなく死にそうだなと（笑）。食べ物について、残りの人生を考えるようになったのは三〇歳ぐらいになってから。最初はミーハーというか、デートで何を食べさせたら旨いと言われるかだけでしたから（笑）。彼女が喜んでくれたら嬉しいと。それにせっかく一〇〇〇円払うんだったら失敗したくないっていう貧乏根性っていうか、もったいない後悔したくない気持ちですね。すべてはもったいないから始まるんです。研究しようとか、食べ歩いて旨いものを見つけようとか、そういう気持ちじゃない。コンビニに行ったときでも、常に最高のものが食べたいっていうんじゃなくて、いかに効率よく組み合わせて旨く食べるかを考える。置かれた状況の中で失敗したくない、一番旨いものにありつきたいという、そういうもったいない

＊　忍法帖シリーズなどに代表される伝奇小説や推理小説、時代小説ほかの幅広いジャンルで戦後日本を代表する作家であり、二〇〇一年に他界した山田風太郎の随筆集。「いろいろな徴候から、晩飯を食うのもあと千回くらいなものだろうと思う」という書き出しから始まる、自分自身の死生観を呈した表題作を収録。

精神がありますね。

宇田川　一食たりとも無駄にしたくないという食への飽くなき追求が、小山さんを衝き動かしているような気がする。例えば短い夏休みを取って、ロンドンにひとりで二泊四日の食べ歩きに出発するという尋常ならざる行為（笑）。池波正太郎風のちょっと散歩のついでにじゃなくて、飛行機や車を使って世界中を東奔西走する。疲れませんか（笑）。

小山　疲れますよ（笑）。今朝も六時に起きて、山形県の庄内でまた新しい映画を作るんで、そのセットを見にいって、その帰りに平田牧場のホットドックを買って、飛行機に飛び乗って東京に戻ってきた。昨日はイタリアンで食べて、昼は大学の学食でカレーを食べました。

宇田川　美味しいものを食べたいだけじゃなくて、いい時間を誰かと共有したいという気持ちもある？

小山　ありますね。今夜もアメリカ人と鮨を食べにいくんですけど、彼とは銀座の鮨屋で隣同士になって友達になったわけ。ボディランゲージおよび片言の英語でコミュニケーションをとって仲良くなりまして、彼が定期的に日本にやって来て、その度に一緒に御飯を食べる。僕がこのあいだLAに行って、彼の自宅を訪ねたら、ビバリーヒルズの大豪邸に住んでいた。そういう出会いが楽しい。

宇田川　鮨屋といえば、食べ手のセンスが問われると書いてますけど、なぜフレンチじゃなくて鮨屋なんですか。

小山　行きつけの鮨屋は、自分の本棚を覗かれるのと同じくらい恥ずかしい。鮨屋の親父の人柄であるとか、ネタの選び方とか、自分の価値観やセンスが具現化されたイメージが鮨屋にはあるんです。なぜかっていうと、系列によって比較しやすいからじゃないかなと思う。例えば漬《づ》けは店によって明らかに工夫のしどころが違って、同じようなものであるが故に比較しやすいような気がする。逆にフレンチは、ここは旨いけどあそこは不味いとか、同じ土壌に並べにくいというか、ワインリストとかソムリエの接客態度とか比較する要素が多い分、一〇〇パーセントさらけ出してない感じがする。鮨屋には隠すところがない。

宇田川　ただ単に旨い料理を食べにいくんじゃなくて、料理人に会いにいきたいという気持ちも強いようですね。フレンチの場合、シェフは調理場にいるから食べ手の視野に入らない。その点で鮨屋はカウンターの向こう側に料理人がいるから、握り方、手つき、清潔感、挙措、表情、喋り方なんかをすべて観察できる。

小山　カウンターを通した一対一の関係だから、非常にセンスが問われる。ごまかしようがないって言うんですかね。薦めた人のセンスが問われちゃう。

宇田川　皆さん苦労していると思うけれど、美味しい店を探すコツ、秘訣はなんですか。最終的には経験がモノをいうのでしょうけど、ふと入った居酒屋でも美味しくて感じのいい店がありますものね。

小山　ひとつは経験ですけど、店の佇まい。直感も必要だけど、当たるときもあれば当たらないときもある。失敗もいっぱいありますよ。客が回転してる感じというか、常に出入りしてる感じだとか、メニューがやたらと多くないとか、活気があるとか、客が楽しそうに食べていたりとかですね。僕がよく使う言葉に「食相」があって、食べているときの表情を指すんですけど、客の食相がいいとか、幸せオーラが溢れているような店にはすぐに行きたくなる。ショーウィンドウに蝋細工を並べているところでも、旨い店はある。

宇田川　実にいろいろな要素が絡みあっている。美味しいと思って入ってはみたものの、裏切られる店はいっぱいありますよ。ところで、小山さんはバーとビストロのオーナー。そのいきさつは？

小山　自分のバーを持つという喜びを僕も味わいたいなと思って、友達と始めたのがバー。もう一軒のビストロも、友達からビストロのプロデュースを頼まれていて、ちょうどそのバーの上に空き物件が出たんで一緒にやらないかという話になって。

宇田川　さまざまな肩書きを持っていますね。食の占める比重は大きいのですか。

小山　仕事としての比重は僕の中ではそんなに大きくないんですけど、仕事をつないでいる真ん中に食がある気がします。食って本当に素晴らしいコミュニケーションツールだなと思う。食を切り口に企画を考えることもありますし。例えば二〇〇九年四月に、東北芸術工科大学に企画構想学科を立ち上げるんですが、最初にやろうと思っている企画は新しい駅弁を作ること。新幹線で通う講師陣が「旨い」と思えるようなオリジナル駅弁は話題性もあるし、面白いなと思いますね。ほかに食を軸にした企画では、農業をテーマにした新しいエンターテイメント施設みたいなものを作りたいなと思っていて。「料理の鉄人」で料理人にスポットを当てたけど、今度は農業生産者に目を向かせるためのコンテンツとか企画を考えてます。日本の農業の活性化にもつながるんじゃないかなと。

宇田川　本日はありがとうございました。

◆二〇〇九年一月

山本容子《やまもとようこ》

Last Supper
8

職人技とアーティスティックな感性の共存

銅版画家。1952年、埼玉県生まれ、大阪育ち。京都市立芸術大学西洋画専攻科修了。洒脱で洗練された銅版画の世界を確立。絵画に音楽や詩を融合させるジャンルを超えたコラボレーションを展開。近年では、鉄道博物館のステンドグラスや、東京メトロ副都心線「新宿三丁目駅」にモザイク壁画やステンドグラスを制作し、幅広い分野に活動の場を広げている。絵本やエッセイなどの著作も多数有り、『アリス！』『山本容子版画集 PRINTS 1974-2009』『山本容子の姫君たち』『山本容子のシュールなフランス語講座』『山本容子の食物語り』『パリ散歩画帖』『山本容子のジャズ絵本 Jazzing』など、近作に『アリスの国の鏡』がある。山本容子美術館LUCAS MUSEUM（www.lucasmuseum.net）

「食」の幼年期

宇田川　山本さんの実家は大阪にあった山本旅館という、庭の広さが二万坪で裏に松茸山があるような素晴らしい旅館だったそうですね。どんな旅館だったのですか。

山本　季節の良い時など、春と秋しか開けないという旅館でしたね。谷崎潤一郎みたいな、ちゃんと粋がわかるお大尽たちがいた良き時代の旅館ですよ。粋な遊びができる顧客を相手に、祖父が始めたんです。もともと祖父は鮨職人でしたから、学も何もなかったけれども、粋の文化とかが大好きで憧れていたわけ。それで自分好みの旅館を造っちゃって。敷地だけは大きかったけど、今風にいうと小さな隠れ家みたいな。だからお客は一日一組とか二組くらい。それで皆さんが思う存分遊べるようにしたんです。母から聞くと、例えば二階のお座敷に上がると、桜の枝振りを考えるところから植えた桜にちゃんとサクランボがついていて、そのサクランボを摘むことができたとか。粋人や芸者なんかがサクランボをちょっとつまんで食べるとかね。

宇田川　料理も出していた旅館だったわけですね。幼い頃、その旅館にしばしば出入りしていたんですか。

山本　私は臨月の母がたまたま埼玉県に移動したがために生まれちゃって、それですぐ大阪に呼び戻されて、山荘で祖父と一緒に暮らしてました。その後、祖父が倒れまして、包丁を持てなくなったので、大阪の大浜海岸に大きな家を建てて、そこで父と母と私と妹とお手伝いさんたちという大家族で暮らしたんです。

宇田川　幼い頃の山本さんの食の故郷ともいうべきキーワードはもうひとつあって、それが福喜鮨《ふつきずし》。その鮨屋もお祖父さまが始めたとか。山本旅館と福喜鮨が同じ時期にあったわけですね。

山本　福喜鮨のほうはまだありますよ。「鮨屋に生まれたのはいいよね」とよく言われる。なぜかっていうと、お鮨屋さんの値段ていうのは時価でしょ。今は回転寿司なんていうのもあるけど、高そうな店はお金がないと怖くて入れない。鮨屋を怖がらなくていいっていうのは、なんて素敵なことだと(笑)。皆さんお鮨は好きだし、その縁に生まれたというのは幸せなことかもしれない。今は四代目がやってるけど、大阪に行くと寄ったりしますね。

宇田川　福喜鮨にも小さい頃から出入りしていたんですか。

山本　学生の時にアルバイトをしましたし。アルバイトはお金のある親戚から取るというのが手っ取り早いから(笑)。そこの息子たちに家庭教師したり、山本家は躾に厳しかったから、修業と称してお箸の並べ方とか、テーブルの拭き方とかを教えられた。店で躾を学ぶというように。

宇田川　お母さまもお祖父さまから厳しく鍛えられたとか。高価な皿を壊して叱られたという話がありますね。

山本　明治の男は厳しかったから、たった一枚お皿を割っただけできつく叱られた。もっとも、国宝級の器だったからでしょうけどね。母は一九歳で旅館に嫁いできましたから、そのお皿が一枚いくらだとか知らなくて。気のいい母だから、洗い場で自分も手伝おうと思って、洗い場さんがいるのに手伝っていたら、お皿をカチッと割った。洗い場のおばさんたちはびっくりして、大変なことになったわけ。でも、母は自分がやったことの重大さに気がついていない。すごく可愛いがってくれた祖父が血相を変えて、お皿を一揃い全部持ってきなさいと。母はやっと事の重大さに気がつくんだけども、本当の意味はわかっていない。お皿を持ってきた母に向かって、祖父は縁側の下にある庭石で全部割りなさいと命じる。そのときになって初めて本当に震えて泣いて、物の大事さやコレクションしたものを割っちゃいけないと気づいたわけ。

宇田川　お祖父さまのそういう厳しい躾は山本さんにも及びましたか。

山本　うちは父もすぐに手や足を出すほうでしたからね。畳の縁を歩くなとか、布団はどうだとか、襖の閉め方はこうしろとか、そういうことは多々注意された。食べ方でも、お箸の使い方から座り方までうるさかった。女の人は正座しなくてもいいし、膝を崩したっていいけど、崩し方があって、右か左に斜めに出して、こうしろああしろとうるさい。でも、当時の私は一〇代の小娘でしたからね(笑)。

宇田川　「子どもの舌は三歳までに決まる」なんて言う人もいる。山本家のように恵まれた食環境に育つと、舌が肥えたりとか、旨い不味いという意識が芽生えたりとか、舌が相当鍛えられたと思いますか。

山本　小さい頃から旨いものを食べさせてもらっていたから、舌をごまかせませんね。母に聞いたところでは、私はマグロの赤身が好きだったらしく、「なんで赤身が好きなんだろう」って母に聞いたら、「あれはあなたの離乳食だったのよ」って言われて(笑)。祖父が私を可愛がっていて、赤身を口に放り込むとちゅうちゅう吸っていたらしい。今でも赤身は大好きで、赤身を見ると美味そうって思う。トロとか見ても美味しそうとは思わないけど、赤身を見ると身体が反応するの(笑)。

「蝶よ花よ」から豊かな粗食生活へ

宇田川　結局、学究肌のお父さまは山本旅館を売却してしまって、それから貧乏生活を余儀なくされた。それまで「蝶よ花よ」と育てられたわけだけれど、食生活の激変はどんな形で現れたんですか。

山本　もともと職人の家ですから、家で食べている食材は変わらない。まず出汁が基本なんですけれども、その基本はいまだに変わってなくて。どこの家庭でも毎日ステーキを食べてるわけじゃないですから、それと同じことで、ベースが貧乏生活だからといって、激変はなかったですね。貧乏になっても基本は昆布、おジャコ、鰹節なんかを使う出汁。祖父や祖母の代からそうなんですけど、寝るまえには必ずお水にそういうものを入れて、朝の支度をしているわけです。それでお味噌汁と御飯を作る。今だとかえってすごく贅沢なことでしょうけど、私は忙しくても夜寝るまえにいまだにちゃんとやる。母も妹も自然にそうやってますね。

宇田川　食卓に上がる素材や料理は限られていたと思うけど、粗食の中にも粗食の楽しみがありますよ。

山本　ありますね。母はすごく料理上手だったの。例えばキャベツとコロッケみたいなのは、いつも食卓にあったんですよ。お金がないからキャベツは買えないとか、お金がないからコロッケは作らないとかは絶対にしない。コロッケの中に挽肉が入っているか、ジャガイモが増えているかくらいで、メニューは変えない。今でも母の教えを守っているけど、例えばキャベツにしても、なるべく大きなものを一個買ってきたら、まず丸ごと料理のイメージをして、それからすぐに下調理する。置いておくと、どんどん鮮度が悪くなるでしょ。外側のちょっと硬いところは、ロールキャベツ用に湯通しして取っておく。真ん中の美味しそうなところは、生のままサラダ用に千切りにしておく。真ん中の甘い芯のところは、ザク切りにしてポトフ用とか焼きそば用にキープしておく。一個のキャベツから、ロールキャベツやサラダやポトフとか五品くらいに加工する。だから、スーパーで半分とか四分の一を買ってくるなんてバカバカしいことはおやめなさいと。

宇田川　そういう家庭料理風なものは、お母さまからの直伝だったわけですね。

山本　祖母も料理が大好きでしたから。今でもちらし鮨なんかを作っていると、「お祖母ちゃんもこうやって作ってたわよね」とか、妹と話します。糠床を作っていると、「お祖母ちゃんは古漬けが好きだったわね」とか。食の思い出というのは、台所で働いていた女たちの思い出とか、それをつまみにお酒を飲んでいた父の思い出とかに重なっている。だから貧乏だとか粗食だとかリッチだとかいうのは、ほかの人が考えることでして、基本は絶対に変えないという母は偉いと思う。

宇田川　お母さまは賢婦人と聞いていますけど、そんな女性が貧しい時代にお好み焼き屋を出している。大変な決断だったんでしょうね。

山本　私立の女学校に行っていた私たちの授業料を工面するためだったんですね。周りからは、「そんな貧乏だったら、普通の公立でいいじゃない」って言われて。でも母は逆転の発想をして、そういうふうな環境だからこそ環境のいい学校に通わせなきゃいけないと。私も洗い場とか簡単な仕事を手伝ったり。嫌なのは、あんな良いところの女将がお好み焼き屋をやってるっていう、周りが見る目ですよ。おまえにはプライドがないのかってことになるけれど、母にしたら反対のプライドがあるわけ。私たちを私学に通わせるという目的があるから納得できる。五～六年流行ってたんじゃないかな。

宇田川　二〇～三〇代になってからの貧乏生活のなかでも、お母さまの食べ物に対する合理的な考え方は役立ったでしょう。料理について家訓のようなものは？

山本　「料理は買い物から始まる」と母は言ってましたね。一緒に買い物をしながら、食材の新鮮さとか、魚の鮮度を見極める目というのを教えられた。素材を工夫することもね。だからダイコン一本をきちっと使えるし、ニンジンもきちっと使える。貧しかったけれど、食生活は豊かでしたね。魚屋で粗《あら》とかを買って楽しんでいた。安くて旨いところをちゃんと知っていたから。それは結局、あとで習うことになるフランス料理の基礎みたいな考え方に通じていると思う。

宇田川　その頃はものすごく仕事をした時代だと思います。あんまり仕事をしすぎたために、料理好きなのに、料理を作るのが面倒くさくなっちゃった（笑）。

山本　そうなの。料理の基本は母が教えてくれたし、母の横で手伝いをするんだけれど、結婚すると、お手伝いじゃなくて主婦ですから、私が主になるわけ。朝作って皿なんかを洗ったと思ったら、今度はすぐ昼が来る。焼きそばを作ったと思ったら、またすぐ夜が来る。もう、御飯で追いまくられていたから、版画の先生の奥さまに相談したら、「一回ごとに作らなきゃいいのよ」って。「そのために三食分のお皿を買いなさい。お茶碗一つ、お椀一つ、お皿一つでやっているから、その都度洗ってやっているんでしょ。三食分を作るなら、朝作って、皿なんかはどんどん浸けておいて、夜になったら二人で洗えばいいの」と。今はみんなが手伝うのが当たり前だけど、昔風に育っちゃっているから、自分でやんなきゃと思ってがんばったわけ。

宇田川　今の山本さんからは想像もつかないウブな話だけど（笑）、当たり前のことに気づかなかったわけだ。三〇歳で東京に出てきてからも、食生活は同じようなものでしたか。

山本　その頃の話をすると、とってもウケるわね（笑）。本当ですかって、みんな思うから。上京してきても、お金がないでしょう。ある人と一緒に暮らしているわけですけれど、北向きのアパートで生活道具は何もない。冷蔵庫を買うお金もないし、扇風機もない。

宇田川　ないない生活ですか。生活面でいろいろ工夫したりして、冷蔵庫代わりに発泡スチロールを使っていたとか。

山本　発泡スチロールに氷を入れておけばなんとかなると思って（笑）。心配なのは牛乳と卵だけで、あとは毎日買い物をすればいいわけだから。笑い話になりますけれども、私の頭の中は子どものままで、小さい時の台所のイメージですね。コンビニもない時代だし、氷を量る単位はキロじゃなくて、今の若い人は知らないけど貫目でした。

宇田川　結局、どこで氷を手に入れたんですか。

山本　どこに行けば買えるかわからない。電話帳にも載ってないから、ともかく街で探そうと思って歩きました。たまたま自転車に乗った氷売りの人が通りかかって、ピザ屋の前に停まって、氷をシャシャッと切っていたんです。そこのレストランに入って、「すみません、近くに引っ越してきたんですけど、明日から半貫目を取りにくるから、私の分も買っておいてくれませんか」と頼んだわけ（笑）。あとでシェフが言うには、若い女が半貫目なんていう言葉を使うのにびっくりしたと。ちょっとおかしいと思ったらしい(笑)。

宇田川　初対面でよくも図々しくお願いしたもんだ(笑)。しかも、「明日から取りにきます」って言ったんでしょう。

山本　OKしてくれたんですよ。それから二日に一遍くらい取りにいって。一年くらいそこへ行ったけど、鎌倉に引っ越す時に、最後に一回くらい食べなきゃいけないと思って(笑)。「実は、私は絵を描いている者なんですが、不審に思われたでしょう」と言ったら、「いや、まともな人で良かった。何かあるのかなと思ってましたよ」って(笑)。

宇田川　貧しくて、まともな食卓もなかったとか。どういうふうに食べていたんですか。

山本　割った段ボールの上に、私が絵を描いているときに使っている五ミリ厚の板を載せて、その上からテーブルクロスを掛ける。食事する相手に「絶対に手をつかないで」と頼んでも、立つときに手をつくからバーンと壊れる(笑)。

「頑固」な根っ子

宇田川　その後、東京のル・コルドン・ブルー*に入学してフランス料理を勉強するけれど、どんな経緯で入学したんですか。

＊一八九五年、フランス・パリに創設されたフランス料理・菓子・パンの世界的な名門料理学校。現在、一七ヵ国三三校の国際的なネットワークを持ち、日本では東京・代官山校と神戸校がある。

山本　作家の林真理子さんに「フランス料理を習うんだけど、一緒に行かない?」と誘われたんですね。私、小さい頃に母親や祖父のリクエストでお稽古事をいろいろやってたんだけれど、考えてみれば、大人になってから自分の意思で何かを習うというのは初めて。だから、一緒に習いませんかと誘われたのがとても新鮮だった。おまけにフランス料理って食べるけれど、作り方なんて全然知らない。それとル・コルドン・ブルーというのは、私たちの世代だと映画「麗しのサブリナ」にも登場したので、映画好きの私には懐かしかったわけね。

宇田川　その成果を披露して出版した本が『絵本 フランスの頑固なレシピ』という奇妙なタイトル。あえて「頑固」と名付けた理由は?

山本　ちょっと意地悪な気持ちもありましたね(笑)。フランスで、ミシュランの3ツ星クラスのレストランで食べると、昔からの正統な料理のレシピを頑固に守っているのを感じる。でも、それだけじゃなくて、どこかで少し崩しているところもあるわけ。根が頑固じゃないと、料理そのものが根無し草になってしまう。いっとき流行ったヌーヴェル・キュイジーヌ*にしても、根が頑固じゃなかったから根無し草になったんでしょうね。根っ子が頑固というのは魅力だし、その頑固さを学ぼうとしたので、わざわざ「頑固」と入れました。頑固じゃないと世界的な料理にならない。

＊直訳すると「新しい料理」。ミシュラン3ツ星シェフであるポール・ボキューズやトロワグロ兄弟ほかのシェフたちが、オーギュスト・エスコフィエの精神を受け継ぎながらも、日本の懐石料理を採り入れたりして、軽いソースや新鮮な素材を活かした調理などを七〇年代に創造し、これが世界中に広まったもの。

宇田川　原理原則をきちんと守っているのだと思う。頑固さを具体的に感じた点は?

山本　例えば材料ひとつとっても、パーツがみんなそれぞれ役割を持っているわけ。最初の授業で鶏を丸ごと一羽渡されんだけど、頭から首、肉、羽までそれぞれ役割を持っている。首はソースに使うし、肉はいただくパーツで、羽はデコレーションに使う。何も捨てずに、すべて活用するというのが頑固レシピの本領なんでしょう。母が教えてくれた教訓と同じなので驚きました。

宇田川　本には初めて聞くような面白いエピソードや発見がたくさん書かれています。手で肉の焼き加減を覚える方法とか。

山本　親指をほかの指と組み合わせて輪を作るんですよ。まず人差し指、次に中指、それから薬指と小指というようにね。そのときの親指の下のほうの膨らみが、肉の軟らかさを表わすんですって。親指と人差し指で輪を作ったときはブルー、中指がレア、薬指がミディアム、小指がウェルダンというように。でも、ほかのフランス人シェフに言わせれば、こんなやり方じゃ仕事が捗らないから、僕たちは鼻の硬さと頬っぺたと顎で覚えると言ってました。「なるほどな」と納得しましたね。

宇田川　フランスには、「明晰ならざるものはフランス語に非ず」という格言がある。その言い回しを使えば、フランス料理は実に明晰で合理的な料理なんですよ。

山本　それはよく感じましたね。メソッドがきちんとあって、料理の制作過程に全部理由がある。「なぜそうなるのか」と聞けば、「なぜならば」と必ず答えが返ってくる。野菜の切り方でも、いっぱいやり方があるんです。あと一ミリ小さく切りなさいと言われるけど、なぜそう切るのか理由がある。「どうして若い鶏は胸のところを上にして、皮を剥いて並べるのか」と聞けば、「若い鶏の胸はとてもきれいだから、白くてきれいなところを見せるため」と答える。「その上にソースをかけてはいけない」とも言う。「なぜならば、白さを見せる料理だから」。なぜという質問に対する回答がちゃんと用意されている。合理的精神で作られているからでしょうね。

宇田川　もう一点、フランス料理の技術はとてもインターナショナルな側面を持っています。情報も全面的に公開する。だから勘だとか感性だけに頼らないで、基礎からきちんと学べば誰でも作れるようになる。

山本　どこの国のどんな家庭の主婦でも作れるようになる。料理文化で世界を制覇しようという感じかな。フランスのル・コルドン・ブルーで体験入学した時に思ったけれど、誰でも本当に学べるようになっている。一八人くらいのクラスに入ったんですけども、白人、黒人、黄色人種など、さまざまな国の人が集まっている。それを見た時に、本当にインターナショナルな料理だなと思いました。

宇田川　それにフランス料理って、オイルやバターをたくさん使うし、高カロリーで太るというイメージが強いけれど、実際にはそれほどこってりした料理じゃないですよ。

山本　私も最初はそんなイメージを持ってました。でも、作っているうちにわかったんですが、ハンバーガーで使うオイルとはまったく質的に違う。上質のオイルというか、脂身の旨みを感じさせる。フランス料理の脂はとてもよく計算されて調整されている。例えば、肉を焼いたときに出る脂は漉したり、煮こんで出た脂はすくい取ったり、とにかく何度も脂を取る。だから、最後は脂の旨みのエキスだけが残る。そういう脂をソースを作るときに使うから、コクがある上質のソースができる。だから、こってりした料理じゃないんですよ。

宇田川　山本さんは手先が器用だから、料理作りも楽しかったんじゃないですか。

山本　ものすごく楽しい。野菜がきれいに切れたら、もうほんとに嬉しいし、形を崩さないできれいに盛り付けたいと思うし。料理って段取りが大切でしょう。これを湯掻いているあいだにあれを切って、耳もちゃんと働かせて、目で焼け具合を見ておかないといけない。ともかく全身作業って感じ。フランス料理は鍋をいっぱい使うから、下手な人は、終わると洗い場が鍋だらけになっちゃう。なんでもかんでも汚している人は料理もうまくできませんね。それに私、力があるので、金属の重い鍋を使うのも平気だし。

宇田川　版画の仕事も段取りがよくないといけないのでしょう。料理と同じように、全身を使ってスピーディーに動かなければいけない。

山本　ずっと段取りよく仕事をしてきましたからね。版画もいろんな素材を使うでしょう。ガソリン使ったり、硝酸使ったり。だから、段取りよくしておかないといけない。段取りが狂っちゃうと、それこそゴミの山みたいになっちゃう。仕事に大きく影響しますね。きちんと順序立ててフィニッシュまで行かないと壊れちゃう。適当にさぼったり、いい加減にやっていると、全部結果に反映される。料理とまったく同じですよ。

宇田川　初めてのフランス料理体験だったと思うけど、しんどいこととやつらいこともありました？　灰汁《あく》抜きのために一時間近く立ちずくめとか。

山本　調理過程を体で覚えていくのだから、全部意味があるんです。だから、しまいにはああいうしんどさが一種の快感になります。職人技というのは、私の場合、銅版画をやっているからよくわかる。版画家というのは半分職人じゃないと駄目なんですよ。もう三十数年やってるから大変な熟練工。そのうえでアーティストの感性がないと、版画家は続けられない。必ずアルティザン（職人）的なところがないと、アーティストになれないと思うのね。つまり、アーティストとアルティザンを分けて考えるのは間違っていると思うわけ。料理の場合もまったくその通り。ちゃんとした熟練工になるべく、やらなきゃいけないことはいっぱいある。例えば、野菜の切り方も一〇年後のほうがきれいに切れるだろうし。もうひとつ必要なのは、アーティスティックな感性。これを混ぜたらどんな味がするかとか、もう少し風味を高めるために調味するとか、創造性を働かせないと駄目です。

宇田川　フランス料理は芸術だとか、そうじゃないとかよく議論されるけれど、山本説に従えばアートになるわけですか。

山本　広い意味でアートですね。フランスの3ツ星シェフは、ここで何をすればいいかというクリエーションを常に持っている。彼らはちゃんとした、卓越した職人技を持ったアルティザンであって、アーティストです。絶対にアルティザン的な要素を含んでいないと、アーティストと呼べないと思います。

宇田川　でも、料理は食べちゃうと消えてしまうわけで、単に儚い記憶が残るだけだから、アートじゃないという人も大勢いる。

山本　消えるアートっていくらでもありますよ。美術にもあるし、ミュージックも記録だけが残っているわけだから。誰もピカソの原画を持っていないでしょ。でも、ピカソのいい絵に出合ったら、自分の中の空想美術館にコレクションしたいと思う。そういう美術館を持てるかどうかは、その人が豊かに暮らしたかどうかで決まると思うわけ。「残らなければアートじゃない」という考え方は古いと思うの。

宇田川　ル・コルドン・ブルーで学ぶ以前と以降では、何かが変わりましたか。例えば美術を見る目とかは？

山本　フランス料理を学んで、料理や食材を見る目が明らかに変わりましたね。それに、美術を見る目が変わったこと。フランス料理を学ぶのは、単に料理技術を勉強するだけじゃなくて、フランス語だとか歴史だとか、料理を通して総合的に学ぶわけです。そうすると、フランス料理が入口になって、美術を見る目が変化してきた。今まで気がつかなかったことに気づいたり。ルーブル美術館に行った時にそう感じたんですよ。今まであまり見なかった静物画を見るようになった。静物画の中に描かれている野菜とか果物に関心を持つとか、エドゥアール・マネがアスパラガスを旨そうに描いているとかね。マネは食が好きな人だったせいもあるかもしれないけれど。ロートレックの絵でも、今まではそれほど関心がなかったけれど、食が好きだったせいで食材を絵のネタにしているし、彼の優しい気分や眼差しが伝わってくる。新しい自分と出会わせてくれた料理に感謝していますね。

シンプルに向かう「食」

宇田川　ところで最近の食生活ですが、昼の食事はお母さまが作り、夜は山本さんが作るそうですね。健康に気をつけながら食べていますか。

山本　母は今年八〇歳になりますけども、「ちゃんと食べにゃいかん」と言う。味噌汁と御飯と焼き魚とか、季節の素材を使って作ってくれます。今は食事がすごく大事だと意識していて、加齢もあるので、今までは運動したりとかもしなかったけど、きちんと有酸素運動をして、ちゃんとお水も摂っている。自分の身体がそういうことを欲している感じがしますね。

宇田川　お母さまが作る昼のメニューの基本になっている、例えば旬の素材を大切にする気持ちは、昔も今も変わりませんか。

山本　全然変わってないですね。私にそのまま受け継がれています。今は生ヒジキが美味しいとか、タケノコを食べようとか、今食べなきゃいけないものがあるんですよ。根菜類を食べるのは、身体を冷やすとか温めるとかの意味がある。そういうふうなことは、母から教えてもらっています。

宇田川　ただ日本では、旬の素材といっても高価だし、容易に手に入らない。旬という概念も薄らいできている。

山本　でも、教えていかなきゃ駄目だと思う。うちは全部取り寄せますからね。お米は新潟の何とか、お野菜は京都産とか。お魚は築地から魚屋さんを呼びますし。

宇田川　理想的には「一日三〇品目を摂れ」って言われるけれど、現実には難しい。食の問題はいろいろ指摘されていて、思うような食生活を送れないのが現実。そういう意味で、お母さまの存在は大きいですね。

山本　大変な存在ですよ。私だけじゃなくて、親戚の若い子とか、担当の編集者とかが、「おばちゃんの御飯を食べさせて」みたいな感じで来たり。

宇田川　夕食担当の山本さんは、レパートリーを発揮して作るわけですか。

山本　夫が車を駐車場に入れて上がってくるまでの間に、二品くらいはできる。短時間で作るって、ゲーム感覚で楽しい。彼は御飯を作れないから私が作るんだけれど、一緒にワインを飲みながら食べます。

宇田川　昼のお母さまが作る保守的な料理と、夜の山本さんの洗練されたモダンな料理が共存しているわけ？

山本　そうそう。鶏の美味しいのを買っておいてハーブ漬けにしたものを、帰ってきてオーブンに入れる。そのあいだにサラダを作るみたいなことはできるでしょ。前菜に美味しいお刺身があるから、オリーブオイルをかけてカルパッチョにするとか。習ったことをフル回転して活用する。

宇田川　仕事で多忙な身でありながら、毎日着実に料理を作っている。もちろん気分転換もあるだろうし、健康を考えるという部分もあるだろうし。

山本　年齢の問題も大きいと思いますよ。私の場合、再婚しましたから。夫は三つくらい上ですし、ちょっとメタボ系なので（笑）。そういう人と共に生きていかなきゃいけないので、そういう気分も考える。彼の喜ぶ顔を見るのも嬉しい。二人で買い出しに行った野菜なんかを、フランスの農家みたいにカゴに入れておいて、毎日使って、姿を消していくのを見るのがとても楽しい。つまり、腐らしたりしないで、ちゃんと使っているっていうのがね。そこは自慢できるというか（笑）。

宇田川　魚屋には、築地から週一回来てもらうとか。前からおやりになっている習慣なんですか。

山本　ここ五〜六年かな。近所の住宅地を回っているトラックを母が見て、おじさんに声をかけて来てもらったわけ。築地で、自分で見立てて仕入れてきたものを、お得意さんのところを回って届ける。全部を回って、最後にうちに来るんですけど、「うちに一番に来てよ」と母はお願いしているみたい（笑）。

宇田川　お母さまから日本料理の基本の手ほどきを受けながら、フランス料理を基礎から勉強して、ある程度年齢を経てたどり着いた地点はどこですか。各国料理の枠組はちょっと超えちゃいましたか。

山本　超えちゃったと思いますね。今、何をしているかといえば、格好良く暮らしているわけ。最小限の台所道具でどれだけたくさんの料理を作れるかとかね。キッチンを小さくしてもいっぱい作れるとか。今は情報でもなんでも余剰なものを持ちすぎている感じがするのね。だから、鍋は大中小に、スパゲティや蕎麦用のボールが二つ、笊が二つ、フライパンとかくらいを用意しているだけ。

宇田川　シンプル・イズ・ベストみたいな食環境ですね。さまざまな料理修業の果てにたどり着いた境地なんですか。

山本　たぶんそうだと思います。冷蔵庫の中にも決まったものしか置かないし。味醂とかは使わないで、置くものといえばお醤油とお砂糖、塩、鰹節と昆布とジャコ、小麦粉、バターと牛乳とお水、梅干しなんかを。冷蔵庫にはニンニクとショウガ、それからセロリとニンジンとジャガイモ程度かな。使い切っちゃ困るものが全部決まっているの。それを使って、できるだけ多くのものを作る。

宇田川　フランス料理は単純から複雑性へと向かう。深いフランス料理体験を経たあとだと、必ずそういう複雑性への抵抗を見せる気がする。平たくいえば、加齢とともにフランス料理がつらくて煩わしくなる。でも、フランス料理も山本さんの引き出しの中にきっちり入っていると思う。

山本　入ってますよね。

宇田川　お父さまは交通事故で亡くなるまえの最後の会話で、「チキンラーメンを食べたい」とおっしゃった。波瀾万丈の人生を送ったお父さまが、チキンラーメンというのも味わい深い。

山本　面白いでしょう。手術に行くまえだったので、死ぬ気はなかったと思うから、深い意味はないと思うけど。

宇田川　食について、父上からの教訓はありませんでしたか。

山本　「いわれのない奢られ方をするな」と言われました。結局、そんな飯は高くつくと言うんですよ。お返しとかするでしょう？　もしお返しをしなければ、評判が落ちる。いずれにしても、奢っていただいたおかげで評判を落とすなんてつまらないでしょ。食事は好きな人と、気の置けない話をしながら食べるのが最高。

宇田川　わりと理想的な食生活を送っているようだけれど、最後の晩餐はどの辺に落ち着くでしょうか。

山本　特に何か食べたいというものがあるわけじゃないですね。例えば主食系の粉物でいえば、スパゲティもあるし、フランスの不味いマカロニみたいなものもある。蕎麦もうどんもパンもある。それから御飯。いろいろあるけど、やっぱり御飯が一番偉いかな(笑)。お米は身体に負担がかからないし、食べすぎてもちゃんと消化してくれる。蕎麦はダマになって固まっちゃうし、スパゲティもお腹の中で膨らむから内臓が疲弊していくと思うの。今までは暴食しても全然OKだったんだけど、今は胃がもたれたりすると困るから、御飯なら絶対に大丈夫。やっぱり和食の人なんでしょうね。それに和の出汁だと思う。

宇田川　昔は都心で飲んで食べて、最終電車でぎりぎりシンデレラ状態で帰宅した由(笑)。そういうエネルギーはまだ健在ですか。

山本　普通は東京のアトリエでも鎌倉でも仕事が多いから、山籠り状態。若い頃みたいにエネルギーがないから、あまり外出しない。もうシンデレラどころじゃないんですよ(笑)。

宇田川　本日はありがとうございました。

◆二〇〇九年七月

西浦《にしうら》みどり《みどり》

Last Supper
9

マナーに始まる食卓外交

国際コンサルタント、評論家。宇宙航空研究開発機構（JAXA）エグゼクティブ・アドバイザー 広報・国際担当。国立大学法人 山口大学客員教授（国際関係・コミュニケーション論）。AMADEUS INC. 代表取締役社長。東京生まれ、英国育ち。英国王立音楽院卒業後、音楽家として活動。帰国を期に、1986年より総理府の指導で政府広報に携わる。その後、インベスターリレーションズと都市開発のコンサルティング会社を設立・経営し、多数の企業・団体と契約。その他、複数の政府委員も務める。料理やワインにも精通し、2007年にシャンパーニュ騎士団のシュヴァリエ（騎士）に叙任。オペラや映画の論評・エッセイでも定評がある。また、富裕層向け集合住宅、商業空間（ホテル・レストランなど）の企画・デザインも Mélodie Collection という独自のブランド名で提供している。著書は、『バトル・アビー こころの教育』『大人の品格』ほか多数。

母直伝の料理とマナー

宇田川　大学教授をはじめ国際コンサルタント、それからＪＡＸＡ（宇宙航空研究開発機構）のエグゼクティブアドバイザーなど、さまざまな分野で活躍されていますが、各界の人たちと会食する機会は多いのですか。

西浦　はい、そうですね。でも、自分の家でお客様をお招きする時や、母が泊まりに来た時は自分で料理を作るんですよ。

宇田川　西浦さんのイメージからすると、ご自分で作るというより知人のシェフや板前を呼んで、料理を作ってもらうような気がしますけど(笑)。

西浦　どのようなイメージかしら(笑)。喜んでいいのか悲しんでいいのか(笑)。私はとても食いしん坊なので、料理することは大好きです。こだわって自分で作っています。先日、自宅で着席のディナーをしたのですけれども、その時はフランス料理のメニューでまとめながら、合間に和食も入れたりして、なかなか好評ではあったんです。最初は擂ったトマトをさらして透明状のトマトコンソメにしたもの。ピュレしたトマトスープだと赤くドロドロしてますでしょ。それを漉すとシャンパーニュ色のコンソメになります。冷たくして、味付けに白トリュフの香りのするお塩をちょっと入れて、お出しする直前にヴァージンオリーブオイルを一滴垂らして、ミントの葉をのせる。香りが良くてリフレッシュされますし、一日の疲れや暑さを忘れるくらい。

宇田川　最初から工夫を凝らした料理ですね。次はどんな料理？

西浦　次の前菜は素材を活かして生のタコ。一口大より小さく切ることがポイントで、オクラやチェリートマト、硬めのアスピック(肉や魚の煮出し汁のゼリー寄せ)をキュービックに切りそろえ、フレッシュなバジルの葉を細かく切って、塩胡椒したらグレープシードオイルとレモン汁でさっと和えます。それらをガラスの器に少し盛りました。トマトだけだとありきたりですけど、オクラの食感とかコリコリした生のタコが面白いです。メインのまえは、アジアン風味のお鮨を握って、その上に柚胡椒をのせたもの。メインは牛の煮込みで、ソースはフォン・ド・ヴォーをベースにしてポルト酒、フォワグラの裏漉ししたもの、バルサミコなどを入れて作ります。

宇田川　ご多忙なのに本格的に作りますね。牛の煮込みの付け合わせはなんですか。

西浦　軟らかいサラサラしたクリームポテト。お友達が北海道から送ってくれるジャガイモをマッシュにして、一回分ずつ冷凍してあるんです。お出しするまえに、ミルクとバターでのばします。それにマンジュトゥ（さやえんどう）と面取りしたニンジンやクルジェット（ズッキーニ）です。

宇田川　美味しそうですね。デザートは？

西浦　ショコラとオレンジのシュプリーズ。お望みの方にはコワントローをかけたり。最後はエスプレッソかティザンヌ（ハーブティー）。

宇田川　完璧なコースで手際がよさそう（笑）。フランス料理のフルコースも作れるし、ほかにも懐石料理や中華も作れるそうですが、そんな技術をどこで習得したんですか。

西浦　母からです。小さい頃からお手伝いをしていましたし、私が子どもの頃、母は飯田深雪*先生のところに通ってフランス料理を習っていました。和食や中華、お菓子作りも母に家で習いました。お手伝いしているうちにだんだん覚えていきました。

宇田川　お母さまから食に関して大きな影響を受けたわけですね。飯田先生といえば、フランス料理のパイオニア。お母さまは彼女からじかに料理を習ったわけですか。

西浦　はい、当時のガリ版用紙に刷られた飯田先生手書きのレシピをバインダーに大切に保存してくれていたので、それが今や私の貴重な財産です。料理をカラー写真で撮り、そこに母のメモ書きも添えてあります。母は深雪先生からフランス料理だけじゃなくて、フランス菓子やおもてなし料理、イギリスのアフタヌーンティーも学びました。ただ、アートフラワーの作り方だけは教わらなかったようです。

宇田川　食に関する先生であるお母さまから、おもてなし料理とかテーブルマナーとかテーブルコーディネートとか、そういう技術もじかに教えてもらったのですか。

西浦　はい、母は習ってきたことを全部、私に伝授してくれました。大人になってから深雪先生にお会いして、「先

＊一九〇三年生まれ。料理研究家、アートフラワーの創始者。外交官の夫とアメリカ・ヨーロッパ・インドなどですごし、終戦直後より従来の造花の概念を脱却した独自の芸術的作品「アートフラワー」を創始する。西洋料理の普及にも尽力し、テーブルセッティングやインテリアなどを含め、著作は一〇〇冊を超える。二〇〇七年に一〇三歳で他界。

生のお味で育ちました」と申し上げたら、とても喜んでくださって。それから、先生は戦前イギリスで暮らしたご経験がおありでしたので、イギリスの旧き佳き時代、まだ貴族社会が残っている頃のお話もいろいろ伺いました。深雪先生の躾や教育に対するお考えは、私のイギリス留学時代の母代わりだった先生のお考えと同じで、意気投合した思い出があります。

宇田川　飯田先生は波瀾万丈な生涯を送った女性ですが、フランス料理は古典的なものが主でしたね。

西浦　私は、クラシックなフランス料理は嫌いじゃないんです。お味的には、オーギュスト・エスコフィエ[*]の料理が好みです。ル・コルドン・ブルー[**]でも新しいなと思うぐらいで、古いお味は好きです。今の、ヌーヴェル・キュイジーヌ[***]から発生した新しい方向というのも素晴らしいと思いますけれども。深雪先生の古いレシピでは、生ハムでお出汁をとってから、バターや小麦粉、エシャロットや白ワインを使ったベシャメルソースを基本にしていろいろと応用できます。

＊　一八四六年、ニース近郊に生まれる。フランス料理の改革者アントナン・カレームの技法をシンプルに体系化することで、伝統的なフランス料理の大衆化・革新に貢献。フランス料理のバイブルといわれるレシピ本を出版。コースメニューや、部門シェフを置くシステムを考案・導入。規律と節制を採り入れ、シェフという職の社会的地位向上にも貢献。一九三五年、八九歳で他界。

＊＊　一八九五年、フランス・パリに創設されたフランス料理・菓子・パンの世界的な名門料理学校。現在、一七ヵ国三三校の国際的なネットワークを持ち、日本では東京・代官山校と神戸校がある。

＊＊＊　直訳すると「新しい料理」。ミシュラン3ツ星シェフであるポール・ボキューズやトロワグロ兄弟ほかのシェフたちが、エスコフィエの精神を受け継ぎながらも、日本の懐石料理を採り入れたりして、軽いソースや新鮮な素材を活かした調理などを七〇年代に創造し、これが世界中に広まったもの。

宇田川　料理のすべてがお母さまからの直伝だったと。厳しい師匠でしたか。

西浦　優しさの中に、ビシッと厳しい部分もありました(笑)。フランス菓子にしても、ババロアからレアチーズケーキまで自分で作っていました。母の場合は、私に教えながら伝えることに喜びを感じていました。おかげで、美味しいものに慣れてしまいました(笑)。私のお誕生パーティーにはお友達を呼んで、おもてなし料理でオードブルからケーキまで作ってくれました。動物の形を一つひとつ丁寧に作ってくれたりとか。今時の型押しではないですよ。なので、お友達もみんなびっくり。大喜びでした。深雪先生から料理器具を一式揃えるようにとのご指導に母は従い、当時としては珍しかったのですが、自宅に全部揃っていたのです。

宇田川　お母さまの食への貪欲さや追求心とか、熱心さみたいなものを受け継いだわけですね。お母さまはお茶もお花も師範で、しかも栄養士。勉強熱心な方でした。当時はフランス料理といっても西洋料理の一ジャンルで、街には本格的なレストランが少なかった。

西浦　今とは違いましたね。ホテルも一般の人が食事をするような雰囲気ではなくて、外国人やコーポレートユースが目立ちました。でも、家では母がなんでも作ってくれて、シュー・ア・ラ・クレームもスワンの形のものを作ってくれました。楕円形の銀製のトレイの上にスワンが浮いているような。まるで、ルートヴィヒ二世*の世界じゃないけれど、そんな雰囲気を演出して華やかな盛り付けで。子どもに食べさせるだけなのに、本格的に作ってくれたおかげで美食家になってしまいました(笑)。

＊「狂王」と呼ばれた第四代バイエルン国王。一八四五年に、父マクシミリアン二世と母プロイセン王女マリーとの間に生まれる。六四年に即位後、中世への憧れからロマンティックな城を相次いで建設。おとぎ話に出てくるような美しさのノイシュヴァンシュタイン城はディズニーランドのモデルになっている。リンダーホーフ城はヴェルサイユ宮殿内のトリアノン宮殿を手本にしたルネサンス様式の建造物であり、ヘレンキームゼー城はヴェルサイユ宮殿の完璧な模倣だった。八六年に精神病と認定され廃位。ベルク城に送られた翌日、シュタルンベルク湖畔で謎の水死体となって発見された。

宇田川　以前、西浦さんは東京ドームで開催されたテーブルセッティングの会でコーナーを持っていましたね。

西浦　二回ほどやらせていただいたのですけれど、これは深雪先生の強いご要望というか、ご推薦があって実現したのです。私は幼い時から母がいろいろなテーマでテーブルセッティングをしてくれて影響を受けていましたから、深雪先生が、食・テーブルアート文化の素晴らしさ、大切さを、あなたに引き継いでいってほしいと、常々お口にされていらっしゃいましたので、それを真摯に受けとめたのです。

イギリスの食文化と階級

宇田川　西浦さんは、一二歳でイギリスへ家族揃って引っ越しする。その後は食に関して天国から一転、地獄に落ちたとか(笑)。上流階級の子女が通う厳しい戒律の全寮制の女子校に入学して、朝七時の起床から夜八時の就寝まで、分刻みで校則が決められていた。私たちが本や映画で知っているような、上流階級の子弟が入学する女子寮なのでしょうか。

西浦　当時のボーディングスクールというのは軍隊のような集団生活で、それはもう規律が厳しく、自由な振る舞いは認められない大変な世界でしたの。漫画で描かれる小公女セーラのような感じの生活でしょうか。私が入学した学校は、一〇六六年に建てられた寺院で、イギリスでも最後の女子寮みたいなところで。時計の針が何世紀か戻ったような感じで、暖房もなし。お湯も少ししか出ないし、環境背景はハリーポッターに似ていますけれど、あんなに楽しいことはありません(笑)。

宇田川　一般人が想像するような優雅な世界でもなんでもないわけですね。そういう寮でも、もちろん食事は三度三度きっちり出るのでしょう?

西浦　そうですけれども、ものすごく不味いわけ(笑)。東京の食生活との落差があまりに大きかったので、ショックで。食事は三度三度フルコースなんですけれども、とにかく、これが人間の食べるものかと思うくらい。焦げ焦げ、パサパサ、グチャグチャという感じ(笑)。

宇田川　その中で唯一の救いが、一一時に始まるココアタイムだったそうで。

西浦　朝食が九時で昼食が午後一時、その合間にコォコォタイムがあるんです。あちらでは、ココアのことをコォコォというんです。クロスバンといって、昔からイギリスにある、お砂糖をまぶした丸いブドウパンがおやつに出るの。ブドウはソルターナ(白ブドウ)を干したもの。焼きあがった頃にはもうカチカチになっているから、美味しくないわけです。それでも、その甘いパン一個とココア一杯をいただくのが、どれほど楽しみだったか……それだけで生き永らえようと思うくらい、美味しく思えたんですよ、食事がひどいから(笑)。

宇田川　一日の至福の時間だったわけですね。その後もハワイで二年ほどすごしてから、イギリスに長く滞在されたそうですが、イギリスで暮らしていれば、嫌でも美味しくもない食事に付き合わざるを得ない(笑)。

西浦　ボーディングスクールは非常に不味かったわけですから、もう諦めるしかなかったの(笑)。でも、大人になってからは、ちゃんとしたレストランに連れていっていただけて幸せでした。レストランにお呼ばれするようになってからは、イギリスでもまったく問題なしです。今では本当に美味しいレストランが数多くありますし、フランスから外食に来る人たちがいるくらいですから。

宇田川　イギリスは上流階級、中流階級、労働者階級という三つのクラスが食生活にも反映している階級社会。日仏に比べて食の事情は相当変わっているでしょう。ハイクラスの世界をよくご存知の西浦さんの感想はどうですか。

西浦　私、最近になってやっとパブに行けるようになったんです。今まではなんとなく怖くて、ひとりでなんて入れませんでした。こう見えても、変なところでシャイな部分もあるんです。まさかと言われますけど（笑）。パブにはフィッシュ&チップス、ステーキ&キドニーパイやシェパーズパイなどがあって、下手なレストランの料理よりも美味しい場合もあります。よほどのレベルのレストランは別ですけれど、それ以外でしたらパブのほうがましですよ。それから、イギリスのお宅にお呼ばれして出される家庭料理はとても美味しい。ただ、かなり余裕のある美食志向のお宅でないと……。富裕層の家には住み込みのシェフも珍しくありません。

宇田川　よくいわれるけれど、イギリスの上流階級の家庭料理は美味しい。でも実際には、上流階級を知っている日本人は少ない。労働者階級と中産階級の食事なら、私でもある程度わかるけど、上流階級の家庭料理の美味しさというのは、本当のところはどうなんでしょうか。日本だと、例えばお袋の味とよくいうじゃないですか。

西浦　お袋の味はないです。一昔前の話になってしまいますけれど、そもそも上流階級の女性は厨房に入らないので、料理をしないんです。もう少し一般的な家庭ですと、代々伝わるレシピなどがあります。

宇田川　今まで、上流階級の人たちとランチやディナーを数限りなくとってきたと思うけれど、記憶に残る食事はありますか。

西浦　いろいろあります。やはり宮殿でのディナーはさすがだと思います。英国王室の各宮殿には、すべて晩餐会に招かれました。チェコのハベル大統領主催のディナーでは、チャールズ皇太子と十数人のお友達とご一緒したのですけれど、ロンドンから殿下お気に入りのスイス人シェフ、アントン・モシマンさんに同行してもらいました。それから、ロスチャイルドさんのカントリーハウスでは、狩りのあと、敷地内にあるハンティングロッジでいただいた雉《きじ》料理とクラレット（フランスのボルドー産赤ワイン）が忘れられません。言うまでもなくラフィット・ロートシルトでした。英国でも、敷地内での狩りや、さまざまな優雅な世界は、時代の流れとともに姿を消していきましたけれど。

宇田川　実際に、イギリスのそういう上流階級の料理は美味しいのですか。

西浦　最高に美味しい。シェフがプライドにかけて作ったからだと思います。料理は伝統的な素晴らしいフランス料理で、英国料理もたまに。さあどうだ、みたいな感じで出てくるの(笑)。また、給仕するほうのマナーも洗練されていて、文句の付けようがありません。昔から料理はフランス、マナーはイギリスと言いますでしょう?

宇田川　イギリス人が衣食住の中で、特に住に関心が強いのはよく知られています。そして食べるほうへの興味は強くないと言われる。食べることより、ハウジングやガーデニングのほうが大切だと思う国民性なんでしょうね。あの執着心は異常なくらい(笑)。

西浦　お庭や邸宅を整えることが好きだから、だらしなく暮らすことはないですね。それにしても、私は、「上流階級」という表現自体、今日の諸状況からして合わないので、あまり好きではないのですけれど、旧き佳き時代のそういう方々の暮らしぶりに関して、日本では関心が高いことに驚かされます。イギリスでは、ここ十数年で顕著に変わりましたけれど、以前は、外食するのは主にそうした立場の方々がほとんどでした。そのほかの方々はそういう機会もないし、いわゆる英国で表現される「労働者階級」の人たちの中では、レストランで食事をしたことがないということが、決して珍しいことではありませんでした。

宇田川　つまり、ハイクラスの人たちはいろんなレストランで外食するわけですか。

西浦　主に高級店ですね。今では、そのレベルのお店は外国人だらけです。私もですけれど(笑)。イギリス人は少なくなりました。もっとも、会員制の伝統的なジェントルマンズクラブのようなところでは、圧倒的にイギリス人のほうが多いです。翻って、いわゆる庶民と表現されていた人たちは、昔はあまり外食もしませんでしたし、代表的なご馳走といえばサンデーローストといって、日曜日に家族が全員集まって、教会から戻ってきた時にいただくローストチキンくらいだったのではないでしょうか。そんな判で押したような生活様式から、今ではずいぶん時代が良い意味で変わりました。現代では、誰の懐にでも合うお店で外食をします。多くの人々がそれぞれの豊かさを満喫できるライフスタイルシフト、食の国際化がなされたわけです。

宇田川　一九九〇年前後に私も、ロンドンで高級フランス料理店をプロデュースしていた関係上、イギリスにしばしば行きました。ある時、調べ物があって、市販されている雑誌を総点検したことがあるんですよ。ところが、フランスの各種雑誌には必ず掲載されている、グルメコーナーやレストラン紹介記事がほとんど見当たらない。それで、この国の人たちはグルメにまったく関心がないのだと実感した。あれは不思議な経験でした。

西浦　一部の高級誌、例えばハーパーズ&クイーンやタトラーにはレストランレビューがあります。今では、レストラン特集の別冊が付録で付いていたり、テレビ番組でも、鉄人シェフや素人さんの料理腕自慢競技会など、グルメ・食関係の番組が目白押しです。日本に近づいてきました。それにしても日本は、食に関しては世界一豊かな国ですね。若い人たちもお金を使うし、食に対して日常的にものすごくお金を使う。お給料をそんなにもらっていないOLさんでも、話の種に雑誌に出ている高級レストランに行くこともできる。次の週は倹約してお弁当を食べているかもしれないけれど、そのように誰でもが豊かさを体験できるし、そうした層が広いわけです。

宇田川　東京にいながらにして、和洋中のピンからキリまですべてチョイスできるのはありがたい。『ミシュランガイド』じゃないけれど、東京は世界一の美食の街(笑)。

西浦　しかも清潔でサービスも行き届いている。そんな国はどこにもありません。日本はなんて素晴らしい国かと、いつも思いますね。京料理も大好きなので、日本の四季を満喫しています。日本人に生まれて良かったな、なんて私は幸せなんでしょうと。

宇田川　イギリスで驚いたことのひとつが、人品骨柄卑しからぬジェントルマンが、公園を歩きながらフィッシュ&チップスにかじりついている光景(笑)。フランスでは絶対にそういうことはないわけですから。

西浦　大手銀行の会長や英国銀行総裁が、チョコレートやスナック菓子をオフィスで頻繁に食べていますよ、紅茶と(笑)。日本では、美味しいケーキ屋さんに集まったり、ショコラティエに並んだりなんて、女性の専売特許みたいに思われていますけれど、あちらでは、男性も普通では考えられないくらい、甘いものに対する愛着が強いようです。

宇田川　日仏の食文化から見れば、イギリスは食に関して貧しいところが多い。一方で食事のマナーに関しては、何かと厳しくうるさそう。

西浦　戦前、広島に海軍兵学校がありました。戦争が終盤を迎えて満足に食べ物すらない頃でも、戦前、英国海軍から学んだテーブルマナーを教えていたそうです。それもお豆一個を前にしてナイフやフォークの使い方とか、グラスの持ち方を教えたというのを聞いたことがあります。当時のイギリスは、料理はそれほどでなくても、どんなに質素なお食事でも、セレモニーのように、先祖伝来の立派なシルバーのカトラリー（ナイフ、フォークなど）やクリスタルを使うとか、ナプキンの扱い方とか、それぞれの作法をすべて形通りにやるわけです。

宇田川　今でもそういうマナーはきちんと守られているんですか。

西浦　実は国民の九九パーセントは守っていないのではと思います。踏襲しているのは、残りの一パーセントの君主や貴族など。でも、国賓をお迎えする公式の晩餐会の時ぐらいしかしません。彼らはそんな風習を厳格に守っている最後の人たちでしょう。そのような場でも、そうしたマナーを知っているのはゲストも含めてすべての方というわけではないと思います。でも彼らですら、厳守少数派でも家族同士では普通に食事しています。私は、本業ではないのに、知識経験があるのだからと、企業から個人まで、多方面の方々から「本物のテーブルマナーを教えてほしい」と頼まれることがあるんです。その時は必ず厳格なマナー正統派そのものの、いわゆる原型版と、それを崩した簡素なスタイルと申しますか、現代の日常的なマナーの両方を教えています。ＴＰＯで使いわけてほしいからです。最初から簡素化されたマナーを学んだがために、際限なくおかしくなってしまうケースをよく見ます。ファミリーや身内であれば簡素なマナーでもよいけれど、公式の場ではちょっと困りますでしょう？　でも、いまだに世界の宮中で通用するテーブルマナーを知っている人は、本当に少なくなりました。それだけ需要がないとも言えますし、世の中の価値観が変わったとも言えます。

社交の場としてのパーティー

宇田川　テーブルマナーといえば、日本のレストランでは相変わらず男女の奇妙な光景に出合う。上座に堂々と男性が座っているという唖然たる光景(笑)。パブリックな場なんだから、せめて女性を上座に座らせなさい。雑誌や本でマナー講座を読んで知っているだろう連中がマナー違反している。あれ、何なんですかね(笑)。

西浦　いささか見苦しい光景ではあります(笑)。立食パーティーで女の子がビール瓶を捧げ持って、注いでまわっている。ホテルのウエイターがそこにいても。女性のほうもそれがマナーだと勘違いしている。それが丁寧で女性らしく、美しい仕草だと教えているマナー講師がいたりして。初めて目にした時はショックでした。ほかにも、ワインを注がれた途端、グラスをくるくる回すのはしたない。洗濯機じゃあるまいし(笑)。それと、グラスやカップに口紅のあとがべったり、それを指やナプキンなどで拭いている……。口紅をべったりつけないように飲む方法を教えて差しあげたい!

宇田川　回すといってもせいぜい数回程度。でも、若い女性だけじゃなくて、おじさんたちも平気でみっともない素行を繰り返している(笑)。たぶん頭ではわかっていると思うけれど、身体がついていかない。あえてこの言葉を使うけれど、まったく洗練されていない。

西浦　私も、一〇年くらい前までは経済誌などの連載に繰り返し書きましたけれど、日本へ帰ってきてから立食パーティーでカルチャーショックを受けました。別に生活に困っているわけでも、餓えているわけでもないのに、男女が小さなお皿をテンコ盛りにして、ビュッフェテーブルにへばり付いているのは目を背けたくなる光景です。日本では、ビュッフェとなると、何故ああも戦意むき出しになる人が多いのか不思議です。豊かな国なのに(笑)。

宇田川　料理を取る順番は一応決まっている。レストランと同じように普通は前菜から始めて、メインへ行くという順番。そんな決まりごとはまったく無視されて、しかも背広集団が群れを成していて。

西浦　主賓のスピーチが終わると、まるで制限時間内食べ放題みたいに、テンコ盛りにしたお皿からかき込む姿は、悲しくなります。例えば欧米のパーティーですと、会話が中心で、それから新しい方々にご紹介を受けたりするのが普通ですから、料理を一口もいただかずに帰ることもしょっちゅうですよ。料理を取り分ける時でも、ごく自然に前の人が取り終わるのを待つのはいうまでもありませんし、我先にとかき分けて取るのではなくて、ちょっと周囲の人たちに気配りするだけでも、どんなにスマートになるか。老若男女関係なく、こうしたお席での立ち居振る舞いも、意識してほしいですね。

宇田川　パーティー慣れしていないこともあるんでしょうけど、本来パーティーとは単なる食事する場じゃなくて、社交の場。つまり、社交術を磨く場でもある。

西浦　おっしゃる通りですわ。本来のパーティーとは、知らない人同士が知り合うことがメインの目的なのです。ですから、顔見知りだけが集まって話しこんだり飲食したりだけでは乏しいですね。本来のパーティーのあり方から遠くなってしまう気がします。単なる寄り合いといいますか……。ご紹介も、スマートにさらっといきたいものです。スマートといっても難しいことではなく、普通に名前と職業ぐらいをサラサラと、二言三言で済むこと。仕事が多方面にわたっている方の場合は、知っている範囲の二つ三つを挙げれば、あとはご本人が補足をするはずです。それを肝心なポイントは外して、ヘンな紹介をされて困った経験のある方も少なくないのでは、と思ってしまう光景をよく目の当たりにします。紹介されたあとは、紹介者も含めて、ちょっとでも会話が弾めば素敵ですね。初対面の方に最初から自己PRが過ぎると優雅でないので、自分のことは聞かれた範囲の答えに留め、常に相手に関心と興味を持って、周りの人たちの素敵な面をいかに引き出せるか、そんな気配りをしながら話を盛りあげていくのが上手な社交術です。それぞれの人品骨柄が表れる瞬間でしょう。

宇田川　人脈作りに励もうと、ここぞとばかりにやたらと名刺を配っている人もいる。

西浦　ある意味、ゆとりのない時代になったのかもしれません。でも、何事も節度をもって、でしょうか。確かに、パーティーは知らない人同士が出会いのチャンスを得るというのもひとつの目的ではありますから、本来は年長者や、お顔の広い方たちが気を利かせて、お引き合わせをして差しあげるべきなのでしょうね。紹介上手になれたら、本物の紳士淑女です。

宇田川　おっしゃるようにパーティーとは寄り合いじゃなくて、未知の人たちが集まる世界だという認識が欠けている。だから、パーティーへ行っても知り合い同士で集まって、サル山のサルみたいに群れているだけ。何か治療法はありませんか。

西浦 それぞれが、もっとオープンな気持ちと、恥ずかしいというフィーリングをもう少し克服できたら、ずいぶん違ってくるのかもしれません。私も昔ほどではありませんが、いまだシャイな部分もありますから。引っ込み思案で……(笑)。

宇田川 日本人の集まりは常に内向きです。学生同士や同窓会、隣同士や会社仲間といった内向きの寄り合い感覚。つまり、未知の人たちが集まって、そこから何かを広げていくという、外へ向かう志向が絶対的に欠けているような気がします。

西浦 否定したり卑下したり、あるいは逆に褒め殺しにするなど、極端な姿が気になります。普通に、当たり前のように淡々と、お互いが引き立つようにできないものでしょうか。世界の常識は日本の非常識という言葉がありますけれど、外交・社交なんて大袈裟に構えなくても、単なる人間同士の交流ということに慣れることも大切ですし、コミュニケーション上手になれたら最高です。

宇田川 食というのは、もちろん根源的な欲求なんですが、食を通じたコミュニケーションやちょっとした行為で、意外にその人の品性が表れるかもしれませんね。

西浦 食卓外交という言葉がありますね。外国では、コミュニケーション能力が重視されます。スマートに、品位を保ちながら食事を楽しんでいる人を見ると、その人のセンスの良さや生活態度、人生観までわかるような気がします。でも、そうしたことが苦手な方でも、人間性豊かな素晴らしい方もたくさんいらっしゃいますから、一概には言えません。一般に食のマナー（形だけでなく会話も含む）がきちんとできていないと、本人もさることながら、本人が属する団体なども充分に評価してもらえずに損をしてしまう、誤解をされてしまうということも、あるかもしれません。本来は、それくらい大事なことなのです。そして本物の大人のユーモアのセンスをもって相手を笑わせ、楽しいと感じてもらえたら最高です。そうすることで、初めて相手がこちらの意見に賛同し、信頼を寄せてくれる。たとえ、意見が分かれても、険悪な関係にならずにとことん議論を交わせるだけの相互敬意を持つことができる。食卓外交とは、本当にテーブルから進展してゆくものだと思います。

宇田川　一般人の生活の中でも、別に大袈裟なことじゃなくても、国家の外交に対する個人の社交が発揮されなければいけないでしょう。

こだわりのお酒と料理

宇田川　各国料理に造詣の深い西浦さんは無類のシャンパン好きだとか。

西浦　「主食はシャンパン?」なんてお友達にひやかされます。もちろん、消費量は正直に申告しますと、かなりなものかもしれません。好きなシャンパーニュ*は、その時々で移っていきます。若い頃は、ルイ・ロデレールのクリスタルロゼ六九年にはまっていた時期もありました。それから、ルイナールやドラモットのロゼは、女子会ランチタイムに飲むのが好きです。そして、サロン・ブラン・ド・ブランが欠かせなくなり、最近ではアムール・ド・ドゥーツをよく飲みます。ほかにも、ペリエ・ジュエは、なぜかアウトドアでカジュアルに飲みますし、今、皆さんにお勧めしているのが、パトリス・マルクです。これは、あまりにも気に入ったので、まとめて購入しました。ドュミ(ハーフボトル)もあるので、重宝です。ドン・ペリニヨンは、日本ではなぜか多くの人たちがドンペリと呼ぶので、それが嫌で遠のいていた時期もありましたけれど、さすがにエノテーク**はおいしいなあと思いました。特に七五年は、神々しくさえ感じます。メニューを考えるにしても、まず、シャンパーニュを軸にして、それに合うお料理を主体にする時もあるくらいです。

＊　フランス本国のシャンパーニュ地方ワイン生産同業委員会(CIVC)とその日本事務局では、シャンパンの正式名称として「シャンパーニュ」を推奨している。

＊＊　当たり年の厳選されたブドウのみを使って、モエ・エ・シャンドン社のセラーで醸造されるドン・ペリニヨンは何年かに一度、プレニテュード(豊穣な熟成)を迎え、第一プレニテュードに達したものが通常のドン・ペリニヨン、更に長い年月をかけて第二、第三プレニテュードに達したものがドン・ペリニヨン・エノテークと呼ばれる。

宇田川　お好きなワインは?

西浦　イギリスでは、ご存知の通り、ボルドー地方で獲れた赤ワインをクラレットと呼びますけれど、クラレットのグランヴァン(名醸ワイン)は長年にわたっていただいてきましたので、ここ一〇年ほどは、その反動もあったのかしら、ブルゴーニュ派に転向しました。すっかりブルゴーニュの魅力に取りつかれて、特に好きなのはリッシュブール。ほかにもエシェゾーやヴォーヌ・ロマネ、クロ・ド・ヴージョやラ・ターシュなどは幸福感で満たされます。感謝の気持ちでいっぱい(笑)。

宇田川　ご自宅に業務用のワインセラーをお持ちだとか。

西浦　二〇〇本くらい入るワインクーラー。いつもストックしておかないと、不安で(笑)。そうはいっても、長年、買い集めたグランヴァンも、何があるかわからない時代なので、どんどん飲んでしまおうと思って実行に移しているこの頃です！

宇田川　それでは、最後の晩餐に食したいものは？

西浦　自分で作った、烏骨鶏卵一と鶏卵二を使ったふわふわのオムレツ、最上級のゴールデンベルーガキャビア入りです。それと、シャンパーニュ。なぜ、〝自分で作った〟ということにこだわるかと申しますと、卵をスフレのようにふわふわに仕立てる方法を、独自に開発したからです。それから、キャビアをオムレツの中に入れると熱で調理された状態になり、風味や感触が損なわれます。これについても、自ら考案した調理法でそうならないように、オムレツにフォークを入れた時に、そのままのキャビアが出てくるようにできるのです。クリーミーなスクランブルド・エッグにスコッチ・スモークド・サーモンも甲乙付けがたいです。脂ののったサーモンにたっぷりと黒胡椒がへばりついているところへ、クリーミーな優しい味（塩無し、サーモンの塩分で充分）の玉子が合わさると、絶妙です。でも、ふわふわの白米に厚手に削った鰹節をたっぷりのせて、擂り立てのわさびをつけていただくのも絶品です。そもそも、薬味の山椒、柚子胡椒が好きなので、それらが隠し味になって引き立つ食べ物で、シンプルなものなら、なんでも歓迎です。こんなにあっては、最後の……になりませんね(笑)。まあ、このいずれでも、私にとっては、最高で最後の食事と言えるでしょう。

宇田川　本日はありがとうございました。

◆二〇〇九年一〇月

羽仁《はに》 進《すすむ》

Last Supper
10

人間が物を食べるということ

映画監督、評論家。1928年、東京都生まれ。祖母の羽仁もと子が創立した自由学園を卒業後、共同通信記者、1949年の岩波映画製作所創立メンバーを経て、映画監督となる。「不良少年」(1961年マンハイム国際映画祭金賞)、「初恋・地獄篇」(1969年オーストラリア映画祭南十字星賞)など、世界の映画祭で多数の賞を獲得。ほかにも、約30年にも及ぶアフリカロケの集大成ともいえるビデオ「動物に学ぶ」シリーズの「生きる」全8巻、「感動物語」全6巻など多数有り。また、独自の教育論から、多くの著作を生み出している。著書に、『羽仁進の世界歴史物語』『羽仁進の日本歴史物語』『妻に捧げたい料理の本』『ぼくのワイン・ストーリー』など多数有り。近著は『僕がいちばん願うこと——エピクロス的生活実践』。

和食と洋食のドラマツルギー

宇田川　群馬県桐生市生まれの羽仁さんの生家の書斎には、お父上の蔵書が一二万冊あったとか。幼い頃から無類の本好きで、自由学園の小学部に入るまえに、すでにトルストイの『戦争と平和』を読んだという、不思議な少年だったそうですね。

羽仁　桐生一の名家でしたから、一丁目表通りは全部森家と言われました。桐生の家に生まれた多くの人たちの中で、あまり表には出せない変わり者が二人いたんです（笑）。そのうちの一人が僕の従兄弟にあたる人。その従兄弟は日本で最初にシイタケの培養を成功させた、キノコ方面では国際的にも有名な人物。もうひとりは僕の父で、東京大学の法学部に入ったのに、つまらんと言って一年で辞めちゃった。それでドイツのハイデルベルク大学に留学して、哲学を勉強してから帰国後、東京大学の史学部に再入学した。僕が子どもの頃でよく覚えているのは、食事というものを非常に大事に考えていた人だったこと。

宇田川　自宅では、西洋文化に詳しいお父上が留学先から持ち帰ったヨーロッパ風の食事法だったのですか。私たちのイメージだと、厳かだけれど華やかなヨーロッパ風の光景を思い浮かべるんですが、実際にはどうでしたか。

羽仁　父は東大の史料編纂所の嘱託みたいな仕事をやっていて、当時の時代とは逆行した考え方で仕事をしていたわけですけど、父を慕ってきた弟子がけっこういっぱいいた。その中で気に入っている一〇人ぐらいを、よく家へ呼んでましたね。彼らといろいろな話をして、最後にご馳走していた。父がドイツに留学したのは戦前ですから、日本人なんか珍しいわけ。ずいぶんいろんな旅をしたようですが、近所の人たちがみんな集まってきて、焚火を囲んで、ワインとかビールを飲みながら歌っている、そんな光景が不思議で民族的な感じもしたんでしょう。当時の日本人には、いわゆるヨーロッパ人のように食を楽しむという習慣がなかったわけだから。そんな思い出があったから、弟子たちと喧々諤々難しい話をしたあとに食事を楽しんだのでしょう。

宇田川　今も昔も日本人は食を楽しむという発想に慣れていないし、相変わらず時間をかけないで早飯の人たちが多い。明治の福沢諭吉は二〜三時間かけて食べたと言われてますけど、彼などはヨーロッパ志向の文化人だったからでしょうね。

羽仁　父はそれ以上の時間をかけて食事していましたね(笑)。もちろん食事の間に歴史の話や哲学の話が出てくるんだけど、その会話は食卓以外で話しているときとは一味違う。我々子どもも七～八人が座れる大きなテーブルの端っこに座って、一緒に食事をするわけ。子どもながら、僕は彼らの話を面白いと思って聞いていた。それに父は弟子たちを連れて旨い所へ食べにいく。旨いものといっても、なかなか探すのが大変です。みんな学生だから貧しいし、普段そんなに旨いものを食べていないから、旅行先で議論に熱中したり、旨いものを食ったりすると、だんだん頭が混乱してくる(笑)。「失礼します」って部屋に帰って寝ちゃう。人間というのは興奮して旨いものを食べると、そんなふうになるらしい。

宇田川　たまの機会に旨いものを食べると興奮したり、気分が鎮静化したり、それか自分をコントロールできなくなることがある(笑)。すると羽仁家では古代ギリシャのシンポジウムのように、議論を闘わせながら食事するような感じでしたか。

羽仁　ギリシャの社会というのは、ある意味では民主主義の基本だと言われていても、主流は男性。僕はエピクロス*という哲学者が好きなんですが、エピクロスはそういうのはおかしいという考えの持ち主で、エピクロスの学園の副園長に女性を就けていた。普通はワインを一緒に飲むのは男だけだから、女も飲んだというのは画期的なこと。それにワインを飲みながら開くシンポジウムには司会者がいて、彼らは出席者が飲むワインを薄める役も兼ねていた。みんなが熱中して議論を闘わせたほうがいいと判断した場合は、あまりワインを薄めない。逆に今日はゆっくり議論を進めようと思ったときなんかは、ワインを薄めるとかね。司会者の知恵と才覚が発揮されたのでしょう。

宇田川　沈着冷静に議論を進めたいときはワインを薄めて、逆にみんなにガンガン白熱した議論を求める場合は薄めない。そういう係がいたというのは愉快な話ですね。

羽仁　もっとも、あの頃に飲んでいたギリシャのワインは、今の私たちが考えるような上等なワインじゃないけどね。

＊（紀元前三四一―二七〇年）古代ギリシャのヘレニズム期の哲学者。快楽主義で知られるエピクロス派の始祖で、現実から解放された精神的快楽を重視。この万人に開かれたエピクロスの学園は、移住したアテナイで開かれた。

それに比べたら、父の饗宴のほうが実質的に美味しいものはあるし、美味しい飲み物もある。もちろん僕なんか話が全部わかるわけじゃないけど、三時間ぐらいそばにいて聞いていた。本を読むのが好きでしたから、五〜六歳の頃から大人が話していることを、本当に理解しているかわかんないけど、それなりに理解していたわけ。

宇田川　お父上が主催していた饗宴の料理はむろん洋風だったのでしょう。羽仁さんは戦前、朝はパンとワッフルしか食べなかったと書いている。そういう家は非常に珍しかったと思います。お父上がヨーロッパ風な雰囲気を作ったと。

羽仁　もちろん父が留学先から持ち帰ったものです。父は子どもの頃、桐生の実家では和食が中心だったから、西洋料理が好きだった一方で、サンマみたいな魚ものすごく好きだった。だから僕みたいに完全に洋食派というのではないけど、食事の基本は洋食。ところで、これは僕の個人的な考えですけど、食べながら長く議論するためには、食事にいくつか山がなくては駄目でしょう。

宇田川　おっしゃるように、ヨーロッパの荘厳なシンフォニーのような、山あり谷ありという起伏が必要でしょう。

羽仁　上がったり下がったりして、またなだらかな動きがないと食事は楽しめない。そういう流れを作りやすいのは、やっぱり洋食でしょう。その点で日本料理はまだ途上だと思う。今はまだ奮闘中で、その波が上下にあるというところまでなかなかいかない。

宇田川　料理に反映されるのはむろん国民性や文化性。よく言われるように、それらが反映されたフランス料理は構造的でシンフォニーのようなスタイル。第一楽章から始まって第二楽章などへとドラマが続く。いわばフランス人のエスプリみたいなドラマツルギーがあって、それが料理に反映しています。反対に日本人は島国に住んでいて横並びが美徳で、あまり激情型でもないし、和をもって貴しとなす。だから料理にドラマツルギーを求めるのは無理だし、山あり谷ありの高低が少ない。一方で日本料理は、フランス料理を食べるときのパッショネイトなものが感じられない。劇的な料理を出したら日本人がついていけないでしょう。

羽仁　反論するわけじゃないけど、僕は日本の若い人たちなんかを見ていると、今かなり日本人もドラマチックになっていると思う。将来はどうなるかわからないけど、まさに前段階、夜明け前だと思うんですね。まあ、夜明け前は長いけど（笑）。でも、この頃やっとわかったんだけど、僕は御飯を食べる時間がみんなと合わないの。ほかの人に比べて食事がものすごく長いのは、そうしないと料理を味わえないと思っているから。オードブルならオードブルとしてちゃんと味わう。そういうふうに一品ずつ味わって食うということが大切。子どもの頃から僕は、料理は一品ずつ食うものだと思ってたんです。だから大人になると、どんどん食っちゃうんだってことがわからなかった。実は人と飯を食っているときも、僕ひとりゆっくり食っていて、みんなと歩調を合わせられないことに気づかなかった。それがわかったのはここ一五年ぐらいまえから（笑）。僕が思うに、世の中にはいろいろな人たちが異なる意見を持って共存しているわけで、現代風な言葉を使えば、子どもの頃から多様性を信じていた。その多様性を大事に考えるほうで、もちろん早く食っても全然構わないと思うけど、ただし早く食う人たちと、僕みたいにゆっくり食う人がいる。つまり、「自分と違う人間はけしからんからやっつけちゃう」という考え方はおかしい。多様性ということを、頭のどこかに入れておかなくていけないと思う。

宇田川　グローバリゼーションによって食の画一化が急速に進んだわけです。例えば、ファストフードを論じないと、もはや食の世界を考えられない。ファストフードの良さは、世界中どこでも低料金ですぐに空腹を満たせること。けれども各民族の固有の食生活や食への感覚とか、食文化の多様性が失われている。

食べた物について語る大切さ

宇田川　その後、羽仁さんの食生活は？

羽仁　太平洋戦争になって、父と母は中国へ行き、残された僕と妹は非常に不思議な生活を送るわけです。もはや美味しいものにありつけない。考えてみると、僕ぐらい食に関心を持ちすぎていたり、食について徹底した態度をとると、美味しいものがなければ食わなくなっちゃう。時々昔の同級生と会合があると、みんなに戦争中のおまえは大人気だったと言われる（笑）。なぜなら、僕が食わなかったものをみんなが食べたから。

宇田川　中学生の時に寄宿舎生活をしてますよね。その時なんかは自分で作ったりとか？

羽仁　自由学園は太平洋戦争の頃から那須に農場を持って

いたんです。水が一滴も流れていない石ころだらけの川があって、ところが上流のほうで大雨が降ると、すごい勢いで水がせり上がってきて、周りの崖がどんどん削られる。そんなひどい場所にお百姓は畑なんかを作らない。自由学園はそんなに金があるわけじゃないから、そんな農地を買ったわけです。だから掘り返す作業は大変でしたね。朝から夜まで農作業して、作ったもので料理して食わなきゃならない。もちろん買い物できる店なんてなかったし、要するに何も買えないから、農場で作ったものしか食べ物がないの。牛も飼ったけど、とても食うなんてことはできなかった。乳が貴重ですからね。でも、特にサトイモなんかは湿地だから美味しかった。楽しい時間は農作業が休みの、日曜日の朝食前の三〇分くらい。荒々しい雑木林に入って、タラの芽を探したんです。一人三つぐらいしか探せなかったけど、食べると美味しかった。

宇田川　やがて戦後を迎えて、一年ほど新聞記者をやってから映画の世界に行きますね。食生活は激変しましたか。

羽仁　変わりましたね。当時知り合いの偉い人たちに、名が知られた美味しい店によく連れていかれたんです。僕は食い物についてそれなりの考えを持っていたから、有名な店に行っても、自然にそういう態度に出たんですよ。ある時、関西から浜作というお店が銀座に出てきて、連れていかれたことがある。今でもあるけど、いわゆるカウンター割烹のはしりのような店。

宇田川　当時としては、カウンター割烹といえば斬新な発想だったんでしょう。

羽仁　カウンターで食わすというのは、目の前で作って出したものを食うわけですから、実に旨い。だけどものすごく高かった。主人は東京でも評判の板前でした。偉い人たちに連れられて二、三度行ったら、ある時その主人が僕のそばに来て、「あんたね、今度ひとりで来いよ」と言う。「でも、高いところだから来られません」と。「まあ、来い」と言われて、ひとりで行くと、主人が「カウンターの隅に座ってろ」と言う。自分の仕事を終え、あとは二番目の板前にやらせて、僕のそばで一緒に食いながら、自分の苦労話なんかを始めるわけ。僕は料理人になる気なんか全然ないんだけど、彼は話が上手だったし、すっかり幸せな気分になっちゃって、十何遍もご馳走になった。

宇田川　主人に気に入られた理由はなんでしたか。たぶん、若いのに忌憚なく的確に料理について語る食べ手としての評価、それに人間性や個性を評価されたんでしょう。羽仁さんに主人を惹きつける魅力があった?

羽仁　今から思うと、彼は僕の味覚みたいなものを信じたんだと思う。一般に日本人は食い物についてあまり意見を言わない。僕は子どもの頃から今に至るまで、料理についていろいろ文句を言ってきましたから(笑)。今でも妻に、「あんた、それは偉いわ」って言われるんだけど、必ず出てきた料理に何か自分の感想を言う。

宇田川　日本人にとって何も言わないことは寛容の証明になるし、そもそも物議を醸したくない気持ちが潜在的にある。羽仁さんはヨーロッパ的で、日本人にしては珍しいタイプ(笑)。

羽仁　決して意識して言うんじゃないですよ。こういうところが旨いとか、ここはちょっとこうしたら美味しくなるんじゃないかとか、自然に言っちゃう。でも妻に言わせれば、「あんたの批評は、料理している人間の励みになるからいいのよ」と。つまり僕がやっていることは空回りではないと、受け取ってくれて投げ帰してくれるというわけ。浜作の初代の主人は、カウンター料理なんて考えた天才と言われた板前だけど、僕が話す言葉を聞いているうちに、投げ帰してくれる面白さ、こいつは真面目に食っているなと思ったんじゃないですか。面白い奴だなと思ったんでしょう。僕が日本料理の美味しさを知ったのは、実は浜作。ただ、それはある意味では不幸なことで、初めから最高の料理を味わっちゃったわけですから(笑)。

宇田川　ワインでいえば、最初からシャトー・ラフィットを飲んだようなもの。入り方としては間違えたかもしれません(笑)。そういう美味しい料理は場数を踏んでから味わいたい。

羽仁　そうね。僕が思うに、子どもの頃から、毎日食べたものについて何か言ってみることが大切。今は子どもだからなんでもいいから食えとか、子どもは旨い不味いもわからないとか、そういうことを言うから駄目なんです。その都度、この食べ物は高いものだとか、いつも食べられるものじゃないとか伝えていいんですよ。

宇田川　今は子どもの孤食みたいなことが問題になっているけど、家族で食事するにしても、親は子どもに「食べるときは黙って食べろ」とか、「早く食べろ」とか叱ったりする。ヨーロッパ的な規範でいえば、食事は会話がなければ成立しない。みんながテレビを観ながら黙って食べるというのは、ヨーロッパ人から見れば異様な光景ですよ。まるで修道院で食べているような感じ。

世界各地で食べた物

宇田川　羽仁さんは若い時分から仕事で世界中を旅して、各国料理を食べていますね。

羽仁　僕たちの若い頃は外貨制限があって、簡単には外国に行けなかった。不要不急なんてものじゃなくて、大変でしたからね。でも僕の場合は映画をやっていたから、とかく外国へ行きやすかった。ヨーロッパに行くようになって、非常に早い時期からイタリア料理の旨さに目覚めたんです。自分が子どもの頃に食べていた洋食は、フランス料理が主流だったから、ある程度わかっていた。戦後、三〇歳前後でイタリアに行って、イタリア中をコツコツと歩いた。

宇田川　食べ歩きですか。

羽仁　仕事の間をぬって。今はみんながよく知っているフィレンツェとか、汽車とバスを使ってサンジニアーノやアッシジとか、小さな町や村なんかいろんな所を回ったし、シシリー島も一周した。たくさん食べたけれど、僕はトスカーナ地方の料理が一番美味しいような気がする。南部の料理とも違うし、北部の料理とも違う。両方の良いところを吸収しているけど、さらに洗練されているという感じがして好きだな。それでイタリア料理が良いという感じになったわけです。よく知られているように、フランスでも食事が良くなるのはルネッサンス時代に、イタリアのメディチ家のカトリーヌが新しい食文化をフランスへ持ってきて、それ以降ルイ王朝である程度高いところまで発展した。ルイ一五世の時代に、ある有名な公爵が書いている話が面白い。つまり、金持ちは旨いものは食えない。旨いもの食うと貧しくなる。どういう意味かというと、台所から食卓までの距離が長かったら、旨いものは絶対食えないと。ルイ一五世はそれを聞いて、自分の食卓のすぐ近くに、料理を作れる小台所みたいなものを作ったんですよ。そういう意味では、ルイ一四世よりはルイ一五世のほうが実質的には旨いものを食っただろうと思う。それにルイ一四世は末期の頃、歯がすごく悪くなって、ちゃんとした料理を食べていない。あの頃のメニューを見ると、軟らかくドロドロになったものばかり食べている。

宇田川　それにヴェルサイユ宮殿に集まってきた民衆に、

自分が食べている料理を見せている。一種のスペクタクルを演じていたんです。一般に西洋料理の王道はフランス料理。羽仁さんが行かれたのは一九五〇年代中頃。その後、六〇年代にフランスに住んでいますね。いろいろフレンチを食べていると思いますけど、フレンチに比べてイタリアンが好きだと。

羽仁　パリに住むまえにも、映画祭などでパリにも行ってるし、カンヌとかニースとか南仏にも行っている。僕の好みとしては、あまり手が加わりすぎてない美味しさのほうに惹かれる。それが僕自身の料理についての尺度です。良いとか悪いとか全然関係ない。いろんな要素をごちゃ混ぜにしちゃうんじゃなくて、美味しさの中にある要素、一つの美味しさの味が、パーッと引き出されてきて花開くような、そういう精神にすごく惹かれる。それは今に続いてますよ。

宇田川　個人的な嗜好や感覚や好みがブレないで、一貫しているような気がします。複雑に調理された料理よりも、むしろ素材中心の料理が好きだと。今世界的にフレンチでもイタリアンでも、素材の新鮮さに重きを置いた料理が勢いを増している。だから素材の質を重視する日本料理の影響も大きいのでしょう。でも、仮に素材中心主義だったら、極端な話として、調理法だとか技術だとかそれほど必要ないんじゃないか。素材原理主義みたいな考え方ですけど。

羽仁　僕が言っているのは、もちろん素材が持っている味もあるけど、人間が付け加える味がものをいう場合があるわけですよ。例えば調味料を考えると、今さまざまなドレッシングが売られているけど、僕が好きなドレッシングは限られちゃう。なかなか売っていないから、買うのがすごく難しいんだけど、そのドレッシングは味の中に潜んでいる美味しさを引っ張り出してくる。例えば映画でいえば、一番良い演技というのは、いろんなことをしてみせるということではなくて、役者がその役の中からあるものを引き出してくると、自分の予想しているものを超える場合があるんですよ。そういう演技が一番素晴らしいと僕は思う。

宇田川　世界各地を旅して、フランスやイタリア以外で印象に残っている料理はありますか。

羽仁　フランス料理もイタリア料理も美味しいし、みんないい加減なことをいうけど、イギリス料理でも良いレストランに行けばそれなりに美味しい。ドイツでもロシアでも、それなりに特色があって、なかでもグルジアなんて、とっても美味しいと思いますよ。僕が行った時は旧ソ連のゴルバチョフ時代ですから、海外旅行者がほとんどいない時代。

宇田川　グルジアで特に印象に残っている食べ物は?

羽仁　グルジア行って、いろいろ本を読んだり、ホテルの人に聞いたりして、旨いもの屋を探す。でも旨い店は住宅街なんかにあるから、看板が出ていない。探していると、親切な人が寄ってきて、英語で「何かお探しですか」と。「この店を探しています」と言うと、「それはもうちょっと向こうだから、連れていってあげましょう」。その店で、「本当のグルジア料理、食べてみますか」と言われて食べたんだけど、大量の薬草が使われていて、ものすごく刺激が強い。そういう体験というのも面白い。

宇田川　撮影のために南米などにも行ったんですね。

羽仁　映画のロケで文明の本道とはまた違う国へ行っている。例えば五〇年代の後半に、アンデスのペルーや、ラパスというボリビアの首都へ行ったんです。ラパスは飛行場が標高四一〇〇メートルぐらいに位置してて、街はすり鉢みたいな格好をしている。上に貧乏人が住んでいて、一番低い所に金持ちが住んでいるわけ。立派なホテルのレストランで食事をしていると、高山病になる人が多い。食事の最中にどんどんぶっ倒れちゃう。でもホテルの方は全然慌てないで、病院に連れていって酸素ボンベで回復させてから、またレストランに戻ってくる(笑)。さらに標高四千何百メートルという山の奥に、大勢の人々が住んでいる村々があるわけ。日曜日になると、村人たちが小さなイモを五〜六個持って、平地みたいな場所にある小さな市場に下りてくるんです。売るということが目的というより、そういう売買を通してお互いが交流するのだと思う。面白かったのは、イモが紫色のイモとかピンクのイモとか、一つひとつ違う実に不思議な色なんです。まるで異常な珍種植物市みたい(笑)。ジャガイモはあの辺から生まれたと知っていたけど、もともと種類がいろいろ違うことがわかった。それからトウモロコシもあの地方由来だけど、すごく美味しい。ところで私たちは戦争中に、水ぶくれしたジャガイモを食わされたけど、とても食用とは思えなかったですね。

宇田川　トマトの発祥もアンデス地方ですね。

羽仁　そうですね。最近僕は、北軽井沢をちょっと越えた所に住んでいる人と知り合いになったんです。生家の農業を継いで畑を作っている人なんだけど、農業を商売にしていない。それでもなかなか大変ななかで、畑はちゃんと守っている。友達になったものだから、彼が時々野菜を届けてくれる。感心したのはトウモロコシで、普段私たちが食べているトウモロコシと同じ種類とは到底思えない。

宇田川　どんなふうに美味しいのですか。

羽仁　すごく軟らかくて、なんとも言えない玄妙な美味しさが、口の中でふわっと広がり溶けていく。ほかにもジャガイモをもらってきたんですけど、二日ぐらい置いておいたら、ドロドロに溶けてなくなっちゃう。洗って皮を剥いて干せば、三〜四日は持つけど、保存はできないわけです。だけど本当に美味しい。素材にもこれだけ美味しいものがあると、料理の世界の奥深さを初めて教えてもらった。僕はもう八二歳ですけど、まだまだ学んでいるわけ（笑）。

作る場と食べる場の距離

宇田川　昔から食べ物の好き嫌いが激しかったそうですね。嫌いなものは漬物とかクワイとか、好きなものは果物だとか。そうした好き嫌いは今でも続いているのですか。

羽仁　沢庵とか、そういうものは美味しいと思ってなかったんです。ところがこの一〇年ぐらいで、本当に美味しい漬物があることがわかった。

宇田川　何十年か生きてきて、美味しいものに巡り合ったということですか。無農薬とかそういう方法で作ったものですか。

羽仁　ある程度は減農薬というやり方だと思うけど、僕は食うことに関して、そういうものを使ってないかどうかということはそう問題にはしていないんです。まあ、世界中の美味しい料理をいろいろ食べてきて、だからこそ言えるのかもしれないけど、この頃感じていることは、野菜なんかはやっぱり作ったすぐそばで食うと、一番旨いわけ。

宇田川　野菜の旨さは、最近特に農民ががんばって良いものを作ろうという、そういう努力が実っているのだと思います。最近はご自分で野菜とか素材を買って、料理を作りますか。

羽仁　手前味噌ですけど、私の妻は本当に料理がうまいんです。僕が世界中を旅行して歩いて、美味しいものを食べたからということも少しはあるんじゃないかと思う。僕はひとりでいるときは作りますけど、作るのは駄目だと言われるから、お皿を運ぶとか洗い物とか少し手伝う。

宇田川　国内外で多くのレストランへ行って、食事やワインを楽しんできたわけですけど、ある時から自宅でワインを飲むようになったそうですね。先ほど話題に出た食卓と台所の距離感ですか。自宅なら目の前で食べられる。最高の贅沢じゃないですか。

羽仁 僕が好きで行っているレストランは小さくて、台所がすぐ見えるような店が多いですね。そういう店のほうが美味しいような気がする。そういう意味では家庭というのは最高ですね。場合によっては、いろいろ料理を並べていっぺんに食うけど、できれば一品ずつ楽しんで食いたい。妻は最初、「それだと面倒くさい」って言っていたんですけど、この頃は妻に作らせるだけじゃなくて、料理を持ってきて二人で食べて、終わったらまた別の料理を持ってくる。そんな形で食べるようになったら妻も楽しむようになって、「このほうが美味しいわね」って言ってくれる。その味を楽しみながら次のものを作ると。先ほど話題に出た、うねりとかシンフォニーかどうかわかりませんけど、そういう楽しさじゃないかと思うんです。

宇田川 ご自宅ではメニューみたいなものを、三日分とか一週間分をまとめて作っているのですか。それとも即興みたいな感じですか。

羽仁 妻に言われるけど、あなたの唯一いいことは、三日分ぐらいの献立を考えられることだと（笑）。美味しいものを食べて、しばらくしてからふっと、明日の夜はあの料理にするから、昼はああしようとか考えていくと、三〜四日分ぐらいはすぐに思いつく。

宇田川 それは世界を旅して、多くの料理がストックされているからですか。インスピレーションとか直感みたいなもので引き出してくるのでしょうか。

羽仁 それはどうかわからない。引き出しているのかもしれないけど、自然に出てくるんですよ。

死に近づきつつ物を食べる

宇田川 加齢とともに食べ物の好みが変わりましたか。最近、特に好きになった食べ物は？

羽仁 最近まであまり美味しいと思わなかったものが美味しいと思えたり。今まで有名なお蕎麦屋にいろいろ行ったけど、やっと本当に美味しいと思えるお蕎麦屋に出会ったんです。お蕎麦ってこんなに美味しいものかって。群馬県の赤城の麓にある店で、かなり有名らしい。お蕎麦屋が当たったから金持ちになったらしく、立派な家を造って、明治時代に作られた日本の陶器が飾ってある洒落た店。一五〇〇円か二〇〇〇円ぐらいの蕎麦を食っちゃもったいない感じなんですけど(笑)。

宇田川　羽仁さんはフランスの高級レストランから、現代文明を外れた国々の粗食まであらゆる食経験をしている。一般的に年を取ると、食べ物に感謝する気持ちが強くなると言われますね。すべて受け入れるという心境に近づいてくるのでしょうか。人間は死ねば土に還るとよく言われるけれど、自然に還るということはすべてを許すみたいな気持ちなんでしょうか。

羽仁　それはわからないです。僕には自分が寛容になったとは思えません。食い物については、むしろ嫌だと感じることが多い。実は食ってすごく幅広いものだと思うんです。つまり、料理や献立を考えるというのもそういうことです。お米はあまり食べないですけど、この頃美味しいお米を見つけたから、今晩はあの美味しい御飯を食おうとか思いながら献立が決まる。明日は美味しいパテを食おうとか考えるわけ。

宇田川　ちなみに今日の朝昼晩のメニューは?

羽仁　朝は基本的にはパンかホットケーキかワッフル、その中から選ぶだけ。今日はブドウパンと、先ほど話したお蕎麦屋さんからもらった美味しいブドウを食べて、お紅茶を飲む。お昼は基本的にはパンのほうが多い。自宅の近くにあるデンマーク式のパン屋で、妻が買ってきたグラハムブレッドという特殊なパンにパテを付けたもの、それに好きな野菜スープ。本当に良くできた野菜スープってとっても美味しい。今晩は子どもの頃から好きだったアナゴ。ウナギはよく選ばないと美味しくない場合があるから、一〇年ぐらいまえからアナゴをよく食べるようになって、今晩は穴子御飯。ワインは常識的には白ワインを飲むべきところですけど、九〇年物のシャトー・ラグランジュを開けようかと思って。

宇田川　さて、最後の晩餐には何を食しますか。

羽仁　僕の最後の晩餐は「無食」です。さまざまな人間さま、いろいろな動物さまの召し上がる分に割り込むつもりはございません(笑)。アレ……夢と戯れてばかりいる羽仁さんにしては奇怪だぞと、納得しないお顔ですね。死ぬまえぐらいは、自分は生物の多様な一種のメンバーの一人、実は生物とて、とどのつまりは「物質」の一種にすぎないと思うんじゃあないですかね、たぶん……(笑)。

宇田川　最後に、ライフワークで四〇年以上も撮影してきた動物のお話を。過酷な大自然の中で食べ物を巡って凄絶な生と死が闘われている。人間の食べる行為とはどういうことか、食物連鎖とは何か、そんなことを考えさせられます。

羽仁　アフリカの動物を見ていると、生きているということが截然と切れている。本当に断ち切れているような、すっと突っ立っているみたいな、そういうものじゃないかと思うんです。だから僕は、動物は死ぬことをそんなに怖がっていないと思う。つまり、死を考えている暇がないし、生きることのほうがはるかに面白いのではないだろうかと。動物がどう思っているかは別として、子どもの頃からそう思っている。僕は戦争が終わりの頃、一度自殺しようとしたことあるんです。もう一年戦争が続けば、一七ぐらいで兵隊に採られる。兵隊には絶対になりたくなかった。つまり、人を殺すということは間違っていると思っていたから、そんなことしなきゃいけないんだったら死んだほうがいいと思って、高い所から飛び下りたことがあります。でも今は、生きているんだから、生きていることを力一杯楽しみたいと思う。そして突然、死に襲われたら、それは仕方ないと。そういうふうな区切りのよさみたいなものが、動物にはあるような気がします。

宇田川　本日はありがとうございました。

◈二〇一〇年一月

逢坂《おうさか》 剛《ごう》

Last Supper 11

食通は貪欲な好奇心から

作家。日本推理作家協会理事、ちよだ文学賞選考委員、日本推理作家協会賞選考委員なども務める。1943年、東京都文京区生まれ。66年、中央大学を卒業後、博報堂に勤務しながら執筆を続け、80年に『暗殺者グラナダに死す』で第19回オール讀物推理小説新人賞を受賞。87年には『カディスの赤い星』で、第96回直木賞と第40回日本推理作家協会賞を受賞。97年に博報堂を退社後、専業作家として神田神保町にオフィスを構える。スペイン現代史の研究者でもあり、ギターとフラメンコにも造詣が深い。近著に、『剛爺コーナー』『北門の狼』『兇弾』『暗殺者の森』『お江戸東京極上スイーツ散歩』(共著)など、幅広いジャンルに多数有り。

撮影：足立寛

神保町の中華街

宇田川　大学からサラリーマン時代を経て、現在のオフィスを含めて神田神保町に通うこと約五〇年、年季の入った神田住民ですね。人生の三分の二を神田ですごしたわけですが。

逢坂　前のオフィスは四年半前まではすずらん通りにありまして、そこは八年いたんです。会社を辞めたのが一九九七年の六月いっぱいで、七月一日からすずらん通りにオフィスを持ちました。勤務先の博報堂は錦町から田町へ移転していましたので、八ヵ月間私は田町に通っていたのです。それまでは錦町の博報堂に通っていて、今と同じ路線で通っていたけれど、家にいるより長いのではないですか。

宇田川　神田の魅力というのは、なんといっても世界一といって過言ではない古書街。ほぼ毎日、書店街を回るそうですが。

逢坂　だいたい毎日、昼飯に編集者と打ち合わせがなければ、ひとりで飯を食ったあと、ぶらっと回るのが日課になっています。今はさすがにある本を求めて探すということはほとんどないです。「自分のテーマをほぼ集め尽くした」と言うと語弊がありますが、インターネットもありますから、タイトルのわかるものはすぐに探せます。書いていて、どうしても調べなくてはいけないことがあったり、手元に資料がないときは古本屋を歩いたり。今は自分の知らない本で、自分が書いている範囲に属するものと遭遇するのが楽しみ。

宇田川　実際にそういうことがあるのですか。

逢坂　最近はさすがに数少なくなりましたが、昔は「本の背表紙にオーラみたいなものが出ている」「本が呼んでいる」なんて、みんなそういうことを言ってたんですよ。確かに古本と長くつき合っていると、そういうことがあります。まったく関係のない本に見えても、例えばその中にスペインの重要な情報がちょろっと二〜三行書いてあったりとか。

宇田川　パリにはセーヌ川沿いにブキニストと呼ばれる古本屋がありますけど、今や観光客相手ですから稀覯本なんて見つけられません。風物詩みたいなもので、遭遇はまずない。神田神保町といえば昔は学生街でしたけど、メトロが通るようになったり、神田の景色はずいぶん変化しましたか。

逢坂　中央大学がなくなっただけで明治大学と日本大学は残っていますので、学生はいると思いますが、今は学生らしい学生がいないというか、再開発で高層ビルが建ったりして、ビジネス街になってサラリーマンの勢力範囲になっています。でも、古書店がこの街から出ていかなかったのは偉かったですね。三年くらいまえに吉本興業の神保町花月ができて、神保町文化に悪影響があるんじゃないかという懸念を持っていた。つまり芸人の追っかけなんかがウロチョロしてと思っていたが、全然目立たなかったです。地下に映画館があってね、古い昭和の映画などを上映している。神保町の文化というのはすごくしっかりしていて、街はずいぶん変わりましたが、神保町のスピリッツは変化していないと思います。

宇田川　神保町は古本の街であり、もうひとつには食べ物の街とも言われています。実際はどうなんですか。

逢坂　食の街というのは間違いないです。学生の街でしたから、今も半分はそうだが、サラリーマンの街になっても食べ物屋の数が非常に多い。神保町では旨い、安い、量が多い、という三つの原則をクリアしないと食い物屋は続かない。主に学生や若いサラリーマン相手ですから、まず安くなくてはいけない。しかも量が多くなくてはいけない。だけど不味くちゃ駄目だと。三原則のどれか欠けても長続きしません。けっこうフレンチのいい店もできたんですが、旨いし量もまずまずだけど、やはり高い。そうすると駄目なんです。

宇田川　B級グルメにふさわしい三原則の基準に外れると淘汰されていくと。

逢坂　ほかにもカルト系のラーメン屋で、鉢巻を締めたような親父が難しい顔をした店は駄目ですね。神保町文化には気取っていたり、威張っている店は似合わない。いろいろな雑誌で紹介されると、ちょっと偉くなったような気がするんじゃないでしょうか。ところが「さぶちゃんラーメン」みたいに、頑固一徹の親父がやっている古いラーメン屋はちゃんと流行ってる。私が食べたかぎりでは、カルト系のラーメンなんかは、最初は旨いが飽きてくる。だんだん足が遠のいて、結局みんなに飽きられて客が少なくなる。ところが、新世界菜館、揚子江菜館、三幸園などのラーメンは飽きない。オーソドックスだからでしょう。

宇田川　オーソドックスなラーメンとは、私たちが知っている醤油味のラーメンのことですね。谷崎潤一郎の『美食倶楽部』に、すずらん通りとさくら通りが中華街だったと出てくる。神田神保町は戦前から中華街として知られていたんですか。

逢坂　明治大学とかがあったので、この辺に中国人の留学生が多かった。だから中華料理屋が多くて、周恩来*も漢陽楼に来ていたらしい。あの店は百年くらい続いている。最近は減りましたが、洋服屋や仕立屋も多かった。中国人は器用だから、留学生のために服を作ったりしていたんです。

宇田川　中華街の特徴は、料理屋と洋服屋と床屋があることだという説がありますが、中国人が海外に出たときにできる仕事が三つだからでしょう。確かに横浜も神戸もそうですね。

逢坂　床屋は昔に比べて減ったように思います。テーラーもだいぶ減りましたが、まだあります。昔は洋服屋がずいぶんあったんですよ。神保町の北側に古本屋がほとんどないのは陽があたって本が焼けるからで、そこに安売りのテーラーがたくさん並んでました。私も大学の頃、よく買いました。今思えば、中国人が経営していたと思う。

宇田川　長く住んでいると、中華料理屋の栄枯盛衰を見てきたんじゃないですか。昔からの店が閉まったり、新しい店が開いたり。

逢坂　いろいろな事情があって閉店するところもありますが、古く続いている店もたくさんあります。神田の四天王と言われるのは、漢陽楼と三幸園と新世界菜館と揚子江菜館。ほかにも小さい店がたくさんあります。康楽とか、閉店しましたけど源興號《げんこうごう》とか。中華料理店の数は、ひとつの地域としての密集度が高いですね。

宇田川　東京で老舗の中華料理屋がこれだけ密集している地域はほかにないですよ。中華料理は四大料理と言われますけど、お好みはあるのですか。

逢坂　全然ないです。だから何を食べているのかわかりませんよ（笑）。料理は本格的なものではなくて、日本的に味付けされているから、みんな一緒。私たちが見ているか

＊しゅう・おんらい（一八九八―一九七六年）中華人民共和国の革命家・政治家。江蘇省出身。日本への留学経験があり、知日派として知られている。一九一七年、一九歳の時に、日本に留学。予備学校などを経て、明治大学の現・政治経済学部に通学。日本滞在中の様子については、『周恩来「十九歳の東京日記」』に詳しい。帰国後、五・四運動を天津で指導。日中戦争では国共合作・抗日戦で活躍。四九年の中華人民共和国建国以来、死去するまで、政務院総理・国務院総理（首相）を務める。

ぎりでは、派閥みたいなものもないと思います。古本屋と同じで、共存共栄できるのは、それぞれ特徴があるからじゃないでしょうか。とにかく、昔のいわゆる支那そばとチャーハンを食うと、だいたいその店が旨いか不味いかわかる。不味い店は、だいたい何を食っても不味い。

宇田川　基準の一つがラーメンとチャーハンだと。神保町の中華料理屋で、今残っている店は合格点ですか。

逢坂　安い高いは多少ありますが、だいたい合格。

宇田川　噂では中華料理屋に美人の女将がいたとか（笑）。

逢坂　それは、神田餃子屋（笑）。親父はずんぐりむっくりだけど、女将さんはすごい美人。愛想がよくて、みんな女将さんを目当てに通っていた。ほかに、東京堂書店のそばに昔あった禮華楼には、美人のお婆さんがいた。若い頃美人だった、というんじゃなくて、お婆さんになっても充分美人だった。やはり、そのお婆さん目当てに通っていたお爺さんが、何人もいました（笑）。

宇田川　中華料理屋に関しては、だいたい全店制覇をしましたか。

逢坂　だいたい行きました。この辺で何を食おうか迷ったときは、だいたい中華かカレーで済ませます。日曜日を入れて一週間、それで終わったときもありますよ。

豚カツを求めて

宇田川　次に、逢坂さん本命の「豚カツを求めて」という話をぜひ聞かせてください。

逢坂　豚カツは、残念ながら美味しい店が神保町にはないのです。豚カツを食べようとすると、神田淡路町の「やまいち」という豚カツ屋に行く。その店から三〇メートルくらいしか離れていない所に勝漫という店があって、勝漫の揚場の職人が三年くらい前に独立して「やまいち」を開いたわけ。非常に挑戦的な開店をしたわけで、揉めたと思う。勝漫に残った客と「やまいち」に移った客は半々です。客の評判は、「味が落ちた」と言う人もいれば、「前より旨くなった」と言う人もいる。豚カツは好みがはっきりしていてね。

宇田川　豚カツ好きのルーツは、その昔、毎年正月になると家族で出かけた浅草のヨシカミにあるんですか。「うますぎて申し訳ないス！」という看板が出てますね。家族の恒例イベントだった？

逢坂　親父がたぶん編集者に連れていかれたのではないか

と思います。子どもも心にもう記憶がないが、とにかく正月とかお盆の頃とかに、親父は気が向くと車で浅草に乗りつけて、観音様にお参りに行って、ヨシカミで飯を食ってから、人形町へ落語を聞きにいくというコース。旨いっていうことしか覚えていないです。ヨシカミの豚カツで豚カツに目覚めたというか。

宇田川　豚カツの魅力ってなんでしょうか。

逢坂　豚カツの持論は人によって違うでしょうが、まず値段は、定食でも一五〇〇～一六〇〇円で留めてほしい。豚カツ屋は下駄履きで行く店ですからね。高くても、二〇〇〇円を超えてほしくない。値段が高いのは致命傷ですから、どこそこの御三家などと呼ばれている有名店にはめったに行きません。どういう豚肉を使っているのか知りませんが、三〇〇〇円近い値段をつけるのは法外だと思います。そんな店で、ある時、子どもを二人連れたお母さんが「子どもは一人分でいいですから」と言ったら、「人数分取ってもらわないと困ります」と返された、という話を聞いて、それから行くのが嫌になりましたね。ほかにも、イベリコ豚を使った豚カツと称して、五〇〇〇円近い値段をつける店も現れました。むろん、不味いはずはないのですが、やはり私の主義に反するから、一度行けば充分です。イベリコ豚は、やはり生ハムに限りますね。新宿の「王ろじ」なんかはセットで一六〇〇円だからよく行っています。銀座にある不二は、昼間はもっと安くて、夜でもセットで一〇〇〇円。路地裏の小さなビルの一階にあって、信じられない値段ですよ。しかも旨い、量がある。まさに豚カツの王道だと思う。場所からいっても一五〇〇円、下手すれば倍取っても罰は当たらない。親父に「なんでこんなに安くやっているの」と聞いたら、恥ずかしそうに、実は自社ビルだという。「先代は相当の才覚があったの」と聞いたら、豚カツだけをやっていたわけじゃなくて、親父のおかげですと。だから道楽なんですよ。神保町に越してきたら、行列が絶えないと思う（笑）。

宇田川　中華料理と同じように、まず安さが大原則だと。豚カツでもバリエーションが増えています。重ね豚カツとか、梅やシソを巻いたりとか。

逢坂　変わり豚カツは稀に食べますが、あまり好きじゃない。豚カツはオーソドックスに限る。例外の衣もあるけれども、白っぽいものはどちらかというと敬遠します。油によっていて、ナタネ油を使うと白っぽく揚がる。ラードを使うとこんがりとなって、私はラード系です。こんがりと揚がって、しかもサクサクしているのが好きで、ベタッとしたのは駄目。洋食屋のロースカツはわりとベタッとしたパン粉を使うけれど、そうではなくて、古いパンを使って笊の上でパン粉を作る職人もいるから、そういうパン粉だとピッと立って旨い。

宇田川　日本人はラード系を好む人が多いようですね。

逢坂　身体には良くないと思いますが、ヒレよりロースカツが好きです。女性はだいたいヒレを食べますね。私らも身体のことを考えたら、本当はヒレのほうが良いのかもしれないが、脂の旨さはやめられない。神田界隈では天麩羅で知られた「いもや」にも、安くてけっこう旨い豚カツを食べさせる別店「いもや」がある。私も学生の頃、天麩羅も豚カツも「いもや」によく行ったんです。でもいつも並んでいて、行列が嫌いですから、最近は全然行っていない。

宇田川　戦前に育った世代で、「食」の象徴として豚カツとカレーと煮物を挙げる人がいます。煮物はともかく、豚カツとカレーは今でも人気。戦前は、豚カツはハレの日の贅沢な食べ物で、普段はその代わりにハムカツを食べていたらしい。豚カツは明治以降、日本人の琴線に触れる食文化の故郷になっていますね。

逢坂　そうですね。私はトラウマでいうと、小学校の時に冷えたカレーばかり食わされて、しかもニンジンが嫌いだったものだからカレーが嫌いになった。今は好きで、カレーもニンジンも食べますがね。当時の最高のご馳走は玉子焼きでした。終戦直後は卵がなかなか手に入らなくて、当時すでに一五円とか二〇円とかの値段で、今とそう変わらない。当時で一個一五円とか二〇円なんかは、けっこういい値段だったと思うんです。だから、そんなには食べられなかった。今でも玉子焼きは、鮨屋に行くと矢も盾もたまらずに頼む(笑)。

宇田川　豚カツに関して東京の名店はだいたい食べましたか。これから行ってみたい店はあるのですか。

逢坂　いくつかあります。作家や編集者と美味しいものの話になると、「豚カツの旨い店を知っているか」と聞いたりしているから、私の携帯電話の中に豚カツ屋が三〇〜四〇件入っています。そのうち、まだ行っていない店は三分の二くらいあるんじゃないかな。ただ、ほぼ美味しい店は回り尽くしたかな。郊外の私鉄沿線の商店街辺りにある、名もない豚カツ屋で旨いのがあるんですよ、きっと。そういう店はチェックしきれない。最近発見して美味しかった店は郊外ではなくて、赤坂のＴＢＳテレビから乃木坂の方面に行って、ちょっと路地に入った所にある玄琢《げんたく》。その店の向かいにある地中海料理店へ何度か行ったときに、目の前に豚カツ屋があって佇まいが旨そう。暖簾とか店の様子を見ると、ピンとくる(笑)。

宇田川　長年鍛えた勘ですね。

逢坂　古本を見つける場合と同じで。当時書き始めていた新聞小説の設定で、主人公が豚カツの旨い店を取材しているという場面で、この店を使ったんです。その後、機会があって行ったら、やはり旨かった。その時に、自分の勘はなかなか鋭くなったと思った(笑)。でも衣は、私好みの茶色の衣でなくて白っぽい。

宇田川　白っぽい衣はお好きじゃないですね。

逢坂　そうなんです。親父が深い中華鍋で揚げているのを見たら白っぽいので、これはちょっと外れかと思ったわけ。しばらく揚げてもまだ白っぽい衣を、鍋の壁に立てかける。さらに一〜二分揚げてから出してくれる。食べたら、白いにもかかわらず美味しかった。親父に、「壁に立てかけたのはどういう意味ですか」と聞いたら、あれは脂の部分だけちょっとよけいに揚げている。そうすると脂も美味しく食べられる。

宇田川　小技を使っているわけですね。店の佇まいを見て旨いか不味いかわかるというのは、やはり長年豚カツを食べてきた練達の技が冴えているからでしょうか。

逢坂　やけにきれいなお店は駄目なんですよ。油でちょっと汚れているというか、いかにも油が店に染みついているなという感じの店じゃないとね。白木のきれいな豚カツ屋でも旨い場合はありますが。

宇田川　豚カツは日本人の知恵から生まれた独特な洋食のひとつ。豚カツの起源みたいなものを探究したことは？

逢坂　そこまではしていませんが、さっき話した新宿の「王ろじ」は大正時代に開業された店で、豚カツという名称はここの初代が考えたと謳っている。証拠がないからわかりませんが。小説家柴田錬三郎の色紙「好店三年客をかえず好客三年店をかえず」なんかを飾っている。つまり、いい客は店を替えないし、いい店は客が替わらない。豚カツが棒状になって出てくるのは、たぶん豚肉を叩いて解体して、棒状に成形して揚げているからだと思う。だから筋なんか全部切れていて旨い。それに豚汁が抜群に旨い。ベーコンをその都度タマネギと一緒に炒めて、熱々の豚汁の中に入れて客に出してくれる。これだけで飯が食えちゃうくらい旨い。

宇田川　豚好きならば、そのバリエーションのカツ丼なんかもお好きですか。

逢坂　カツ丼も好きですよ。ただ、豚のソテーはあまり好きじゃない。しゃぶしゃぶもごくたまに食べるし、どーんと焼いてくれる豚もたまに食べますが、やはり豚カツが一番。豚カツで一番旨いのは、豚の一番旨い部位を揚げたもの。最近、三元豚とか桃園豚とか白金豚とか、ブタと読むのかトンと読むのかよくわからないが、そういう銘柄豚が多くなってきた。主に山形の平田牧場で開発しているわけ。私は、銘柄豚だから高くするというのは反対です。銀座の不二は、平田牧場が今みたいに有名になるまえから三元豚を使っています。

宇田川　東京ミッドタウンの中に平田牧場の直営店が二つあって、それぞれ値段を変えて差別化している。

逢坂　平田牧場が有名になって値上げしたために、不二はやむを得ず値上げした。親父が私に「九三〇円から、いくらに値上げしたらいいですか」と聞いたので、「いっそ、一二〇〇円くらいにしちゃったら」と言ったら、「それはできません。キリのいいところで一〇〇〇円とさせてもらいます」と。昼は八〇〇円から八五〇円にしたんですけど、その心意気がいいね。私は、三元豚でもなんでもない名もなき豚肉を、美味しく食べさせるのが本当の豚カツ職人じゃないかと思っているから、豚カツが高いのは許せません(笑)。

神保町カレー戦争

宇田川　神田神保町でカレー戦争が勃発したのが四〜五年前。以前、マスコミでずいぶん話題になりましたけど。

逢坂　今でも同様でしょう。カレーは安い、旨い、量が多いという一番典型的な料理じゃないかと思う。私はカレーにはうるさい(笑)。好みの問題だろうと思うが、神保町の四大カレーとか五大カレーといえば、まずボンディがありますね。それからマンダラ、共栄堂、エチオピアなど。ほかにも、北海道スープカレーのオードリーなんかのカレー専門店やカレーも食べさせる店を入れると、たぶん全部で四〇軒を超えるでしょう。

宇田川　どんな系統のカレーがお好きですか。

逢坂　私はあまりスープ系ではなくて、ドロッとしたカレーのほうが好きなんです、例外もありますが。いろいろタイプがあるけれど、欧風のカレーと、インド風のカレーやスマトラ風カレーなんかを含めて、大きく分けると欧風とインド系の二系統があると思う。どちらかというと私は、欧風のほうが好きなんです。その牙城が、ボンディやペルソナ。ボンディの親方は、フランスに行ってフランス料理の修業をして、フランス料理の技をカレーにつぎ込んだと言われます。

宇田川　私たち団塊世代が給食で食べたカレーはドロッとしていて、今は蕎麦屋とかにあるカレーに近い。

逢坂　日本風のカレーで有名なのは、新世界菜館。でも、日本風カレーを食べさせる店はほとんどなくて、神保町では新世界菜館だけじゃないかな。根強いファンがいる。もともと賄いだったんですが、中華だから出汁がいい。

宇田川　神田にはラーメン、豚カツ、カレーという和風の流れがある一方、ヨーロッパ風のラドリオとかランチョンとかの系統もあります。

逢坂　ラドリオはもともとシャンソン喫茶だし、ミロンガはタンゴ喫茶だから、バタ臭い雰囲気があるんですね。フレンチは、如水会館にジュピターという旨い店があります。ジュピターは東京會舘系ですが、東京會舘系の中では一番旨い。けっこういい値段ですが、ハレの日に時々食べます。いつもカレーと中華ばかりじゃ飽きちゃうから、旨いものを食いたいなというときにね。

宇田川　つまり神田では、値段の高い高級和食を除いて、街の中で日常食はほとんど賄えるわけですね。

EUとユーロがもたらしたもの

宇田川　逢坂さんはスペインの現代史の研究者でもあり、最初にスペインに行ったのが一九七一年。スペイン戦争の傷跡がまだ残っていましたか。

逢坂　終わってから三二〜三三年経っていたんですが、ビルの裏に砲弾の痕とか残っていました。

宇田川　当時の日本では、スペイン料理なんてほとんどありませんでしたか。同じくフランス料理も限られていましたけれど。

逢坂　数は少なかったが、なくはなかったですね。例えば、新宿のエルフラメンコとかギターラなどのフラメンコを観せる店、スペイン料理屋バレンシアとか、赤坂にはロスプラトスという古い店がありました。あの頃のスペイン料理は、スペイン料理なのかフランス料理なのかよくわからないものでした。主に、フラメンコと密接に結びついたアンダルシア地方の料理が多かった。ただ、本当に旨いスペイン料理は北のバスク料理だっていうけれど。

宇田川　バスクはフランス・バスクとスペイン・バスクに分かれているけれど、洗練されたフランス料理の影響が多少あるんでしょう。初めてスペインに行ったときに、やはり食に関してカルチャーショックみたいなものはありましたか。

逢坂　その頃、すでに日本でスペイン料理は食べていたんです。でも実際にスペインに行ってみると、似て非なるものなのかなという感じで。

宇田川　当時からバルというのはもちろんあったと思いますが、最近日本でちょっとブームなんです。レストランとバルは形態も違うし、中身も違いますね。

逢坂　バルに入るのは地元の人ばかりですから、ちょっと気後れしました。若かったこともあるし、スペインに行くためにスペイン語をちょっと独習したばかりだったので、興味が湧いてバルに入るようになりましたけど。それから何度もスペインに行くチャンスがあったので、気後れはなくなりました。言葉が少しわかるようになったし、バルは言葉の練習にもなる。スペインのバルはほとんど立ち飲みで、日本の居酒屋ですね。バルによって売り物が決まっていて、それをハシゴして歩くのが通だなんて言いましたね。

宇田川　タパス*とはもともと「つまみ」という意味だから、感覚的に日本人の食生活に合っているのかもしれない。料理のベースはニンニクとオリーブオイルで、日本の醤油に匹敵するようなものでしょう。ただフランス人などは、「日本人はなんでも醤油をかけちゃうし、ほとんど同じ味になるから味覚音痴にならないか」と嫌味を言う（笑）。先ほどバスクの話が出ましたが、スパインも地方によって食文化が違うと思うけど、料理の好みはどの地方のものですか。

逢坂　個人的にはフラメンコとか、極めてスペイン的なものを求めるとすればマドリードから南ですね。ただ食文化を求めるとすると北のほうへ行くし、いわゆる洒落て洗練された食文化になると地中海方面のバルセロナとかに分か

＊居酒屋兼軽食堂のバルで出されるオードブル（前菜）の小皿料理のこと。スペインでは夕食が午後九時以降のため、仕事のあと、バルなどでタパスを食べて、夕食までの時間をつなぐ。店によってさまざまな冷製・温製料理がある。

れる。それぞれ地方色が残っていて、自負があって、要するに地方分権制度がすごく進んでいますから、「おらが国が一番」という意識が強い。でも、ユーロを導入してからスペインらしさがなくなっちゃって、昨年も行ったんですが、あまり面白くなくなりましたね。

宇田川　シエスタ（昼休憩）の習慣もだんだんなくなってきているようです。昔は街の小さな店だと、午後四時くらいまで閉めていましたね。

逢坂　今のデパートはフルに一日中開いています。私が昔行っていた頃は、デパートだって午後一時から四時くらいまで閉店していましたからね。小さな街の商店は、今でも閉まっています。シエスタは効率が悪いから、EUに入って変わった。最初に行った頃は本当に素朴で、それから日本の高度成長期と同じようにどんどん新しくなって、古い伝統文化が失われていった。フラメンコなども、演奏者自体がフラメンコみたいなものは田舎っぽいと思っている節があるから、西洋音楽の洒落たリズムとか和音などを取り入れることで、とんでもなく変わった。

宇田川　EU以前は、「ピレネー山脈を越えるとヨーロッパじゃなくなる」と言われたりして、それだけ非ヨーロッパ的でフォークロアな風景や精神性が残っていた。

逢坂　スペイン人の生活水準が上がって、彼らにとってはもちろんいい部分もあるのでしょうが、私たちとしては、唯一、残っていた古き良き時代の面影がこれでなくなっちゃうと思うと残念ですね。日本も昭和三〇年代までは、家族の結びつきが強かった。それが高度成長とともに、だんだん希薄になってしまった。その傾向が、スペインでも起こってるんです。

宇田川　でもレストランへ行くと、ラテン系の血が騒いでお喋りだから、皆さんベラベラうるさい。最近、「二年間一時閉店する」と発表したエルブジ*はいかがですか。以前の熱気は沈静化したようですが。

逢坂　エルブジはスペイン人が作っているかもしれないが、スペイン料理ではないんです。いつも珍奇なものを求めているわけだから、半年休まなくてはいけないわけで

＊一九九八年からミシュランガイドの3ツ星を獲得しているスペイン・カタルーニャ地方のレストラン。通常、「高級地中海料理」と分類されているが、スペイン料理や地中海料理の領域を超えた独創的料理が評価されている。年間四〜九月の半年間しか営業をせず、残りの半年は料理の研究・開発に充てている。料理長フェラン・アドリアの休養のため、二〇一二年から二年間休業する。

しょう。その研究熱心さたるや見事だと思うけど、うーんという感じです。私も一、二度食べたことありますが、明らかに会席の影響。だったら、日本料理のほうがすごいなと思う。

江戸の「食」へのノスタルジー

宇田川　逢坂さんは池波正太郎と親しかったそうですね。

逢坂　親父が池波さんの小説の挿絵を長いこと描いていましたから、実は私の仲人もお願いしたのです。作家になるまえのサラリーマンをしている頃に。その後も亡くなるまでの一五年間ずっと、親父と連れ立って、毎年元日にご挨拶に行きました。池波さんが亡くなったのは二〇年前だから、かれこれ三五年前くらいですか。

宇田川　池波さんの作品を読むと、よく言われるように文章が簡潔で、リズム感とスピード感に圧倒される。

逢坂　私とはまったく違う作風で、参考になるというよりもすごいなと思う。私はどちらかというといろいろ調べて、一〇調べたことを下手すれば一二とは言わないが、七か八くらいまで書いちゃう。つまり、読者に自分の知識をひけらかすというよりも、こういう重大なことをぜひ知ってほしいと思う気持ちで書いちゃうわけ。ところが池波さんは、一〇調べても一か二くらいしか書かないわけです。

宇田川　一を知って一〇を知る。行間を読めということですか。

逢坂　行間にすごい情報が詰まっているものだから、サッと読むとなんだか薄い小説のように見えるが、読み終わった時の手応えが全然違う。つまり、簡単に書くことによって想像力をかきたてるわけです。池波さんの生来持って生まれた資質でしょう。

宇田川　逢坂さんによれば、長く読み継がれる作家、百年後に残る作品だと。

逢坂　そう思ってます。私もそうですが、読者が池波作品を何度も読み返すというのもよくわかる。すーっと読むから、すぐ忘れる。その都度、読み終わったあとに豊かな世界は残るけれど、すぐに忘れる。また読みだして最後までくると、「そういえば、まえに読んだかもしれない」となることがよくあります。だから再読にも堪えるし、百年経っても読み継がれる小説だと思う。本当の国民作家で、国民栄誉賞ものです。

宇田川　池波さんは食べ物の描写力や表現力に定評があり

ます。いかにも旨そうに書く。贅沢な高級料理志向じゃなくて、ごくありふれた食べ物に愛着を見せますね。

逢坂　あの方は、グルメと呼ばれるのがすごく嫌だった。しかし、美味しいものには目がなかったようです。必ずしもフレンチの高級なものではなくて、日常その辺に転がっているもので、美味しいものに目がなかった。子どもの頃に下町に住んでおられて、町の雰囲気とか、食べているものとかが、江戸時代から続いていたものなんですよ。一九二〇年代初めの生まれですから、江戸時代が終わってから半世紀ちょっとくらいでしょう。だから、お母さんやおばあさんの作られたものは、江戸時代に作られたものとさして変わらなかった。そういう記憶が池波さんの小説にもろに出てくる。

宇田川　池波さんが描く食べ物ワールドの魅力というのはなんですか。

逢坂　今では食べられなくなったものが食べることができないというのは、作らなくなっただけです。食べようと思えば食べられるが、食生活が変わった今では食べられなくなった美味しいものが出てくる。それが読者の古い記憶を呼び起こし、ノスタルジーを感じさせて、自分でも作ってみようかという気にさせる。私も池波さんの小説を読むと、そういえば子どもの頃に、名前はわかりませんが旨いと思って食べたなと、そういう記憶がありますね。「腹さえ減っていればなんでも旨いんだ」という、人間の食の原点みたいなものを呼び起こす力があるのではないでしょうか。

宇田川　作品の中で季節感をうまく出したり、料理をたくさん見せたりして、今は失われたノスタルジーみたいなものをかきたてる。

逢坂　まさに季節感ですね。季節感がなくなってしまっているものを思い出させてくれる。我々が子どもの頃は、まだありましたよね。

宇田川　再現できる料理がたくさんあるわけですね。

逢坂　そうそう、多少手間はかかるかもしれないが。今は簡単にレトルト料理とか、昔に比べて手間をかけて料理することが格段に減ってしまったから、そういうものに対するノスタルジーをかきたててくれる。実際に料理を作っている人もいるんじゃないですか。いくらでも江戸の料理は再現できるし、本を見ればわかりますが、酒のつまみ程度のものも多い。そんなに難しい料理はないです。

宇田川　池波さん自身は、実際に江戸の人たちが作っていた料理を再現したんですか。

逢坂　そういうケースもあったかもしれないが、必ずしも江戸の料理本で勉強されたとは思いません。自分が小さい時に食べたものの記憶ではないかと思います。ご自身で創作した料理もあるだろうと思います。日常的に、奥さんに作らせたりということをしていたのではないですかね。

宇田川　先ほどの話では、池波さんは「グルメ」とか「食通」という言葉がお好きじゃなかったと。食通という立場はなかなか難しいスタンスだと思いますが、食通とかグルメって一種の精神性なんですよね。池波さんは、たとえ安い食べ物でも食べる楽しみを知っていたことが素晴らしいですね。

逢坂　それと嗅覚ですよね。どこで美味しいものを食べられるか、この店だったら何が美味しいだろうかという嗅覚。古本探しも同じことで共通していると思います。自分の好きな道をずっとやっていくという執着力があれば、自然とそうなる。

宇田川　例えば食通とかグルメというと、偏った排他的なイメージがあって、この言葉からはネガティブな連想が出てきちゃう。高級料理だけじゃなくてB級もジャンクフードも軽んじないという、そういう幅を持っていることは非常に大切ですね。

逢坂　食通とかグルメって何か抵抗がある。自分からそんなことを言ったことはありませんし、呼ばれても居心地が悪い。私の場合は、むしろ相当好みが偏っている。美味しいものが好きだということならよいが、食通とかグルメと言われることにはすごく抵抗があります。それによって、いい気持ちになる人もいるかもしれないが、私や周りの人間はみんな、美味しいものは好きだけど、グルメなんかと言われたくない。

宇田川　私にとって食通のイメージというのは、ともかく他人の食生活を認めること。国によって食文化も違うし、個人の流儀の違いもあるじゃないですか。それを全部、頭から駄目だって言ったらまずい。

逢坂　食通というのは、どんなものでも食べたくないと言わない。どんなものでも、とにかく食べてみるという好奇心を持った人ではないかと思います。普段どの国でも、人々が食べているものはとりあえず食べてみる、試してみると。食に対して好奇心の貪欲な人が食通ではないでしょうか。

宇田川　それでは、最後の晩餐に食すものは？

逢坂　洋食も和食も含めて、日本で食べるものが最高ですね。和食はその代表と言ってもいいのかもしれませんが。スペインでもどこの国に行っても、その国で食べるものと同等か、それより美味しいものが日本で食べられるというのはすごいことで、日本で美味しいものを食べて死にたいですね（笑）。難しい質問だけど、豚カツにカレーをかけて食うカツカレーですかね。

宇田川　本日はありがとうございました。

◆二〇一〇年四月

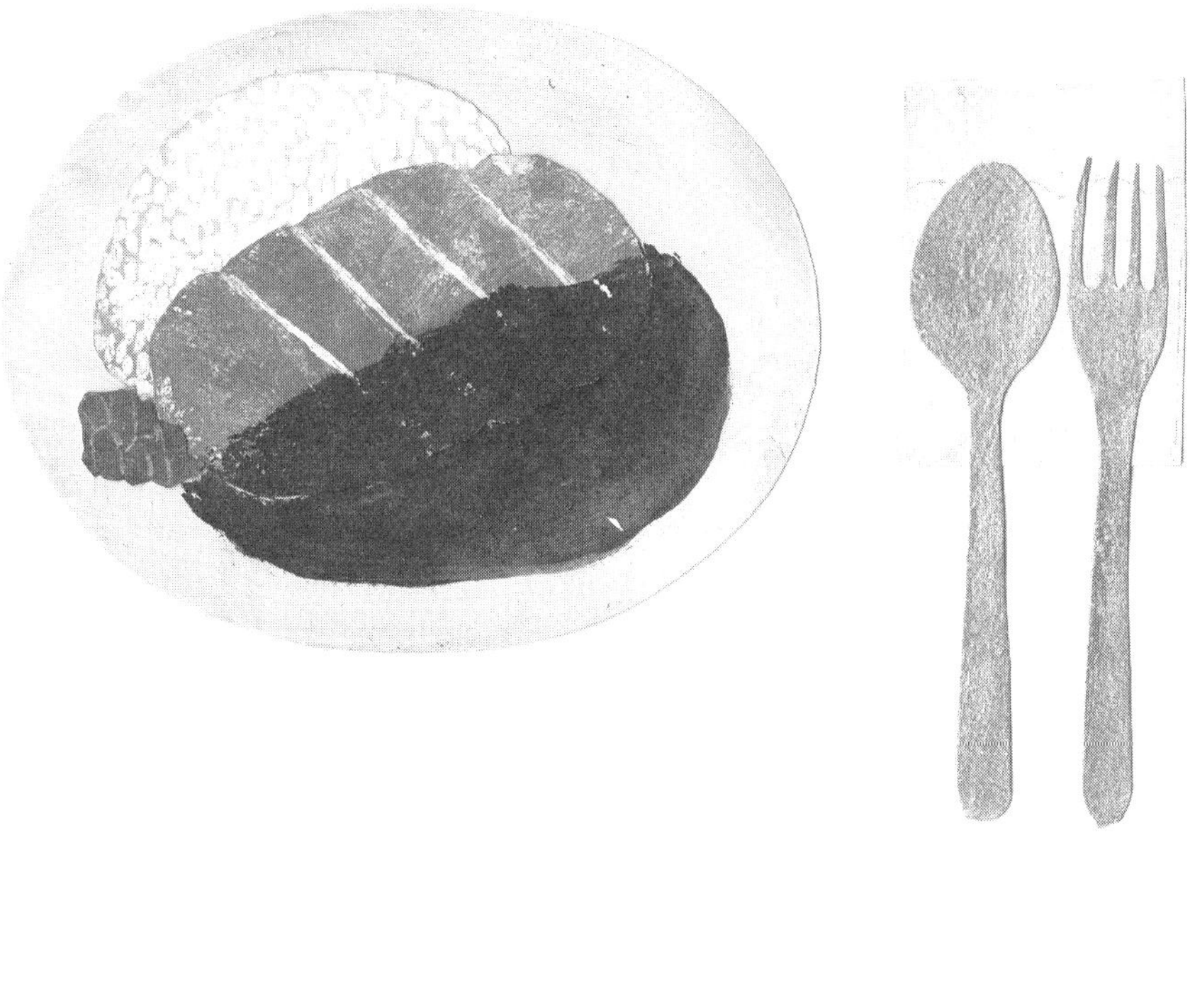

岸《きし》 朝子《あさこ》

Last Supper
12

「おいしゅうございます」は感謝の心

食生活ジャーナリスト。1923年、東京都生まれ。女子栄養学園(現・女子栄養大学)卒。32歳で主婦の友社へ入社、4人の子どもを育てながら料理記者としてのキャリアを積み、その後、雑誌「栄養と料理」編集長を経て、料理専門の編集企画会社エディターズを設立。料理・栄養に関する雑誌・書籍を多数出版。また、93年よりテレビ番組「料理の鉄人」の審査員を務める。97年に食生活文化金賞(財団法人日本食生活文化財団)、99年にバッカス賞(オーストリア政府)、2006年に農事功労章シュヴァリエ(フランス政府)ほか、受賞多数。著書に、好評の「五つ星」シリーズや『岸朝子のおいしゅうございますね。』『岸朝子の取り寄せでおもてなし』『ごはん力!』(共著)、近著に『イタリアン手帳』など多数有り。

栄養と健康の一体化

宇田川　昭和三〇年から五五年間、料理記者として日本の食や食生活を見続けてきたのが岸さん。食とかかわるきっかけは、昭和八年に創立された女子栄養学園（今の女子栄養大学）に入学したことですね。もともと料理はお好きだったんですか。

岸　食いしん坊でしょうね。私の父がカキの養殖を学ぶためにアメリカに渡って、ハウスボーイをやりながら学校に通ったりして。だから、当時としては珍しく、我が家で料理を作ってましたし、食べることを大切にしていた。私も結核だと言われて、家族の中で一番危ないよと言われてたのに、運良く生き延びた。だから食べることには、母も父もうるさかったですね。

宇田川　女子栄養学園に入るのにお父さまが猛烈に反対したとか。

岸　いやいや、女子栄養学園はOKだったんですよ。本当は文化学院に行くつもりだったのね。でも、父が良からぬ噂を聞いてきて、文化学院は反対したの。これからはファッションより料理だと。父がよく言ってたのは、「洗濯、裁縫、掃除、お花などは人に任せてもよいが、料理は命にかかわるものだから、人任せにしてはいけない。人に指示できなければ駄目だ」。当時は二一歳頃までにお嫁にいくのが普通で、皆さん良妻賢母を養成する花嫁修業をしていたのね。

宇田川　女子栄養学園に入るきっかけになったのが、美味しいロールサンドを食べたからだそうですね。

岸　東京府立第三高等女学校（現・東京都立駒場高等学校）を卒業した昭和一六年頃に友達の家に行ったら、薄切りの食パンにバターを塗って、焼海苔をのせて、ぐるぐる巻いたロールサンドを出してくれたんです。食べ物がまだ困るほどじゃなかったけど、焼海苔のロールサンドなんて食べたことがなかったの。あんまり美味しくて、「これ、何？」ってびっくりしてね。バターと海苔って合うんですよ。友達のいとこが女子栄養学園で習ったと聞いたので、ロールサンドの旨さに釣られて、入学することに決めちゃったわけ（笑）。

宇田川　学園の教育方針は岸さんの原点になっていると思います。つまり、栄養と健康を一体化させる。

岸　学園長の香川昇三・綾夫妻は医者だから、病人をつくらないための食事の普及という考えから、学園を創立されました。医療と栄養は健康的な生活を送るための車の両輪、というのが学園の信念。だから、食べることとはどういうことか徹底的に教わりました。料理教室で教えていたような、曖昧な要素を全部数値化したわけ。ストップウォッチで時間を計ったり、フラスコで調味料の量を量ったりしてね。戦前の国民病といったら、脚気と結核よね。どちらも栄養のバランスがよい食事を摂れば妨げる。これをなくすためには食事が大事だと。授業は、午前中は東大から来る学者から、栄養学とか食品学、食品加工を本格的に学んで、午後になると料理の実践編で、一流シェフから和洋中の手ほどきを受けた。何をどれだけ食べたらいいか、それを美味しく食べるためにはどうしたらいいかを勉強したわけです。

宇田川　女子栄養学園に白紙の状態で入学して、いわば洗脳されちゃった（笑）。卒業してから、千葉方面でカキの養殖に携わったとか。

岸　主人は陸軍士官学校を卒業した人だったんですけど、私の叔父が戦地で一緒だった縁で結婚しました。戦争が終わって、主人は職を失った。私の父はアメリカでカキの養殖を学んで、種カキの輸出を始めたこともあって、「世界のカキ王」と呼ばれていたのね。養殖なんかまったく知らない主人も、一緒に仕事を手伝うようになったわけ。場所は千葉県のほうで、海軍が潜水艦を避難させるために人工的に掘った入江。カキの養殖場としては、うってつけの場所でした。だけど入江が砂で埋まるようになっちゃって、思うようにカキが獲れなくなったの。それで七〜八年後に、他人に譲って東京に引き揚げてきました。

宇田川　お父さまは大変な業績を残された方のようですが、学者タイプだったんですか。

岸　集中力はすごかったから、そうかもしれませんね。でも、そのせいかもしれないけど、事業は下手だった（笑）。あんまり熱心に研究するものだから、母は父がおかしくなったかなと思ったくらい。

料理記者〈岸朝子〉の誕生

宇田川　東京に出てきて、主婦の友社の入社試験を受けました。そのとき、岸さんはすでに三人の子持ちで三二歳、しかも七ヵ月の身重というハンデを負っていた。何か大きな目標でもあったのですか。

岸　当時は食べていけなかったから、生活費を稼ぐためですよ(笑)。でも、「水商売と泥棒だけはやめようね」って主人と話していたの。主婦の友社の公募に、「料理好きな家庭婦人を求む」なんていうのが出てたんです。それで書類審査を通ったら、筆記試験と面接があって、その次に三次試験が月曜日から土曜日まで六日間。交通費と日当はもらいました。編集長の話を聞いて文章にまとめたり、写真の説明を書いたり、「子だくさんの家庭の食事について、献立を作りなさい」というような取材をして原稿を書かされたり。応募が三五〇人くらいあったらしく、講堂がいっぱいになるくらい。採用されたのは七人。三〇歳を過ぎていた私のことを気の毒に思って、採用してくれたんじゃないですか。受けるほうも受けるほうだけど、身重の女性を採るほうも採るほうよね(笑)。

宇田川　大勢の中から採用されたのだから、もちろん人間性とか実力もプラスされたのでしょう。入社してからずいぶん苦労されたとか。

岸　だって編集なんてなんにも知らないもの。入社してから実地試験があるのは、主婦の友社だけでしょうね。最初は先輩が書いた原稿をペンで清書させられたの。考えてみたら主婦の友時代は、ずっとペンにインクをつけて書いていた。それにね、毎日、仕事の日記を提出させられました。「今日は組合の新人歓迎会がありました」なんて書いたら、「組合は会社の仕事じゃありません」と、真っ赤に添削されて返ってきた。でも、読者にちゃんと伝えられる原稿を書かなきゃ意味がないでしょ。主婦の友で鍛えられたのは良かったかもしれない。

宇田川　岸さんの文章は話し言葉みたいに、スーッと頭に入ってきてとても読みやすい。主婦の友社時代の特訓の賜物ですね。雑誌には硬い記事から軟らかい記事まで掲載されているわけだけど、当時は食べ物の記事を書く記者は、硬派な記事を書く記者から差別されたのですか。

岸　確かに蔑みの言葉が残っていたわね。「鍋釜記者」って呼ばれていましたよ。でも、「鍋釜がなかったら、人間生きていけないじゃん。何を食べて暮らすのよ!」って、よく喧嘩してましたね(笑)。三輪車という言葉もあった。「記者は記者でも、足で踏んで回す三輪車」って蔑まれていた。主婦の友社だけじゃなくて、ほかの編集仲間でもなんとなく差別語があったわね。私は二一年前に、食生活ジャーナリストの会を立ち上げたんですよ。当時の差別に反発があったのかもしれませんね。

宇田川　やがて主婦の友社から、女子栄養大学出版部の雑誌「栄養と料理」の編集長に就任して、一〇年間務められた。画期的な企画を実現したり、ビジュアル重視の紙面作りが話題になって成功しました。

岸　香川綾先生から戻ってこないかと言われたり、尊敬する料理研究家の辰巳浜子*先生から、「女が何かを始めるのは四〇代がいい」とも言われたりしたので、主婦の友社に退職届を出したんですよ。でも、編集長に私みたいなミーハーが就いたので、おかげさまで部数が倍増したわ。綾先生には、「あなたがやりたいことをやりなさい。でも、学校を潰しちゃいけないわよ。卒業生の故郷《ふるさと》だから」と助言されて、やりたいことをやらせていただきました。例えば、アドバイスのコーナーね。著名人の食事内容を女子栄養大学の先生に診断してもらって、野菜が足りないとか脂肪が多いとか。ほかにも食品公害や添加物の社会的な問題も取り上げたり。それに活字を大きくしたりして、紙面を工夫して、ともかく読者に読んでもらうことだけを考えたの。

＊（一九〇四―七七年）草分け的存在の料理研究家。料理は独学で、家庭でのおもてなし料理が評判になる。著書に『娘につたえる私の味』『料理歳時記』『みその本』『暮しの向付』などがある。

宇田川　当時にしては珍しく、食べ歩きの記事も掲載されたとか。一般の女性誌に先駆けて。

岸　食べ歩きのはしりですね。当時はそんな記事、ほとんどなかったんですよ。「おいしんぼ横丁」というようなタイトルにして、地域限定の記事を載せたり。例えば、赤坂なら赤坂見附付近に絞って、みんなで交替で取材したり。そのほかにも「日本の食事」というようなタイトルで、日本各地の料理とか食生活を紹介するとか。でも、軽い記事とかを入れたりしてたから、「栄養と料理」は堕落したって非難されたのね。

食べ物へ敬意を払う

宇田川　ところで、避けて通れないのが、七〇歳の時のテレビ出演。フジテレビの「料理の鉄人」の審査員として一躍有名になりましたが、それまでテレビ出演を考えたことはあったのですか。

岸　ないですね。七〇歳になった記念だと思って、出演をＯＫしたの。テレビ関係者から頼まれて、いろんな料理人を紹介したりしていたの。「いるわよ、こんな人が」と推薦したり。ついでに「テーマ、こんなのもあるんじゃないの？」

とか、「テーマがなくなってどうしましょう?」と聞かれたから、「お野菜だってあるし、肉と魚ばっかにこだわらないで」とか。「牛乳なんかもね、テーマになるわよ」と言ったら、牛をスタジオに連れてきて、乳を絞ってるの(笑)。

宇田川　キャッチフレーズの「おいしゅうございます」が一躍、全国津々浦々に広まった。当意即妙の言葉だったんですか。

岸　違う違う(笑)。「脚本にあったんですか」と質問した新聞記者がいたけど、あの言葉は大正生まれだったら当たり前で、みんな使いますよ。「けっこうでございます」とかもね。今の人には珍しいのよ。だから、「おいしゅうございます」のおばさんと呼ばれたこともあったわ。

宇田川　近頃は外国人が「もったいない」という言葉を使ったりしているけど、そういう一連の言葉は、私たちの世代にとってても忘れられません。その言葉を通して、食べ物や食べ物を作る人たちへの敬意や感謝を表す。

岸　一粒の米が育って一杯の御飯になると思えば、動植物から命をもらって、私たちは命を支えているのだから、感謝するのは当然なの。料理を作ってくれた人とか、食材を提供してくれる農家の人とかに感謝する言葉なんですよ。昔は、お弁当の裏蓋にくっついた米粒を、「もったいない」と言って食べたでしょ。一粒の御飯はお月さまに見えるとか、象の目に見えるとか、私の祖母が言ってましたけど。今の若い人たちは残ったものは捨てればいいと思っているけど、とんでもないことよ。飢えたことのない若い人たちには、「もったいない」なんて言葉は通じないかもしれないわね。

宇田川　「料理の鉄人」は勝ち負けのある番組ですから、岸さんの言葉は、負けた人に対する思いやりの言葉としても使われていたわけでしょう。

岸　長い付き合いのある料理人から、「料理でね、試合をするっていうのはとんでもないこと。本当は良くないこと」と忠告されたわけ。それで、作った人に敬意をこめて、「負けた人にはね、労いの言葉をかけなさい」と、「必ずいたわりの言葉をかけなさい」と言われました。

宇田川　番組は時代が求めていたのかもしれない。勝ち負けを取り入れたのは画期的でしたね。先ほど、弁当の裏蓋に付く米粒の話をされましたけど、岸さんは日頃からお米が命とおっしゃってますね。

岸　本当にお米は日本人の命綱。お米というのはエネルギー源であるばかりでなく、良質なタンパク資源でもあります。お茶碗一杯の御飯に含まれるタンパク質の三・八グラムは、牛乳の約二分の一本分に充たるの。今の人たちはみんな、お米がないという状態がどれだけつらいかわかっていないでしょ。戦前戦後は食べるものが底をついていたから、それこそイモの蔓から葉からなんでも食べる時代でした。栄養のバランスなんて考えられなかった。小麦粉を練って水団《すいとん》を作ったり、茶殻の佃煮を作ったりしてね。戦後は外地から引き揚げてきた日本人で人口が増えて、食料が足りなくなった。少ないお米を雑炊にして、食べ延ばしたりしたもの。だから、米びつに手を突っ込んだ時に感じる、お米のざくざくという手触りは、私にとって幸せの原風景ですね。本当に厳しい時代でした。白い御飯を一日三度食べることを夢見た時代ですよ。

日本の食卓の崩壊

宇田川　今は夢見た時代が実現したけれど、同時に現代の食の崩壊は凄まじい。言葉がないくらい唖然とする食卓の風景もあります。決して特別な食卓の風景じゃなくて、むしろ一般家庭の食卓だから驚く。近頃は、朝御飯を食べないで学校に行く子どもが多いそうですね。

岸　幼稚園や保育園の先生方が聴衆の講演会で、朝御飯の大切さを言いますでしょ。そんな話をしたら、先生が言うには、「朝御飯、食べさせなくちゃいけないんですか」と、若いお母さんに聞かれたそうなの。子どもたちに朝御飯を食べさせないで連れてくるお母さんが多いという。零歳の子どもは別にして、朝御飯抜きの幼児は元気がないばかりか、時には「お腹がすいた」と泣き出す子もいるとか。仕事を持つお母さんの忙しさもわかるけど、子どもは大人に比べて食べる量が少ない。エネルギーをすぐに使い果たすわけ。朝、元気がないのは当たり前。だからこそ朝御飯を食べさせなきゃいけないの。「命は食にあり」ということですよ。

宇田川　人間の味覚は幼少期に形成されるという説もあるし、性格にも影響するとも言われています。

岸　動物性のタンパク質を摂りすぎちゃうと、落ち着かなくなってイラつくのよ。イライラというと、普通は心だけを問題にしがち。でも、そういうときに御飯をきちんと食べてほしい。私の母がよく言ってたんだけど、「悲しんでいる人には、美味しい御飯を食べさせなさい」。そのあとに必ず、「美味しいものを食べている人は怒らない」と付け加える。もともと日本人は肉食の習慣がなくて、タンパク質は主に大豆から造る醤油や味噌、納豆なんかで摂っていたわけね。それに核家族化や家庭の崩壊も関係があるでしょう。お年寄りを大事にするとか、お年寄りの知恵から学ぶことをしなくなっちゃった。家族で食卓を囲むことがとても少ない。食卓というのは会話も大事だし、子どもたちの会話能力や思いやりの心を育て、人間関係を学ぶ場なんです。昔から「同じ釜の飯を食う」という言葉があるように、人と人をつなげるものなのよ。お母さんをはじめ家族みんなが努力して、せめて一週間に一度くらいは家族揃って食卓を囲んでほしいわね。

宇田川　ひとりで食べるという、家族や友達との会話がまったくない孤食の問題。食べる楽しみのひとつは、食卓を囲んで賑やかに話したりすることでしょう。

岸　私は二〇年くらい前から、「食卓の崩壊は家族の崩壊」ということを言ってるんですよ。びっくりしちゃうけど、子どもは家でもひとりで食べているわけ。タクシーの運転手で、ボランティアで非行少年の施設に行って、面倒をみている人が言うには、少年刑務所に入っている非行少年は、みんな壁を見て御飯を食べているという。最近は、上役が部下のサラリーマンに、「おい、飯を食いにいこう」と誘っても、「僕、いいです」と断るらしい。お弁当買ってきて、ひとりで食べる。それに女の人がね、楽をしたいから、自分が一番大切だから、疲れたと言っては料理を作らない。日曜日の朝でさえ何も作らないで寝てる。食卓の会話がないのね。食べ物はお腹がすいたから食べるだけじゃなくて、加えて心を満たすものなのね。みんな心が寂しくなってるの。

宇田川　孤食にしても中食《なかしょく》にしても、ファストフードにしてもコンビニにしても、食の問題はそれぞれ複雑に絡みあっています。時々テレビで流しているけれど、女の子の部屋が出てきても、部屋が汚れているのは当たり前だし、台所には大量のゴミが溜まっていて、使った形跡がない。だから調理器具も包丁もない。

岸　食器もまな板も鍋も何もかもない。ある時、宅配さんがね、夕方届けに来てくれたので、私が「あなた、お茶飲む?」と聞いたら、「はい」って答えるわけ。「じゃ、葉っぱの入ったお茶の袋をあげる」と言ったの。「葉っぱですか?　いりません」「なんで?」「淹れる道具がない」。鍋があったら茶漉しで漉せばいいけど、茶漉しも何もない。嘘みたいな本当の話。日本茶もペットボトルの時代ね。

宇田川　笑って済ませられないですね。岸さんは昭和四〇年代が日本人の食生活の曲がり角と言ってますが。

岸　本当に日本人の食生活は、取り返しがつかないくらいに変わりましたね。戦後しばらくは、みんなが貧しかったから「胃袋で食べる時代」でした。昭和三〇年代は舌で食べる時代。ちょうど米の生産量と消費量のバランスがとれて、みんながお腹いっぱいに食べられるようになった。そうしたら、次は美味しいものを食べたいとなりますよ。私が主婦の友社に入社した四〇年代の頃を、私は「目で食べる時代」と呼んでるの。料理本が売れたり、料理学校や料理教室が出てきたわけ。とりあえず食べるだけから、料理を勉強したり、作ることに興味が向かったのね。住宅事情も良くなって、人を招待することも増えたし、器やテーブルセッティングも知りたくなるでしょ。だから一番の曲がり角は四〇年代ですね。この四〇年代にファストフードとか、インスタント食品とかが出てくる。

宇田川　次の昭和五〇年代は、「頭で食べる時代」とおっしゃってますね。

岸　私が「栄養と料理」を辞めて今の会社、エディターズを作ったのが昭和五四年。この時代は、お金さえあればなんでも手に入れられるし、好きな時にいくらでも食べられたわけです。五〇年代はまだ、かろうじて家で料理を作る文化が残っているけど、今は外食が多くなって、外で買ってきたものを食べる「中食」の時代。五〇年代というのは生活習慣病という、新しい問題が出てきたのね。美味しく感じるものは脂肪分や砂糖が多くて、カロリーオーバーです。交通が便利になったし、歩くことも少なくなって、エネルギー消費が少なくなった。この問題は今に続いています。

「食」の欧米化と食育

宇田川　最近は「食育」が注目されて、健康に気をつけて美味しく食べることへの関心が高まっている。本来は当たり前のことなんでしょうけどね。

岸　講演会なんかに呼ばれて、お母さんたちに話すのは、「一品でもいいから手作りのものを食べさせなさい」。子どもたちもあれこれ文句を言うまえに、お母さんが作った料理を食べてみる。それで美味しかったら真似して作る。作るのは楽しいものよ。それが人としての暮らしだと思うし、人としての資格だと思うわけ。

宇田川　日本の食の崩壊の原因は、戦後一貫して食生活がアメリカナイズされたことが大きい。そういう意味で、ご両親が生まれた沖縄では、本土に先駆けて「食のアメリカ化」が顕著に現れているでしょう。岸さんは早い時期から、本土も沖縄化するとおっしゃっているけど。

岸　沖縄というのはアメリカに占領されていたでしょ、二七年間も。だから関税がなかったから、牛肉とかハムがタダみたいに安かったの。今でも肉は安い。値段は半分くらい。沖縄は占領されている間ずっと、本土の日本人より、ハンバーグやフライドチキンをたくさん食べていたわけ。アメリカと同じように食べていれば病気になりますよ。沖縄料理は「豚に始まり豚に終わる」と言われるほど、豚肉をよく使うの。古くから豚肉をよく食べるだけじゃなくて、魚介類や豆腐などのタンパク質を多く摂るし、緑黄色野菜や海草、イモの摂取量も多い。バランスの良い食品構成よね。名物のゴーヤーチャンプルーなんかも油を使うし、出汁が濃いので塩味が薄くて、血圧を上げる食塩の摂取量が少ないことも特色ですね。

宇田川　沖縄は地政学的にも食文化圏にしても、日本や中国の影響を受けていますね。一方、沖縄を有名にしているのが長寿。その理由は？

岸　気候が温暖ですよね。食生活が貧しかったから、なんでも食べる。女の人たちはあまり外食しないでしょ。昔から昆布をよく食べたわね。今でも、老人も子どももゴーヤーチャンプルーとか伝統料理を喜んで食べている。でも、最近は前より食べなくなって、昆布の消費量が減ってきちゃった。那覇や首里など都会の子どもたちは、伝統料理をあんまり食べなくなっているみたい。父の出身地は世界一の長寿村と言われるところで、一〇〇歳を超える老人がごろごろいるの。みんなちゃんとひとりで暮らしているわけ。沖縄では老人を敬い大切にするため、老人が元気。

宇田川　七〇、八〇は鼻垂れ小僧だそうですね（笑）。

岸　そうそう。八〇、九〇は働き盛り。私は沖縄に住んだことはないけど、一〇〇歳まで生きるっきゃないかなと（笑）。

宇田川　食生活のうえで気をつけていることはなんですか。

岸　女子栄養学園の卒業生だから、戦前は「魚一、豆一、野菜四、主食は胚芽米」と習ったわけ。つまり、お魚一〇〇グラム、豆腐や納豆の大豆製品が一〇〇グラム、それに野菜が四〇〇グラムと教えられました。戦後は野菜が五〇〇グラムと言ってるけど、要するにバランスよく食べましょうということ。今でも私が実践しているのは、香川綾先生が考案した「四群点数法」。つまり、卵や牛乳、魚と肉、大豆食品、緑黄色野菜を含む野菜やイモ、果物をきちんと摂って、御飯や麺類、パンなどの穀物を欠かさずに食べる。でも、食べすぎないことを肝に銘じて、健康長寿でありたいと思っています。

宇田川　相変わらずお忙しいと思いますが、きちんと三食食べていますか。

岸　ほとんど二食ですね。牛乳は必ず飲んでいる。朝飲むときもあるし、夜飲むときもあります。おかげさまで五〇代の骨密度だって言われてるんですよ(笑)。ほかに二〇〇グラムの果物を食べるの。グレープフルーツとリンゴをミキサーにかけて。グレープフルーツは外の黄色の皮だけを剥いて、中の薄い皮は付けたままザクザク切って、リンゴはよく洗って、芯だけ抜いて皮ごとね。卵は本当は一個食べればいいんだけれど、未亡人になってから朝は仕度をしないから、まとめて食べます。地方に行くときは、新幹線に乗って、ビールと茹で卵二個入りを買って、二個食べれば二日分でしょ。ほかにはオムレツやオムライスを食べたり、鮨屋で玉子だけをつまみに食べる。こうすれば卵の足りない分を補えるのね。

宇田川　人生最後の晩餐ですけど、やっぱり白い御飯ですか。

岸　日本人の血のせいでしょうかね、やっぱり御飯ね。思い出すのは、戦後すぐに寄宿していた農家のおばさんが、炊きたての白い御飯に黄金色の味噌を塗って、おにぎりを作ってくれたこと。あれは夢のおむすびで、忘れられない味ね。

宇田川　白米なら味噌汁が付きもの。どんな種類の味噌がお好みですか。

岸　お味噌は子どもの時から慣れ親しんでいる信州味噌がいいわね。甘くなくて、しょっぱい味噌なら最高。具はジャガイモとタマネギね。

宇田川　本日はありがとうございました。

◆二〇一〇年七月

田崎真也《たさき しんや》

Last Supper
13

一期一会の「食」のサービス

ソムリエ。1958年、東京都生まれ。83年、第3回全国ソムリエ最高技術賞コンクール優勝。95年に、第8回世界最優秀ソムリエコンクールで日本人初の優勝。96年、都民文化栄誉章受章。99年、フランス農事功労章シュヴァリエ受章。2006年、東京マイスター知事賞受賞。08年には、農林水産省「食料自給率戦略広報推進事業」FOOD ACTION NIPPON推進部の食料自給率向上推進委員に就任。08年、現代の名工受章。10年、国際ソムリエ協会会長に就任。ワインスクール、フレンチレストラン、創作和食、イタリアンレストランの経営のほか、セミナーやコンクールの主催など、幅広い活動を展開している。主な著書に『「和」の食卓に似合うお酒』『接待の一流』『サービスの極意』ほか多数、近著に『言葉にして伝える技術』がある。

日本人の意識とワイン・ソムリエ事情

宇田川　田崎さんが一九九五年の世界コンクールで優勝してからすでに一五年、日本でのワイン事情、例えば消費量とか日本人の意識に劇的な変化はありましたか。

田崎　優勝していろいろなメディアに取り上げていただいたことで、ソムリエという言葉が定着しました。その後、ソムリエが増えたり、ソムリエという単語がひとり歩きしたり、ちょっと間違った方向に進んだこともありますけど、ソムリエ自体の知名度が高くなったのは素晴らしい。ほかにもワインの価格破壊が起こって、国産メーカーから五〇〇円を切るワインが発売され、ワインがより身近になり、家庭でも飲まれるようになりました。いずれにしても日常酒の中に根づいてきた。それまでワインとは無縁だった和食店でも置くようになってきた。つまり、かなり広範囲の飲食店でサービスされるようになりました。さらにワインに対する知識欲が高まり、マスコミにも取り上げられ、ワインに関する書物がたくさん発売され、雑誌なんかに盛んに取り上げられるようになった。一般の方でワインを覚えてみようという人たちが増えてきてます。それは各国に比べて、特に日本で一般人を対象にしたワイン学校が多いことでもわかると思う。そういう相乗効果があって、大きな変化がありましたね。

宇田川　確かにフランスでも、一般人が通うワインスクールはほとんどないですね。また日本のワイン消費量も、年間一人当たり一本くらいから約三本に増えた。

田崎　でも、日本人一人当たりの年間消費量は、まだ下から数えたほうが早いぐらい。例えばフランスやイタリアでは、アルコール消費量のかなりのウエイトをワインが占める。最近はビールの消費量が上がってきているけれど、相変わらずワインの消費量は大きい。反対に日本とか韓国はほかの飲み物のウエイトが大きいので、人口一人当たりのアルコール消費量は少ないですね。

宇田川　フランスの場合だと、年間一人当たりのワイン消費量は、昔に比べれば大幅に減ったといってもまだ多い。日本の年間一人当たり約三本は上限でしょうか。

田崎　九七年に三リットルを超えたぐらいまでいったんです。翌年、余りすぎちゃって輸入量が減り、ワインブームが去ったなんて言われたんですけどね。近年は全体の消費量が下がっていて、特に男性が飲まなくなってきて、昔に比べて相対的に消費量が下がっている。ただ問題は構成比にあって、日本酒やビールや焼酎、さらには最近のハイボール人気によるウイスキーなどの消費動向の影響も大きいけれど、結局一人ひとりが飲むアルコール量はそんなに変わらない。ワイン大ブームでほぼ倍増したわけですけど、今後何かのきっかけで五リットルに増えることはないでしょう。

宇田川　アルコール飲料消費量全体の中のワイン消費量はまだ一～二パーセントぐらい。日本人の生活スタイルがヨーロッパ的になったといっても、現実にはワインの消費量は少ない。

田崎　しかも六〇パーセント前後は、東京を中心にした首都圏で飲まれています。東京と横浜だけで二〇〇〇万人、埼玉や千葉を入れると四〇〇〇万人近い。大阪圏が二位といってもガクンと離れている。それに山梨などで生産される国産ワインの消費量は五〇パーセントに近い。主に調理場のワインとして使われていたり、首都圏で飲まれています。全国的に見ると、生まれてこのかたワインをほとんど飲んだことがない人たちが多いですね。

宇田川　ワインが本格的に飲まれるようになってから、まだ日が浅い。それでも戦後、何度かワインブームがありましたね。

田崎　洋食が主体となった結婚式で、魚料理のときに義理で注がれた白ワインを味もわからないまま飲むとか。結局は日本酒とビールとウイスキーが飲まれたわけですが、白赤ワインは飲まれずにテーブルの上に残っている状態でした。醸造の歴史が一三〇年ぐらいで、輸入はもうちょっと古いけれども、食の洋風化に伴って本格的に飲まれるようになったのはごく最近のこと。それに伴い日常向けの低価格なワインが増えてきました。

宇田川　日本は世界中からワインを輸入しているけれど、世界にはまだ秘蔵ワインがあるのですか。

田崎　実は、輸入ワインの半分はフランスワインで、そのまた半分がボルドー。やはりボルドーはブランドなんですね。フランスのボルドーやブルゴーニュ以外のワインは今でもレストランで売りづらい。実際にロワールとか南仏とかのワインなど、コストパフォーマンスの高いものはたくさんあるんですけど、なかなか飲まれていないのが現状。それに売る側の知識のレベルもまだ低い。レストランに来るお客様が、特に今日はボルドーを飲むぞって思っていないにもかかわらず、ソムリエがお薦めするのがブランドのボルドーワインだったり。ソムリエという仕事の本来の役割が、お客様にとってコストパフォーマンスの高いワインの中から好みのものを選んで差しあげる、ということが大前提であるはずなのに、ソムリエがマニアックだったり、あるいは有名ワインをワインリストに載せるのを競い合っているところも無きにしも非ずですね。

宇田川　ソムリエの意識改革みたいなことも必要ですね。日本は良きにつけ悪しきにつけ異文化を日本独特な形で発展させる国だから、例えばワインに関していえば、フランスよりワインスクールが多いとか、一般のフランス人よりワイン知識を持っていることなどがそう。そういう発展の仕方というのは正常ですか、それとも異常？

田崎　逆にフランスでは高級レストランは別だけど、普通のビストロだとワインのサービスはいい加減ですよ。地方だけじゃなくて、パリもひどい。片手で抜いてポンとテーブルに置くだけとか（笑）。きちんとセッティングする以前のレベル。反対に日本のレストランはマニュアルを大事にするので、外国人がビックリするくらいちゃんとサービスする。フランスのソムリエの中にもマニアック過ぎてとか、話が長すぎてとかいて、日本人とあまり変わらない。だから僕は、ソムリエの質の向上やスタンダードを作るために、ソムリエの国際的なコンクールは絶対に必要だと思います。

宇田川　現在、日本でソムリエとして認定されているのは何人ですか。

田崎　一万二〇〇〇人。フランスの場合は、学校生徒対象の卒業試験のような資格制度はありますが、実際にはソムリエ協会の会員であることが重要で、ソムリエ協会の会員になるために紹介が必要だったり、いわゆるプロのソムリエしか協会員になれない。だからメンバーは少なくて一二〇〇〜一三〇〇人くらい。

宇田川　ソムリエという言葉はもちろんフランス語だけど、日本で作られた、女性のソムリエを指すソムリエールはフランスに輸出されたんですよね（笑）。

田崎　漫画でソムリエールって使われて、今はフランスに逆輸出されて通用しています。日本は意外と女性のソムリエが多くて、フランスでもけっこういるんですけど、フランス語を知ってる人たちにとってはソムリエールという言葉はおかしいですね。もともとソムリエに関しては女性の職業ではなかったので、女性形に変化させるという習慣がなかったわけ。でも今は、ソムリエールはフランスの辞典に掲載されてます。

ソムリエの本来の役割

宇田川　田崎さんによれば、ソムリエという仕事は単にワインのサービスだけじゃなくて、飲み物全般を担当する。そしてある時期から日本酒や焼酎のプロモーションにかかわりますが、その理由は？

田崎　一般的にソムリエ＝ワインというイメージがあまりにも強いので、ワインのことばかり言われるけれど、本来のソムリエの役割は、飲み物を通してお客様にサービスを提供すること。僕は二五歳の時に、日本人にいいサービスを提供できる人間になろうと日本料理店に移りました。ワインも置いていた店だから、ワインと日本酒についてというような取材が多くて、ワインだけじゃなくて、もっと日本酒に力を入れるべきだと強調しました。当時、勉強のために料亭にも行ってたんですけど、どの店でもお客様が「お酒をください」と頼むと、「冷酒にしますか、お燗にしますか」くらいしか聞かない。お酒の銘柄も一銘柄しかなくて、日本料理店にもかかわらず日本酒が少ないわけ。これはおかしいと思って、ワインのように日本酒のリストを作った。全スタッフの出身県で作られる日本酒をリストアップして、タイプの違うものを三〇アイテムぐらい揃えました。貴醸酒とか甘い酒とか古酒とかを集めて、日本酒でフルコースや会席料理を楽しめるようにした。日本酒と料理の相性なんかに興味を持ってもらおうと。同じように焼酎に関してもいろんな種類のものを揃えた。ただ、九五年に世界コンクールで優勝してから、ポリフェノールの好影響と価格破壊が重なって一大ワインブームが起こって、こんなチャンスは将来もう二度とないだろうと思って、日本酒と焼酎はお休みしてワインに特化したんです。それで、自前でワインを輸入したり、ワインの雑誌を創刊したり、ワインの情報を自分で発信していくために年間六冊もワイン本を書きましたね。

宇田川　百年に一回あるかないかのワインブーム。このチャンスを逃したら次のチャンスはないだろうと判断したと。ところで、日本料理店でワインや日本酒や焼酎を扱いながら、ワインならいざ知らず、日本酒や焼酎と料理のマリアージュ（相性）はどう考えていたのですか。膨大な組み合わせになると思うけど。

田崎　作曲家とかクリエイターに若干似たような感じなのかなと、最近は思ってきてます。消費者には大まかにこういうパターンでやると言いますけど、実際はプロフェッショナルっぽく考える。料理と絶妙に相性がいいワインを厳密に選ぶけれど、さらに料理の完成度をワインに近づけるために、最終的にこれ以上ない組み合わせを頭の中で考えています。頭の中で両者の組み合わせをパズルにしていくけれど、パズルといってもジグソーみたいに型の中にはめていって、ワンパターンにしないで完成したフォームを作る。でも、そのフォームは永久のものじゃないし、年によってワインの味も変わっちゃうし、料理も変わるわけだから、むろん組み合わせも違ってくるし、同じ組み合わせはあり得ない。だから、パズルをするためのコマを常にたくさん増やしておくことが肝心。バラバラのジグソーパズルみたいな状態だけれども、どこに何が置いてあるかを知っておく必要がありますね。

宇田川　日本酒も焼酎も同じ方法ですか。

田崎　日本酒も焼酎ももちろん同じ方法で、飲み物は紅茶でも中国茶でもコーヒーでもなんでもＯＫ。僕らソムリエだけでなくて、優秀な料理人もたぶん同じだと思います。よくテレビでやっているけど、何回も試作して捨てるなんて絶対にあり得ない。仕事ができる料理人はまず頭で考えて、一発で決めると思いますよ。画家にしても私たちに似たようなところがあるかもしれませんね。頭の中で色とか構成をイメージしてからキャンパスに向かうでしょう。

宇田川　映画「アマデウス」でモーツァルトが作曲するシーンを観ていると、苦もなく次々に曲が自然に溢れてくる。まあ、常人の頭じゃないってことですね（笑）。ワインの種類は膨大にあるし、毎年新しいワインが登場する。マリアージュにしても何万種類もあるわけじゃないですか。

田崎　絶妙に組み合わせるためには、もちろんワインを完全に知らなければいけない。一方で、こういうイメージの料理を作ってほしいと伝えておきながら、料理は直前までいかようにも変えられるから、料理人と一緒に味見しながら、「もうちょっとスパイスを入れてください」とか言える。でも、ワインは抜栓されるまでに長い時間を経ているし、開けられるのが五年後、一〇年後、二〇年後になるかもしれない。だけれども、味のほうは頭の中でわかっていますよ。

宇田川　論理的でありながら芸術的な感性、インスピレーションが必要ですね。それに引き出しの多さは半端じゃない。

田崎　引き出しはたくさん作らないといけないけれど、問題は整理の仕方。それにどんな料理に対しても固定概念を持たないことが必要です。料理とワインの組み合わせは、永久に保存することはできないものですからね。ワインは毎年違うものが出てくるし、料理の素材も一つひとつ時期によって違う。食べる人のコンディションも違うし、だからこそ一期一会なんです。ソムリエは極力パーフェクトに近いところで薦めることが大事。料理は食べ手のコンディションや好みで選んでいただいているので、まずどんなワインが好みですかと尋ねる。一方で、フレンチの雰囲気に慣れているか、着席の仕方はどうか、話している様子はどうかなんかを観察します。

宇田川　入ってきた瞬間から、さりげなく上から下まで見られているわけですね(笑)。レストランでの食事は確かに一期一会ですね。具体的にどんな意味ですか。

田崎　僕は四〇歳ぐらいになったら、自分の人生は仕事にあるのじゃなくて、楽しむためにあると考えるようになったんです。楽しむことが目的で、仕事はあくまでもプロセスであると。そう考えると、人間にとってまさに食の時間を楽しまないかぎりは、人生を全うすることができないだろう。つまり、僕にとって料理を食べたりお酒を飲んだりするのは第二の目的であって、あくまで第一の目的は仲間や友人たちと酒を飲みながら、食事を楽しみ、そしてその時間を楽しみ、ゆっくり話しながら楽しく快適にすごすこと。食事は人間が生きていく目的として非常に有意義なことで、だからこそ人間は楽しむために食を摂らなければいけない。だとすると、毎回毎回の食を楽しむということを前提に考えようと。それに食の席では必ずもてなす側ともてなされる側がありますね。であるならば、もてなす側は常に楽しんでもらうために努力をする、そしてもてなされる側はそれを楽しんでいるということを表現することが必要です。例えば、ある人と食卓で共感できたとして、次の日も同じ人と食事するなら、もっと旨いものを食おうと努力しなければいけない。だから食は一期一会でなければいけないと思いました。いい意味での遊びこそが人間にとって重要な時間であると。

達人のサービスの極意

宇田川　食事も人間の気分によって評価がさまざまに変わりますね。一度感動した食は二度と同じように感動できない。食事は食べ終わった瞬間にすべて消え去り、永遠に続くわけじゃない。だからこそ心して食べようという心境になるのだと思います。年齢を経て経験を踏んでいかないとわからない心境かもしれない。田崎さんはもてなしの達人と言われていますが、サービスの極意とは何か？

田崎　サービスはあくまでもアシスタント役なんですね。どこまで完璧なアシストができるかというのを追求した結果が、サービスにつながっていくんじゃないかと思う。快適で楽しい時間をすごしていただくためには、どんなサービスをすればいいか。お客様に喜ばれるにはどう接したらいいのかを常に考えていなければならない職業です。でも、残念ながら日本の場合は、サービスがほとんど単なる作業になってる。つまり、料理の皿は左から出すのか右から出すのか、グラスはどっちからどうやって出すのか、ワインはどう抜きどっちから注ぐのか、そんな実技がサービスだと思われている。でも、サービスはまず作業があって、その作業にパーソナルなスタンスを加えて、その時その瞬間、一期一会にふさわしい、何かプラスアルファの付加価値が加わった時に、初めて本来のサービスになるんだと思う。サービスは常に流動的なもので、何が重要かといえば相手の情報収集なんです。

宇田川　レストランに入ってきた瞬間に客の仕草や心理状態を察知する。つまり、瞬間的に相手を見抜く能力が要求されている？

田崎　瞬間的なものだけじゃなくて、場合によっては長期的なものもありますね。例えば、宴会などは長期的な視点で考えますし、国家による晩餐のもてなしなんかの場合は、一年以上前から情報が入ります。そういう情報をいかに多く収集するかで決まってくるところもある。これらの作業を踏まえたうえで、プラスの価値を加えていくことが重要なんです。

宇田川　まずベースになる作業をこなしてから、本来のサービスへと向かうのが理想なんでしょうけど、日本人が陥りがちなマニュアル通りのサービスでは客を采配できない。頭でっかちではできないと。まさに経験と教養を積んだ人間のパーソナルな部分が試されているわけですね。

田崎　日常生活で目配り気配りをトレーニングしていない人は、いいサービスはできない。飲みにいっても、電車に乗ってても歩いてても、自転車を運転しててもトレーニングを欠かさない。まあ、歩いてて人によくぶつかるとか、自転車を運転してて物にぶつかるとか転ぶとか、車で接触事故をよく起こす人なんかは絶対にサービスに向かないですね。目配り気配りができないし、瞬発力に乏しくて視界が狭いからですよ。日常の中でいろんな状況を訓練します。東京駅とか新宿駅とか混んでる場所もいい。勢いよく歩く人もいれば、逆流してくる人もいるし、突然直角に曲がる人もいるから避けるのは難しい(笑)。だけど相手に迷惑をかけずに、すっと避けることができるようになりたい。ほかにも視界を広げるための訓練として、通り過ぎた人がどれぐらいまで見えるかとか。心理を読むのは次のステップですね。心理を読もうとしても、駅でのトレーニングができなければ駄目なんです。

宇田川　ソムリエという仕事がいかに深いものかよくわかります。

田崎　それができるかどうかで、いいサービスができるかどうかが決まる。日本人は作業そのものはうまい。作業では世界的にもレベルは高いんですけど、目配り気配りになってくると、果たして全員が優れているかどうかは大いに疑問。

宇田川　確かに作業マニュアルを完璧にこなす日本人は多い。演奏家なんかに話を聞くと、日本人は国際コンクールで若くして優勝するけど、将来的には伸びないと。つまり、マニュアルから独自に成熟していかなければならない段階になると伸び悩む。ソムリエでいえば、パーソナルな部分で問題が生じるわけですね。

田崎　外国人は、日本の航空会社のサービスは素晴らしいと褒めるけれど、何回も乗ってるうちにだんだん嫌になっちゃうそうです。なぜならサービスしすぎるから。せっかく寛いでいるのに、「いかがですか?」「いかがいたしましょうか?」って何度も来る。それが日本ではいいサービスだと思われているけれど、外国のエアーラインは滅多に来ない。必要なときだけ来てほしいわけ。日本のレストランだとオーナーシェフの店や、ソムリエとマネージャーを兼ねている店は、常連にくっついてお喋りしている気がするんですよ。

宇田川　あまり美しい光景じゃない(笑)。先ほどおっしゃったように、レストランでのサービスの原点は「おもてなし」ではなくて、スタッフが客を「アシスト」しなければならない立場にもかかわらず、客であるホストを無視しちゃうサービスもある。

田崎　そもそも誰にサービスをしなきゃいけないかといったら、基本的にはお金を払うお客様、つまりホストです。いわばスタッフはホストに二時間なら二時間、一時的に雇われてるみたいなもの。その対価としてお金を払っていただくわけです。つまり、ホストにサービスを提供するのが理想形。そしてホストはお招きしたゲストを徹底的におもてなしする、という関係が一番理想的にもかかわらず、サービスのスタッフがホストを差し置いてゲストをもてなしちゃうから駄目なんです。ホストは我が家でもてなしているみたいな顔でサービスしちゃう(笑)。

宇田川　ホストが全責任を負わなきゃならない、という考え方は日本ではなかなか通用しないですね。

田崎　逆にいうと日本のお客様の意識も低いということなんです、特に男性が。自分がホストをしているっていう意識に欠けている。それに日本では、ホストがゲストを招待して御飯を食べるのは伝統的に個室で行われる。人をレストランで接待する場合、個室を予約する個室文化なわけです。フランスでは考えられないですよね。

宇田川　個室を希望する人はまずいないし、そもそも個室はほとんどない。フランスは個室文化じゃなくて大箱文化。

田崎　大統領がレストランのど真ん中で食べていますよ。普通に一般客の見えるところにいたりする。日本では料理屋に行くと個室に入って、店のスタッフを除外して、仲居さんや芸者さんにお客様へのもてなしをすべて委託しちゃう。料理の説明や酒を注ぐことから、すべて楽しませてくれることまで、何から何まで全部を。それでちょっとでも粗相しようものなら、ホストが仲居さんをゲストの前で怒る。でも本来はおかしな話で、基本的にはすべてホストの責任なわけですよ。

宇田川　もし料理に髪の毛が入っていたら、本来はホストがゲストに謝らなければいけないのに、スタッフである仲居さんにあたるわけですね。

田崎　誘った男性がホストじゃなきゃいけないのに、「俺が一番の客だ」っていうふうな態度になっちゃうので、ホストとゲストとスタッフの関係が成り立たない。食事が終わったらクラブに行って、完璧に一〇〇パーセント、ホステスさんに接待を委託しちゃう。でも一番のゲストは誰かっていうと、ゲストを連れてった本人（笑）。馴染みのホステスに会いたいから行くんですね（笑）。自宅に招待しても、古いスタイルのお家だと、ご主人は友達が来た瞬間に自分が最高のゲストになっちゃうから、奥さんひとりだけで接待する。日本では子どもの頃から、お父さんがお母さんをもてなすという姿を見てないから駄目なんです。男性のもてなす文化が成立しているヨーロッパと違って、男の子がもてなしをできないまま社会に出ちゃうのが日本。レストランでその関係が成り立たないので、仕方なくレストランのスタッフがもてなしを代行するわけ。

宇田川　昔も今も接待下手は変わらない。ヨーロッパでは幼い頃からもてなしを教えられているから、たとえ社長であってもホストの立場になれば、ワインや料理を選択する場合でも、陣頭指揮してゲストに対して礼を尽くす。

田崎　レストラン選びなんかも社長が絶対に決める。逆に日本の場合だと、社長に代わって課長か秘書が担当してて、社長はディナーで食べる料理すらわかっていない。ゲストのお客様に「ここは有名な店ですね」って尋ねられて、「あぁ、そうなのかね」ってその場でわかるなんてこともあります（笑）。本来は課長が先に情報を与えておけばいいのにね。まあ、最近はフランス料理に慣れてきた若い人たちがだいぶ変わってきましたよ。自然に女性が奥に座るようになりましたけれど、やっぱり五〇歳以上ぐらいの僕らの年代から上の方たちは全然駄目ですね（笑）。

達人が求める理想の店

宇田川　田崎さんはサービスの達人であると同時に食べる達人。美味しい店を食べ尽くしてきたと思うけど、美味しい店を見つける方法はありますか。またサービスの達人から見た美味しい店の条件は？

田崎　長くサービスをやってきたので、店に入った瞬間というか、ドアを開けた瞬間に店の良し悪しがわかるようなところもあります。ご主人らしき人の対応とか、「いらっしゃいませ」と心から言っているとか、店内の雰囲気とかで。

宇田川　フレンチに行ってスタッフに「ボンジュール」とか、イタリアンに行って「ボナセーラ」なんて言われたら引いちゃう（笑）。

田崎　僕も絶対に出てきちゃう。「ボンソワール」とか言われたら、僕もずっとフランス語で通しちゃいますよ（笑）。それにガイドブックは信用しないな。全然当てにならないですし、インターネット系で素人さんがつけている点数も信用できないですね。第一、採点基準がよくわからない。レストランに行くと、コメントを投稿するに違いないと思えるような雰囲気の人もいるし、写真やメモをとるのに忙しい人もいるし、食事中ずっと携帯に書き込んでいる人もいる。食事もしないで、ひとりで書き込んでいるのなんてちょっと寂しい（笑）。これではなんのために食事しているのかわからない。僕は、店選びに関しては絶対に妥協しません。サービスのプロフェッショナルの目線で美味しい店を探したり。それに中途半端に妥協して、結果的に「つまらなかった」とがっかりすることになれば、疲れが倍増する。店選びに失敗して、ストレスを溜めたくないわけ。店選びのチェックポイントはいくつもありますが、僕の経験からひとついえば、お酒になんらかのポリシーを持っている店はトータルで満足できると思う。

宇田川　いろいろチェックを怠りなく、常にプロの目線で店を探して食べてるんですか。

田崎　最近は新規開拓というのはあまりやらないですね。店側もまったく意識せずに、座ったら僕の好みのお惣菜なんかがポンポン出てくるような、京都でいうおばんざい屋みたいな店がありがたい。でも、都内でも普段飲まない街に行ったりすると探して、下手すると二時間ぐらい歩きます。気に入る店があるまで探して、時にはほんの五センチぐらいドアを開けて、オヤジさんの顔を見たり（笑）。今でも九〇パーセントは当たる自信がありますよ。

宇田川　カウンターへ座るのがお好きだとか。

田崎　基本的にカウンターです。料理を作ってる人と食べる人が直接コミュニケーションをとりやすいので。自分のコンディションも伝えやすいし、それに添って料理を出してくれるからですね。屋台とは違ってカウンターというのは日本的な文化です。ただせっかくのカウンター文化も、九九パーセントうまく機能していないような気がします。板前さんが一方的に情報提供するだけで、お客様の情報を収集しようとしなかったりとか。グランメゾン（高級フランス料理店）でも高級レストランでも、本来は仲居さんやウエイターが板前さんのように、お客様の情報を調理場に伝える役割をしてくれれば理想的だけれども、ほとんどの場合は料理長の情報をお客様に一方的に伝える役しか果たしてない。だから食べたいものや料理について聞こうと思っても、彼らにまったく知識がないんです。フレンチにしてもイタリアンにしても、ソムリエに具体的に料理のことを聞こうとしても全然知らないとか。全体的にプロフェッショナリズムが欠如していますね。だからカウンターに座って、料理を皿に盛りつける人から直接料理を出してもらって、コミュニケーションをとったほうがいいわけ。

宇田川　サービスするソムリエ側から見て、困ったお客はいますか。

田崎　人間的には八割ぐらいが困った人ですね(笑)。好ましい方は少ない。よく観察していると、料理やワインについて偏ったことを喋っていたり、奇妙な食べ方をしたり、表情がよくなかったりといろいろです。極端にいえば、私たちプロは機嫌の悪そうなお客様にどうやってサービスするかが大事。その人からどうやったら好かれるだろうかしか考えない。まあ、好きになってもお金にならないから、好かれるほうがいいわけ(笑)。もちろんサービスという職業ですから、基本的にはお客様のタイプによって差別することはありません。ただ唯一挙げるとしたら、レストランは公共スペースなので、周囲に不快な印象を与えている方は嫌な客ですね。ほかのお客様に迷惑をかけるのはよくないですね。ほかにも携帯電話を眺めて、ひとりで黙々とブログを書いているお客様とか。

宇田川　日本人は個室文化が全盛だから、パブリックスペースという考え方が浸透しません。ブログ用にデジカメや写メールを撮り続けるとか、やたらに声がでかいとか。

田崎　店内での撮影は困りますね。フランスで日本人が嫌われる三つの行為に入ってる。団体で料理を食べていて、全員が立ち上がって一斉に写真を撮ったりとか。ほかには料理の回し食いとワインのラベルを欲しがること。

宇田川　一生に何度も行けない星付きレストランだから、写真も皿回しもラベルも気持ちはわかるけれど、度を越すと見苦しい。さて、和洋中すべてに詳しい田崎さんは、一方でレストランを経営している。そもそもは理想のレストランを作ろうと思ったからですか。

田崎　美味しいというのは個人差が大きい。普段カップラーメンしか食べてないような男性が株で大儲けして、京都の料亭に行っても料理の味はわからないと思う。結局は帰宅してから、カップラーメンを食べるんじゃないでしょうか（笑）。僕の理想とするレストランは、食べ終わったあとに「今日の食事は美味しかった」じゃなくて、「今日の食事は楽しかった」という言葉が出てくる店。だから飲食店が努めなきゃいけないのは、食事に来た人たちに快適な時間を提供することだと思います。そのためにはどんな料理やサービスを提供したらいいか。飲食店にはいろいろな形態があって、例えば僕が経営している飲食店の「T」は、最高の食材を使って最高の料理を出しているかといえば違います。なぜなら「T」のコンセプトは最高の食材を使うんじゃなくて、東京都の食材しか使わないという地産地消が特色。東京の人たちに、東京には多様な食材がいろいろあるんだっていうことを再発見してもらいたい。食卓には共通の話題が存在していることが大事で、それが楽しい食卓の基礎となり得る。

宇田川　ソムリエからレストラン経営者の方向を目指そうとした理由は？

田崎　自分がやってきた仕事のひとつの到達点として、ソムリエというサービス職業があるわけです。その仕事を極めていくと、いったいどんな職業が次に出てくるか。その答えのひとつがレストラン経営だと。最初は居酒屋からスタートして、ワインバーもやりフレンチや和食へ進んだ。

宇田川　一般にフレンチは、経営的に利益を出すのは難しいと言われてますけど。

田崎　昔はフレンチなんて絶対にやらないと思っていたんです。なぜかというと、飲食店としてフレンチは一番儲からないから。日本でフレンチで儲けを出している店がどれだけあるか。ホテルのメインダイニングも含めてほとんど儲かっていないでしょう。人権費も原材料費もかかる。ともかく居酒屋を始めようと思ったのは、酒を中心にした文化を展開しているスペースは、高級フランス料理店でも高級料亭でもなくて、実は居酒屋だと思ったから。居酒屋は日本独特の非常にユニークな文化で、最近では居酒屋もインターナショナルガーデンになってきたみたいなところがあるようですけどね。

宇田川　世界に冠たる居酒屋は、食の世界遺産に登録したいくらいですよね。

田崎　居酒屋の先にフランス料理を考えたんです。バブル崩壊があったり、時には持ち直しながらも経済的に厳しい昨今、都心の高層ビルにやたらと高級フランス料理店が入るわけですね。こんな時代にそれはないだろうというのが僕の正直な気持ち。絶対に長続きしないぞと。それで真逆な発想からフレンチをやってみようかなと思って、「S」を出店したんです。

宇田川　「S」は、ワインと料理は同一料金という画期的なコンセプト。東京発の地産地消の「T」にしても「S」にしても、それぞれユニークなアイディアから誕生した。

田崎　おかげさまで「S」は一〇年前にオープンしてからずっと満席が続いています。毎年ちゃんと利益を出していますよ(笑)。

宇田川　さて、最後の晩餐と尋ねられたら、何を挙げますか?

田崎　土鍋で炊いた御飯とお味噌汁とお漬物の三点セットになると思うんです。それまでは、美味しい昆布と鰹節は残っていてほしいですね。

宇田川　ついでに、最後の晩餐で飲むお酒は?

田崎　たぶん飲めないでしょうね。バースデービンテージの一番高価なワインを飲むことはなくて、たぶんその場で提供されるワインじゃないですか(笑)。

宇田川　本日はありがとうございました。

◆二〇一〇年一〇月

辻《つじ》 芳樹《よしき》

Last Supper
14

教えることで学ぶ

辻調理師専門学校の理事長・校長。1964年、大阪府生まれ。11歳で渡英。スコットランドのフェティス校へ入学。卒業後、米国でBA(文学士号)を取得。父・辻静雄の跡を継ぎ、93年、辻調理師専門学校の理事長・校長に就任。2000年には、主要国首脳会議(九州・沖縄サミット)にて、首脳晩餐会料理監修を務める。2004年、政府の知的財産戦略本部日本ブランド・ワーキンググループ委員に就任。変化の激しい欧米の食の最前線を調査研究し、その成果をプロの料理人教育に活かす一方で、日本の食文化を海外へ発信することにも積極的に取り組んでいる。著書に、『美食のテクノロジー』、木村結子との共著に『美食進化論』、編著に『料理の仕事がしたい』などがある。

Y o s h i k i T s u j i

父・辻静雄の「食」才教育

宇田川　まず、お父さまの辻静雄さんのことについてお尋ねしたいと思います。なんでも一二歳の時に、イギリスの学校に入学させられたとか。

辻　一番合っている言葉は、「島流し」かもしれませんね（笑）。生まれは大阪で、小学校の四年生まで大阪におりましたが、その後、お手伝いさんと二人で東京に追いやられて、六年生まで二人ですごしました。辻調理師専門学校の仕事を手伝っていた母がたまに東京に来たり、父も時々遊びにきたりして。中学に進む時にいきなり「イギリスに行け！」となった。

宇田川　抵抗する間もなく、なかば強制的にですか。

辻　東京の教育だけでは物足りないと判断したうえでの結論だったのでしょう。父は自分ができなかったことを子どもにやらせたいという願望がすごく強い人で、まず医者か弁護士になれと。でも、その才能がないと判断した直後に、今度は海外で教育を受けさせようとなったわけです。将来的に飲食業界に携わって、フランス料理の研究をするならば、英語もフランス語も早いうちから身につけないといけない。生まれた時から跡継ぎだと決まっていましたので、やはり早めに語学を知っておかなくてはいけないだろう、海外に行って、早めに食文化を知っておかないとまずいだろうと。ですから、早いうちから海外で暮らさせたいという思いが強かったと思います。

宇田川　入学したのは、イギリスはスコットランドのパブリックスクール。パブリックスクールの実情を描いた名作に池田潔*の『自由と規律』があるけれど、ああいうふうなエリート教育だったんですか。

辻　僕がその本を読んだのは一八歳の時でしたが、今でもそのまま受け継がれていると思います。その方針はまったくブレてないですよね。特に厳しく教えられたのは、若い頃から責任感を持つということ。

宇田川　寮生活の食事は粗食だと耳にしますけれど、実際

＊（一九〇三―九〇年）英文学者・評論家・随筆家。一七歳で渡英し、パブリックスクールのリース校を卒業。ケンブリッジ大学、ハイデルベルク大学で学ぶ。四九年刊行の随筆『自由と規律――イギリスの学校生活』は、それまであまり知られていなかったパブリックスクールこそが英国人の性格形成に重要な影響を与えており、その厳格な規律が英国流の民主主義精神を育くむシステムであることを、自らの体験を通して興味深く描きだし、当時のベストセラー＆ロングセラーとなった。

は？

辻　いやもう、不味いの一言です（笑）。パブリックスクールは精神教育のほうが大事で、食への興味はまったくといっていいほどない。

宇田川　辻さんの場合は渡英するまえに、静雄さんにフランスの有名店に連れていかれてる。いわば食の英才教育を受けていますね。

辻　ほとんどかじるだけですけれども。連れていかれたのは、フェルナン・ポワン*とかポール・ボキューズ**とかの店が中心でした。それがパブリックスクールへ一直線ですからね（笑）。毎日、冷凍のフィッシュフィンガーにハインズの缶詰。朝は量が少ないので、パンを五枚くらい焼かずに食べていたけれど、とにかく寒いので、食べないと体に良くない。一番育ち盛りですから、週に一回程度、一時間半外出して、懐にお金を忍ばせて、フィッシュ&チップスを大量に食べたり。マイナス一〇度くらいの大雪の中を、寮に到着するまでに食べきらないといけない。大雪の中、手ががちがちになって、手を食べているのか、フィッシュフィンガーを食べているかわからない状態（笑）。でも、そんな過酷な状況だからこそ味覚は敏感になります。

宇田川　フランスの高級フランス料理店から、貧しい食生活へ転落という悲劇は同情に値します（笑）。味覚の基本なんかはすでに作られていたんですかね。

辻　初めての食との遭遇がボキューズですからね。確かに特異な体験だと思います。父はとにかく食べることが肝心だと考えていたようです。まず美味しいものをいろいろ食べて、それから分析することを始めろと。

宇田川　ともかく、この世の美味しいものを有無を言わさずに食べさせるという方針。その徹底さは感じていましたか。

辻　感じていましたね。当時の最高の料理を何度も食べさせる反復作業が、辻静雄の方針だったんじゃないか。それ

＊（一八九七―一九五五年）フランスの古都ヴィエンヌにある「ピラミッド」のオーナーシェフ。一九三三年から亡くなるまで、ミシュランの3ツ星を維持。料理の簡素化や、土地の素材の生かし方など、現代料理の原則を打ち立てた。ポール・ボキューズ、トロワグロ兄弟らが弟子にあたる。

＊＊　一九六一年にMOF（フランス最優秀職人章）を授与されたフランス料理のシェフ。六五年に得たミシュラン3ツ星を四〇年以上維持。七〇年代に、親交の深かった辻静雄の招聘により、トロワグロ兄弟らと来日。日本料理に触発されて、フランス料理を新しい時代「ヌーヴェル・キュイジーヌ」へと進めた。

がそのまま、辻調理師専門学校の教育方針につながっているんじゃないかと思います。もちろん技術教育や味覚教育というのは、時代とともに変化していくものだし、その当時のフランス料理のレベルや多様性と、現在のレベルと多様性では全然違います。ですから、これだけの多様性ができたフランス料理の中で、味覚教育も別の形を持たなければならないと感じています。

宇田川　しかし想像を絶しますね。小学生にして、すでにポワンやボキューズの店に出入りしていたとは(笑)。静雄さんは、美味しいものを意図的に浴びせるように食べさせたわけだけれど、それが無形の財産になっていると思いますか。具体的に何をメッセージしようとしたんですかね。

辻　フランスに行って食べ始めた頃は何も言わなかったけれど、休みになったら、やがて料理について少しずつ話すようになりました。一六〜一七歳くらいからは、かなり深く説明してくれるようになった。最初の頃、父は僕の意見を聞かずにずっと黙っていて、僕はただ命令されるままに、数で勝負のようにひたすら食べた。「それどうだった?」「美味しかったか、美味しくなかったか?」そういう会話もあまりなかった。ともかく「俺と一緒に食いにいこう」という言い方をしてました。父は料理そのものよりも、食事の場である空間や、その周辺のことを教えることで、飲食業界の仕事を伝えたかったんだと思います。フランス語がわからなくても、会話を横で聞いていろ。俺たちが笑ったら、おまえも一緒に笑え。そういう世界を味わいなさい。それがフランスの食文化を味わうことになるんだと。

宇田川　料理は食べ物の美味しさだけじゃなくて、あらゆる要素を含む総合芸術である、ということを肌で理解させようとしたんでしょう。

辻　食文化には文学があり、絵があり、音楽があり、人間があり、会話がある。それを勉強しなければ、食文化を勉強しても何にもならないと、口が酸っぱくなるほど言っていました。

宇田川　実際に、静雄さんは食だけじゃなくて、いろんなジャンルにアンテナを張っていました。料理は芸術だけれども、それを理解するにはほかの芸術もいろいろ勉強しなければならない。その姿勢は終始一貫していたような気がする。それに終生、大変な勉強家。ところで、静雄さんが主催した、各界の著名人を招いた有名な晩餐会がありましたが、よく参加していたのですか。

辻　年に二回、日本に帰国しているときにだけ同席させてもらって。ただ、高校から大学まであまり帰らなかった時期があったり、帰国を拒否していた時期がありまして、その頃はあまり出なかった。会は大阪と東京と軽井沢とかで開いていましたが、すごい数をこなしていましたね。そこで料理をすることで、優秀な教員が育っていった。

宇田川　参加メンバーが書いたエッセイがあるけれど、静雄さんの意図はなんだったんですか。食卓の快楽を伝えようとしたのでしょうか。

辻　そうだと思います。食卓における会話の知性のレベルと食のレベルは、絶対に同じものだというのが父の信念だったのでしょう。安物の不味い飯を食べていたら、いい会話なんて絶対に生まれない。美味しく食べたいという人間だけが集まって、そこからすごい会話が生まれるんだということは常に言ってましたね。

宇田川　日本では食卓の快楽という考え方がなかなか浸透しない。その食卓の場では知的な会話が飛び交っていたと思うけれど、芳樹さんが発言する機会はあったんですか。

辻　いやいや、まったくないですね。もちろん気を遣って、僕に話を振ってくれる方が何人もいらっしゃいましたが。滞在先の英国のことをパッと聞かれるだけでビクッとしました(笑)。それに対して僕がサッと答えられなかったら、チャンスを逃したことになるわけ。父は絶対に一業界だけの人間を集めませんでした。食卓には各分野の専門家、多様性に富んだ知識人や作家だけでなくて企業人もいる。そこから生まれてくる会話は、非常に刺激的で面白い。企業人としてのものの見方、作家としてのものの見方、学者としてのものの見方、詩人としてのものの見方が毎回繰り広げられるんですよ。最初の頃は、父が招待客を全部集めたんだけど、そのうちにキーパーソンの方が代替わりするようになって。

宇田川　そういう席でのホストとしての静雄さんの役割はどうでしたか。食卓を大いに盛りあげて、ゲストを和やかにもてなす食卓の達人との評判が高かったですね。

辻　質問の名人で、会話の名手でしたね。なぜかというと、物事に対して、父はいつも「何も知らない」とずっと言い続けていたんです。物事の神髄を捉えることを知らなくてはいけないと、いつも貪欲に考えていた。ですから、出席したどの分野の専門家に対しても、音楽にしても絵画にしても学問にしても、その神髄を捉えたような質問ができて、彼らと会話を続けられる力を持っていた人です。大会社の企業人に対しても、俺が使える人はせいぜい一〇〇〇人くらいまでだが、彼らは一五万人も使っている。この人間の器量の差っていったいなんだろうと、そういうことを考えたり。専門家の方々に対する話の振り方やまとめ方、料理を出してくるタイミングの振り方にも気を配る。美食を味わいながらの和やかだけど真剣なお喋り、食事と会話の絶妙な間合いは見事でした。しかも食卓に笑いが絶えない。料理を作る学校の教員たちを育てる舞台にもなっていましたね。

父親から受け継いだもの

宇田川 静雄さんから受け継いだ、そういう貴重な財産が重荷になったことは？

辻 父の死後、僕がニューヨークから帰国して学校経営に携わるようになった時期は、そういう負担を感じなくていい時期だったんです。すでに素晴らしい人材もいたし、教員の先生方は技術を身につけていて、学校運営ができていたわけですから、それほどプレッシャーを感じることはなかった。彼らを信用すればいいわけですから。むしろ人とのコミュニケーションをどうしていくか、それをどう進化させていくかというプレッシャーのほうが大きかったですね。ただ人も生きているものだし、学校も生きているものだし、そのほかの教育と違って、料理の技術教育のメソドロジー自体が進化していくので、それに対しての対応というのを常に考えますね。

宇田川 静雄さんの育て方や教育方針などを、時には思い出しますか。

辻 今僕がやっていることや、学校としてやっていることに対して、絶対に怒られる筋合いはないけれど、でも、たぶん誰よりも僕は怒られているでしょうね（笑）。スピードが遅い、食に対する考え方とか怠け具合とか、もっとやらなきゃいけないことに対しては、すごく怒ると思いますよ。

宇田川 一般的に調理師学校のトップは料理の技術者。アメリカでサラリーマンを経験した辻さんに対して、先生方が困ってしまうことはなかったのですか。

辻 一三歳の頃から、父からは「今まで努力して技術を身につけてきた先生方と競争するな」と言われてましたから。「一生かかっても彼らと対等になるのは絶対に無理だから、技術の習得は止めなさい」と。年齢がある程度いってから技術は学べないので、技術的なレベルは先生方に到底敵わないわけです。僕の場合は、むしろ味覚教育の大事さを強調しました。幸い若い時に、父からポワンやボキューズで実際に最高の料理を食べさせられて、実地に味覚教育を受けてきた。本物を知っていることの強さがあるから、技術者がなんと言っても、それは嘘だと見抜ける力、見抜ける味覚力を持っていたと思います。ですから、味覚レベルでどういう教育をしなくてはいけないかというときに、教員とある程度対等に話せたのではないでしょうか。

宇田川　残念ながら、親子でも味覚を受け継ぐことは難しいし、教育でも味覚を教えることはやはり難しい。父親から徹底的に食べる教育を受けた結果、理想的な味覚の持ち主になったと思いますか。

辻　全然駄目ですね(笑)。というのも、今ここで確立できたと思った瞬間に、料理は変わっている。ですから、いつの時代の味覚を基準にすればいいのか、いつの味覚を軸にすればいいのか。料理教育に関しては常にそういうことを考える。教育のことを考えなければ、その時々の嗜好でいいんだと満足する。美味しいものを知っているという最高の喜びを、僕は少なくとも知っている。でも、味覚を客観的に判断するのは難しい。味覚教育のことを考えたら、いったい何を軸にして教えなければいけないか。料理の進化を前にして、この基準でいいのだろうか。例えば、ボキューズの味を基準にしていいのだろうかと悩むわけです。辻静雄が言ったことをいまだに思い出すんです。主観的になっては駄目だ、客観的になれ、好き嫌いで物事を判断しては駄目だよと。あの頃は理解できなかったけれど、実はそういうことを言いたかったのかなと思ったり。

宇田川　普遍的なものはメッセージできるけれど、普遍的でないものは、いろいろな条件が制約として入ってくるから、メッセージすることは難しい。つまり、ある時代に流行だった料理が、次の時代にはまったく非流行的な料理になる。味覚もまた同じことで、どんどん進化していく。

辻　常に一〇年後に残る料理なのかどうかを見極めながら、最先端の技術者をレストランの調理場に送り込まなければいけない。そういうことを本当はやらなきゃいけない。どこそこの料理を食べた食べてないみたいなことで競争するんじゃなくて、技術教育のマインドに落とし込んでいく。まあ、トレンドだけを追っていくなら楽しいんですが(笑)。

宇田川　技術力という普遍的なものは、きっちりベースとして教えなくてはならないでしょう。最先端を走っていた料理人でも、そういえば、あの人どうしているかな、あの料理どうしたのかなってありますね。

辻　今すごい料理人だと思っていても、将来本当に残るのかなと。光り輝く黄金時代って一〇年足らずなんでしょうね。そこで思い出すのは、辻静雄が言った、「料理人の生涯って短いぞ」という言葉。できれば一番光り輝いている時期に食べることが肝心。例外的にボキューズさんなんかは死ぬまで現役で、今そんな人いないですよ。

宇田川　料理人は単に美味しい料理を作れるだけじゃなくて、客に感動を与えられるかどうかも大事。そこまで技術教育で踏み込めるかどうか。もちろん個々の料理人のセンスが問われるけれど、感動がない料理というのは楽しくないですよ。

辻　今、そのことが最大の重要課題なんです。3ツ星じゃないと美味しいと思わないシェフしかいなくなっちゃう。それはまずいでしょう。フランス人のシェフに言わせれば、日本の料理人がお金を持って3ツ星を全部回っても、「お金があるのはいいけれども、3ツ星しか食べにいかないのは変だよ。フランス料理って3ツ星しかないと思ってるわけ？　ビストロへも行きなさい、1ツ星で食べて感動しなさい。1ツ星と3ツ星を食べて料理がどう違うか分析しなさい」。長年フランス料理を修業していても、なぜ普通のフランス料理を美味しいと思ったり、フランス料理自体を美味しいと思って感動しないのかと。最高の料理を求めるのもいいが、やはりプロの料理人になるためには、普通の料理に感動しなくてはいけないと思う。二〇歳前後の子どもたちが、3ツ星クラスの料理を食べ歩いてもわかるわけがない。小学生に谷崎潤一郎を読ませるようなもんです(笑)。好き嫌いは言えますけど、技術的に絶対にわからない。技術的に作れないくせに、美味しい美味しくないなんて言っちゃ駄目ですよ、プロだから。

宇田川　一～二年という短期間の中でそういう教育をするのは困難を極める。つまり調理技術を教えながら、同時に感性的な教育をするのは、無い物ねだりみたいなところがあるから。

辻　最終的には極めたいし、極めることが大事です。そのためにどうすればいいか。学生は概論を通して、まず料理のエスプリを学ぶ。導入部分としてフランスとはこういう国、イタリアとはこういう国、日本についても同様に学ぶ。毎回毎回そのエスプリや特色とかを取り上げますが、なかなか精神論みたいなことへは踏み込めないです。

宇田川　生徒たちに送る言葉はあるのですか。

辻　先代の建学の精神は「教えることで学ぶ」。料理人は常に進化することが大事です。そのためには常に新しい方法を学ぶ必要があるし、学ばない料理人は時代に取り残されます。料理人の世界は手に職さえあれば、なんとか食べていけるという感じはあります。でも、それに安住しないで、よほど自己研鑽を続けないとなかなか厳しい。終わりのない仕事で、これでいいと思ったら終わり。自己研鑽に終わりはないんですね。経営もまったく同じで、絶えず進化しなければいけないと思います。

宇田川　フランス校が設立されてから約三〇年。あの学校の位置付けは、グループ全体の中でどうなっているんですか。

辻　フランス校は究極の技術教育の場です。苦労に苦労を重ねて、三〇年かけてようやく到達したという思いですね。日本人とフランス人が協力しあって、最高の技術教育をしています。長い時間をかけて、辻静雄をはじめ職員全員が世界的に人脈を作ってきたわけですが、その人脈はとてつもない力を発揮します。今もなお新しい関係が次々と生まれてきています。それらを着実にプロファイリングしていって、生徒たちを猛勉強させてスタージュ（実務研修）させるために、どのような生徒をどこの店に派遣するかを考える。そのときに想像を絶する人脈が役立つわけです。

「食」の古典とグローバリゼーション

宇田川　フランスでヌーヴェル・キュイジーヌ*が起こってから約四〇年。その間、さまざまな新しい料理の動きがありました。辻さんは「美食のテクノロジー」という言葉をよく使うけれど、現在のフランス料理の帰着点はどうなっているんですか。

辻　ご存知のようにフランス料理には、本来のクラシックと呼ばれる料理があって、現在はクラシックなフランス料

＊　直訳すると「新しい料理」。ミシュラン3ツ星シェフであるポール・ボキューズやトロワグロ兄弟ほかのシェフたちが、オーギュスト・エスコフィエの精神を受け継ぎながらも、日本の懐石料理を採り入れたりして、軽いソースや新鮮な素材を活かした調理などを七〇年代に創造し、これが世界中に広まったもの。

理が進化して行き着くところまで行き着いたこと、それに料理の世界は二極化が進行していることが特徴だと思います。後者の二極化というのは、いくらあがいても変えることができないに違いない世界と、今までのフランス料理の流れからは考えられないような料理が作られていること。その行き着いた世界というのは、この十数年の間に現れたもので、普通の感覚では考えられない斬新な味の組み立て方、あるいは驚きの組み合わせが生まれたことでしょう。それまでは実験的に行われてきた料理が、さまざまな困難を乗り越えて、今では完全度の高いひとつの商品として確立された料理として、ちらほらレストランで目にすることができます。意欲的な料理人の哲学が反映された、アート的な料理だと思います。

宇田川　グローバリゼーションという、時代の大きな流れも味方したのですか。

辻　要因としてグローバライズしたのが、まず大きいでしょう。例えば、日本料理の影響に関していえば、長い時間をかけていい意味で影響を与えてきて、ようやく落ち着いてきました。ひと昔前は、日本料理が他国の料理に与えた影響は、どちらかといえば料理を簡素化させたり、醤油を少量使ったりというレベルでしたけれど、現在は味の組み立て方から技術的な部分にまで及んでいる。新しい食感というか、日本料理は口の中に食べ物を入れたときの並び方が横並びなんですね。醤油でもお刺身でも岩海苔でも一緒に食べるわけだけど、それらの味わいが全部一緒になってひとつの味になって出てくる。反対にフランス料理は縦に積み重なっていく感じ。昔はどんな素材を使っても、舌の上での味の組み立て方はあくまでもフランス料理でした。フランス料理というのは、すべての味の構成をするわけです。そして、そこにわずかな風味のアクセントを置くというふうに、見えないところに美学を感じるところが少しあります。でも、今では口の中に入れた時に、味が混ざり合ったように感じるけれど、実はそれぞれの風味が縦に分かれるという、日本料理のような味の組み立て方がされている料理もあります。

宇田川　そうした先端的な流れは新しい傾向として興味深いですね。今のフランス料理は、フランス一国の中ではや語れない。優秀な外国人シェフも少なくない。その味の組み立て方は、ここ十数年のさまざまな試行錯誤を経てたどり着いた地点なんですか。辻さんは料理の最前線を走っている料理人と対話を重ねているけれど、実際はどうなんですか。

辻 世界には美味しい料理を作っている人は大勢いるし、料理技術に優れた料理人もほかにたくさんいます。でも、食べ手に幸せと喜びを提供する場を完璧に作りあげている人たちは、そう多くない。現代という複雑な流れをテンポ良く的確に読みながら、食べ手の味覚や感性を刺激するような美食の世界の頂点を極め、料理を作り続けて楽しませ、なおかつビジネスとして成功していることが重大なポイント。どんなに美味しい料理を作る才能に恵まれていても、食べ手がついてこない料理人は成功者とは言えない。僕は教育者だから、生徒たちに料理人としてのロールモデルを示し、生きるヒントを掴んでほしいと思うわけです。例えば、アメリカ人のデーヴィッド・ブーレイは、「ニューヨークの料理を豹変させた男」と言われて、アラン・デュカスは「ドリームチーム」と呼ばれる料理人集団を率いて、緻密な戦略でトップシェフの道を歩んでいる。京都の瓢亭の高橋英一さんは、謙虚さと進取の精神を料理に表現しています。

宇田川 食べ手に幸せと喜びを提供する場を完璧に作りあげるとは、具体的に？

辻 料理人が主役となるような、パフォーミングアーツの世界を楽しむための場ではなくて、レストランに集まるお客が主役になれる空間を作りあげることです。美食の世界は、このパフォーミングアーツを楽しむ世界もあれば、社交的な場を楽しむ世界もあるように、両方が存在していていいと思う。僕が取り上げているのは、後者の社交的な空間を完璧に作りあげた料理人のこと。もちろん、お客が社交の場として安心して楽しむためには、料理の完璧さもさることながら、質の高いサービスがあって実現するわけです。ですから、店のダイニングは和やかな雰囲気に満ちていて、幸せな空気が流れています。

宇田川 最近は日本でも、「レストランで楽しみましょう」なんて傾向もあるけれど、まだ弱い。料理も美味しくて雰囲気もいいけど、全体に会話が弾まないし、周囲に楽しい気配が感じられないですね。美食空間に欠けているものが多い。ところで、フランスには食文化を守るために、MOF（フランス最優秀職人章）という料理人を顕彰する制度があります。いわば日本の人間国宝に近いもの。どんな制度なんですか。

辻 フランスは、何百年という歴史の中で常に攻められ続けてきたので、あるひとりのフランス人の「これではいつフランスの職人の技術が滅びるかわからないから、職人を守ろう」という考え方からＭＯＦが成立しました。厳しい試験のＭＯＦを手にすると、人格が明らかに変わるんですよ。受章することによって職人に責任感を持たせ、自分の腕を後世に伝えなきゃいけないという自覚が強くなるんでしょうね。ともかくコンクールの過程がしっかりしている。まず技術面や古典的な料理に関する筆記試験がある。そして地方で実技試験があります。仕事の手早さや丁寧さ、最終的な味や盛り付けも重視される。作っている過程が大事なんです。一番優れていると評価されるのは、古典的な料理知識と最先端の技術力、それにアシスタントとのコミュニケーションや指導力や人間性。すべてができて初めて文化を守れるというわけです。

宇田川　国がバックになって食文化を真剣に守ろうとしているわけですね。その辺が日本と異なる。そもそも日本は、料理人がどの省庁と組めばいいのかわからないというカフカ的な社会だから、日本版ＭＯＦを創設するのは難しそうですね。ところで、日頃いろんな料理を食べる機会があると思うけれど、スマートな体型を維持するためにスポーツなんかをしていますか。

辻　食事に関してはいつもバランスを考えていますね。最短でも一週間単位で食事を考えるようにしているので、ここ一五年くらい体重は変わっていません。スポーツは過激だけどトライアスロン。でも、運動では痩せられませんね(笑)。

宇田川　終わりに、最後の晩餐には何を食べたいですか。

辻　今までそれほど食べていなかった鍋なんかがいいかな(笑)。ほかにも食べたいものは二〇品くらいありまして、鮨とかアンコウとかスズキとかキャビアとか……。反対に寮生活をしていた、スコットランドのフィッシュフィンガーとかは絶対に食べたくない(笑)。

宇田川　本日はありがとうございました。

◆二〇一一年一月

千住《せんじゅ》 明《あきら》

Last Supper
15

西洋音楽理論の和食を目指して

作曲家。1960年、東京都生まれ。東京藝術大学作曲科卒。同大学院を首席で修了。修了作品「EDEN」は史上8人目の東京藝術大学買上、東京藝術大学大学美術館(芸術資料館)に永久保存。代表作に、羽田空港環境音楽「四季」やオペラ「隅田川」、詩篇交響曲「源氏物語」、オペラ「万葉集」など。テレビドラマ「ほんまもん」「砂の器」「風林火山」「GOLD」「99年の愛」、映画「愛を乞うひと」「黄泉がえり」「涙そうそう」「風が強く吹いている」、アニメ「機動戦士Vガンダム」「鋼の錬金術師FA」ほか、数多くの音楽を担当。3度の日本アカデミー賞優秀音楽賞等受賞歴多数。ジェーン・バーキン、シセル、ザンフィル等のプロデュースも手がけ、作曲家・編曲家・音楽プロデューサーとして幅広く活躍。東京音楽大学客員教授。2011年4月よりNHK「日曜美術館」キャスター。[URL: http://www.akirasenju.com]

音楽と料理の引き算

宇田川　まず、音楽と料理の共通点などについてお聞かせください。音楽家と料理人との共通点は多そうですね。グルメの作曲家として知られるのが一九世紀のロッシーニ。引退してからパリにグルメ天国という高級レストランを開き、ボローニャではトリュフを探す豚を飼育していたという。

千住　ブラームスは朝早くに作曲をして、午後はほとんど散歩をしてすごし、夕方五時からお気に入りのレストランに行く生活だったそうです。そこにヨハン・シュトラウスとか音楽家が集まって、何時間もかけて一緒に食事をする。その食事が楽しくて、生きていたようですね。その有名なレストラン「赤いハリネズミ」がウィーンにあります。作曲家もそうですが、ヨーロッパの人たちは特定のレストランを決めたらほとんど変えない。毎日同じものを食べても平気だそうです。

宇田川　フランスでは一九世紀に、三大文豪のユゴーとバルザックとデュマが、金に明かして美食三昧に耽った。一方で音楽家は、食が細いようです。

千住　音楽家でも、演奏家のほうが食に関しては興味を持っていたんじゃないですか。特にイタリアのオペラ系の人たちは食欲があると思う。フランス系はちょっと繊細になりがちで、確かに食は細いですね。

宇田川　虚弱体質だったショパンが、パリ時代によく食べていたのが白身魚と野菜を煮込んだもの。それに合わせて白ワインを飲んだらしい。貴公子のショパンを真似て、白身魚と白ワインを飲むのが流行ったそうです。

千住　音楽と料理というのは非常に似ているものがありますね。まず両者とも、時間芸術であり色彩芸術であること。それに創造性やイマジネーションが必要です。熱中する作業も、出来上がりの解放感も似ている。例えば料理人がメニューを考えるのは、僕たち音楽家が曲順を考えるのと似ていて、同じ脳の使い方をしています。もう一点は、その味が目に見えないこと。もちろん料理は目で見えるけれども、食べてしまえば儚く消えてしまう。特に香りは、悲しいほどに一瞬で輝きが消えてしまう。僕らも、そういう一瞬に消えていく儚さを求めて音楽をやっています。人間が持っているすべての感覚の微妙なバランスで創られ、芸術の域にまで高められた作品も数十分の命で消える。そんな魅力に取りつかれているのが音楽家だと思う。僕などは、ちょっと悩んだりするときは食べにいったり、料理人と話したりしますね。

宇田川　彼ら料理人と話していると、いろいろ刺激を受けますか。

千住　自分では気づかなかったことを教えてくれることが多いんです。モチーフをいかに料理するかという発想も同じだし、自分のイメージを膨らませて、数時間展開するストーリーを創作してメニューを考えることも似ています。僕は同業者の友達が少なくて、本音ではあまり持ちたくない（笑）。音楽家同士で時間を共有するのであれば、ほかの分野の人たちからもっと学びたい。だから料理人の友達は多くて、彼らと接すると自分がよく見えてくる。特に腕のいい和食の友人と話していると、ヒントを得られたり。彼らの話では、洋食のシェフは鯛のカルパッチョにオリーブオイルをかけて、香りを複雑にしたり、バルサミコソースをかけてハーブを足したりする。それにお客さんは、塩や胡椒を加える。つまり、西洋料理は足し算しながら、料理の複雑さを楽しむものであると。

宇田川　素材を分解しながら再構築していくのがフランス料理の特色。そんな複雑さを楽しむのも、フランス料理の醍醐味なんです。

千住　和食のプロはそんなことはしない。要は、味を引き出すということが肝心だからですね。和食にはどんどん引いていくという引き算の法則があると。お客さんにはわからないように、テクニックとして湯掻くとか皮だけ焼くとか、スダチとお塩だけで食べさせたり、なるべくほかの素材を付け加えてくれるな、それがプロの技だと。引いて、引いて、最終的に口の中で味を探させるという行為ですね。

宇田川　美しさを追求する芸術という考え方は同じだけど、一般にフランス料理の足し算の法則に対して、和食は引き算が法則だと言われる。

千住　一般に欧米人は、日本の出汁を単なるお湯みたいなものだと思っています。だから、彼ら外国人を相手にする場合は、塩辛くするとかお醤油の匂いをつける。僕の友人は昔、パリでお店をやっていたんですけど、最終的にフランスじゃなくて、日本で勝負しようと思った理由はそこにあるそうです。日本人相手じゃないと、和食の引き算はわからないからと。僕は西洋音楽をやっていて、西洋料理と同じように、足し算しながら五線譜を使って譜面を書くわけです。譜面をすごく複雑に書く。でも外国に行くと、僕は日本的だと言われる。

宇田川　外国の作曲家と同じように五線譜を複雑に埋めていても、なぜ日本的と言われるのですか。

千住　「間」を感じさせるとか言われましてね(笑)。和食の友人の話を聞いていると、彼の気持ちがよくわかる。五線譜は一見複雑に見えるけれども、点描画のようにたった二本のラインを引き出すために複雑に書いている。つまり、巧妙なテクニックを使って点描画のような日本画を描いているようなものなんです。まさに引き算だと思う。一緒に仕事をした外国人の話を聞いてみると、自分が何者であるかがわかるような気がする。

宇田川　一九九〇年代前半、日本からパリに日本料理を教えに来た料理人がいたんです。当時は日本料理に興味を持つ人は極めて少なかったから、講習会を開いても集まるのはせいぜい主婦が十数人。彼によれば、一番出汁や二番出汁についてどんなに一生懸命に説明しても、彼女らはちんぷんかんぷん(笑)。深海で育つ滋養豊かな昆布の旨味成分を抽出した汁という意味が、まったくわからない。フランス料理に使うフォン（出汁）の作り方とまったく違うからら。

千住　確かにそうでしょうね。足し算といえば、ワインとかジビエ（鳥獣肉）料理とかも足し算で作られていて、「この中に何が足されてますか」っていうのを言い当てるようなゲームじゃないですか(笑)。

宇田川　フランス人の人生もそう。哲学的・演劇的な社会だから、単純じゃなくて複雑に生きることが評価の対象になる。いかに自分が他人と違うかを顕示しなくちゃいけない。物事を複雑に考えることが、インテリジェンスの証明なんですね。日本人には疲れることだけれど、フランスではミステリアスな人間がモテる(笑)。

千住　僕はプロになって西洋音楽を二五年やっています。最初の十数年間は、すごく肩肘を張って外国で仕事をしてたんです。特にロンドンとかプラハとかワルシャワなどで、オーケストラとともに自分を試すようなことをやっていたけれども、最近は日本語のオペラを書くようになりました。最初は世阿弥の「隅田川」、二作目が「源氏物語」、今は三作目の「万葉集」を作曲していて、シリーズ化しようと思う。やっぱり日本人の自分がやらなきゃと。今回の「万葉集」は西洋音楽ながら、エンターテイメントに溢れたミュージカルに近い。日本人の僕がそれと知らずに、日本的感性を通じて国際化のランゲージに直していています。僕の場合、西洋の語法で日本に媚びることなく書けるわけ。もし外国人が『万葉集』に向き合ったとしたら、わざと日本音階を入れてみたり、日本っぽく作曲してみたり、いわゆる〝もどき〟音楽になるんですね。僕は西洋音楽を扱いつつも、西洋かぶれをする年は卒業したから、外国人とも平等に仕事をしています。この一五年でがらっと変わりましたね。アニメーションがそうですが、日本が中心になって動かしている部分を実感できる。

宇田川　アニメと同様、日本料理の評価が高まっているのは確かです。でも、日本的な感性を理解している人は少ないから、正統に評価できる人は少ない。千住さんの言う「間」としての日本料理が、世界の料理の中心的な位置を占めつつあるのかもしれない。西洋料理と日本料理の違いを音楽に置き換えると、どうなりますか。

千住　西洋的な考え方で料理を考えると、はっきりしてわかりやすい。例えば、西洋料理はまずメインディッシュの素材を肉にするか、魚にするかを決める。最初にメインを考えてから、ほかの料理を組み立てていくんです。反対に日本料理は、料理の延長として素晴らしい食器だとか、店内に滝が流れたりとか、そういう料理以外の要素を含めて捉える。ある意味、フランス料理に比べれば、ダラダラとした流れだと思んです。西洋音楽も西洋料理とまったく同じで、まず起承転結で曲を作り、起承転結でクライマックスを考える。作曲には時間三角形という考え方があって、初めの静寂から最終章を回る前、直前の静寂を切り取ったもの、この切り取った時間が音楽なんです。この間であれば、頂点はどこになってもいいわけ。

宇田川　西欧的な起承転結をとっぱらっちゃうという和食の考え方は、相当大胆な試みなんでしょうね。

千住　本当のところは、僕は西洋音楽の理論を使って和食がやりたい。今までは、和食を西洋の台所に持っていって曲を作っていたんです。でも着物を着たり、尺八を吹いたりとかするわけじゃないんですよ。発信の場が今までは海外だったけれど、これからは東京で試したい。海外で模索していた和食の料理人が、今度は出汁とかを日本人相手に試したい、勝負したいっていうのと同じように、僕も日本人相手に音楽を発信していきたい。

千住家の食卓

宇田川　さて、千住さんは小さい頃から匂いに敏感で、目に入るものは全部匂いを嗅いでいたせいで、鼻の頭がいつも黒かった（笑）。それに「コックのせんちゃん」って呼ばれるくらい料理が好きだったとか。

千住　小学校の四年生くらいの時に、見よう見まねでやったらうまくいったものだから、コックになりたいなあと。中学になって音楽に目覚めていなかったら、コックの道に進んでいましたね。自分で料理するのも好きなんですけども、ヴァイオリニストの妹*が手を使っちゃいけないから、家に包丁研ぎがなかったんです。だから、好き勝手に楽な体勢で、これでよく切れるなと思うくらいの変な手付きで切っていた（笑）。でもそのうち、作る楽しさがわかってきました。母が妹のレッスンの付き添いで出かけたりすると、その頃はまだ電子レンジがないから、フライパンに銀紙を被せてハンバーグを焼いたりとか。隣に住む祖父母のために笹身のバター炒めや、僕たちが食べるハンバーグステーキみたいなものを温め直して出す役目だったり。でも、温めるだけじゃ面白くなくて、ちょっと創意工夫する。それが楽しくなっちゃやって、ものを作る楽しさを教わったのがキッチンでした。

宇田川　お母さまは才能溢れる、ユニークなイマジネーションの持ち主だったとか。コックさんに変装したり、子どもたちのためにいろいろ工夫した？

千住　創作料理をいろいろ作ってましたね。父が学者でしたので、お正月になるとお弟子さんたちが二〇人も三〇人も家に来るんですよ。その料理を母と僕とで作るわけ。だから、母のレシピを小学生くらいの時に教わっていた。「ちょっと温めて」とか「味はどんな感じ」とか母に言われながら、一緒にブイヤベースを仕上げたり。子どもながらに、嬉しいというより発見がありました。母は料理学校で習っていないので、あくまでも自己流だった。

宇田川　お母さまは栄養士の資格を持っていますよね。

＊千住真理子。ヴァイオリニスト。一九六二年生まれ。慶應義塾大学文学部哲学科卒。長兄は日本画家の千住博。七三年、全日本学生音楽コンクール全国大会小学生の部で第一位受賞。一二歳でプロデビュー。一五歳の時、第四六回日本音楽コンクールを最年少で優勝。一七歳の時、第二六回パガニーニ国際コンクールに最年少で第四位に入賞。以後、演奏活動以外でも幅広く活躍。使用楽器は一七一六年製ストラディバリウス「デュランティ」。

千住　持っていたんですけど、料理は正式に習ってはいませんでした。でも非常にユニークな料理を作っていて、兄と妹は、母が亡くなったら食べられなくなるのが嫌だっていうんで、僕が教わっている。母の作る餃子は、中に焼売のようなものが入っています。世間的にいう餃子でもないし春巻でもないけれど、具だくさんで、そのまま御飯としてパッと食べられる。実にオンリーワンなわけですね（笑）。僕らはそれを食べて育っているから、今でも食べたいわけです。

宇田川　お母さまの祖父母が、大正時代にドイツに留学されていますね。帰国後に千住家の特別な食べ物になったものがあるとか？

千住　祖母が受け継いできたのが、ドイツ伝来のスタッフドチキン（詰め物入り鶏の丸焼き）。ドイツではクリスマスによく作られる食べ物なんですが、母が母なりに詰め物にこだわって、ちょっとアレンジしてお赤飯を入れるので、ちまきみたいになる。うまくアレンジしたなと思ったのは、普通はチキンの周りに油を塗って焼くけれど、我が家では周りにベーコンを巻いて塩釜焼きみたいにする。するとベーコンがいい色になって、バリバリっていい音がするんです。ベーコンの塩と香りが染み込んだチキンの中に、ちまきみたいなものが入った状態ですね。

宇田川　ヨーロッパの家庭料理だと、チキンの周りにベーコンを巻くっていうのはないですね。かつて妹の真理子さんと対談したことがあって、彼女曰く、千住家の面白い食べ物にソースをかけないコロッケがあったと。

千住　肉に味を付けていたから、特段ソースをかけなくても美味しかったんです。小さい頃は、コロッケは女の子の食べ物で、イモで御飯を食べられるかなんて思っていたから、あまり食べなかった。最近は大好きなんですが、とりあえずコロッケは、妹が継承しています（笑）。

宇田川　食卓の風景が家族の愛情を確認する場だったんでしょうね。今の子どもたちには孤食の問題があるけれど、フランスでは家族と一緒に食べない子どもがいたら、父親が「ふざけるな」と怒鳴って、襟首を掴んで食卓に引き連れてくる。食卓での家族の絆がまだ残っています。

千住　その頃は愛情とかの確認なんて考えずに、ただ当たり前のように集まっていたんです。でも中学二～三年の頃に、食卓や居間を見渡せる階段に腰掛けて、みんなのほうを見ながら、「ああ、幸せな家族だな」って、子どもながらに思ったことがありましたね。この幸せはなんだろうなって思いました。自宅で食べることが多くて、もちろん外食もしますけど、バブリーな家庭のようにカウンターで鮨を食べたり、フグなんて食べたりしたこともない家でしたね。母がフグを食べたことがないので、大人になってからフグを食べに連れていきました。彼女は気持ち悪がって、初めて火を見た猿みたいな表情でフグを見ていましたけど(笑)。

宇田川　千住さんの一大転機になったのが、大学生の時のアルバイト。アルバイトが終わって実家に帰宅したら、服にハエがたかっていたとか(笑)。衝撃的な出来事だったんですか。

千住　生活に困ってやったわけじゃないけれど、肉体労働のような仕事をやってみようかみたいな気持ちで。音楽一筋でいくんだったら、こういう世界も知っとかなきゃ駄目だなっていう気持ちがあったのは確かです。横浜で残飯を収集する民間業者の半分壊れたような車で、市内の飲食街のファストフードとかファミレスなんかを回って残飯を集める仕事でした。みんな仕事が終わるまで待っててくれたりして、温かいなっていう気持ちを感じた。彼らに届く音楽を作れなきゃ、僕はプロの音楽家として失格だなって思ったんです。

宇田川　難解な自己陶酔の世界に行っちゃうような現代音楽もあります。料理にしてもそうで、お客に食べてもらわなければまったく意味がない。お客を無視した自己満足の世界にどっぷり浸っていることなど考えられない。アルバイトは尊い人生経験だと思うけど、自分の音楽的な水準や基準みたいなものを計る方法を探していたのですか。

千住　絵画は、ある特定の人たちを対象にすればいいんですよ。もともとマジョリティを相手にしない。でも、僕が目指している音楽は、一〇万とか一〇〇万とかのマジョリティの世界なんです。多くの人たちの心を揺さぶって鷲掴みにしたい。音楽は、人に聴いてもらって初めて生命を持つと思うから。同時に、専門家に対する音楽もきちんとやっていこうと。両方を叶えていくことが重要なんだと思う。

宇田川　千住さんの言葉でいえば、実用音楽と純粋音楽。いわば二足の草鞋を履いていると考えていいのかしら?

千住　ええ。受験時代も学生時代も、絶対に履いちゃいけないという二足の草鞋を履いていたんです。それを唯一、許してくれたのが僕の師匠で、普通アルバイトをするときは教授会にかけられて、たいていは反対されるけれど、僕の要望だけは通してくれた。だから、コマーシャルも歌謡曲のアレンジもしていました。ただ、師匠に言われたのは、「何をやっても構わないが、芸大生のプライドは捨てるな」。実に、それと同じことを父に言われたことがあります。「コックになってても音楽家になってもいい。誰も真似できないプロ中のプロになれ」と。

宇田川　コックにならなかった千住さんには自慢料理がある。そのひとつが、一六歳から作っているタラコパスタ。

千住　一六歳から三四年間も作っているから、その辺のプロには絶対に負けないですよ(笑)。タラコパスタは、僕が一〇代の時に現れています。キャビアのパスタを食べたい人が、キャビアの代わりにタラコで作ったのがスタートらしい。冷たいカッペリーニ(髪の毛のように細いパスタ)みたいな感じですけど、それが日本流にどんどん進化していった。でも、その進化の途上で間違ったイタリアンが入ってきてしまった。例えば絡めるとか、あるいは一緒に炒めちゃうとかね。キャビアのカッペリーニは、キャビアとオリーブオイルとパスタだけで作らなきゃいけない。僕は三〇年以上やってきて、やっと卵が白くならずに、オリーブオイルとバターだけを使って、クリーミーにすべてをコーティングできるようになった。喉越しが、本当にスープを飲んでるように食べられるパスタで、タラコパスタの醍醐味に到達できた。生クリームとかも、大葉やハーブとかも入れちゃ駄目。ともかく、タラコだけで作る。今僕の手元には、いっぱいタラコがあるんですよ(笑)。いつでも作れるようにスタンバってる。

宇田川　タラコパスタ以外の自慢料理は?

千住　小さい頃から、チャーハンは見よう見まねで作っていて、ちゃんとしたレシピじゃないから、ゴテゴテのおじやみたいなもの。でも、ある時これではいけないと、基礎が大切だと思って研究したり。妹が二〇代のいっときだけ料理学校に通っていて、学校で買わされた中華鍋が余っていたんです。毎日受験勉強しながら、その鍋で振る練習を始めましたね。だから年季は入っていますよ(笑)。チャーハンはもう一生分食べちゃったんですけど、ただ五〜六年前にダイエットして、一〇キロくらい落としたんです。それからはヘルシー志向になって、豪快なチャーハンはあまり作らなくなった。今はヘルシーチャーハンを作ります。

宇田川　私も千住さんのレシピを真似て、夜中に気分転換に五分間でチャーハンを作ったり。五分で作って五分で食べて。そのヘルシーチャーハンってどういうものですか。

千住　油をほとんど使わないで作ります。最近いろいろ紹介されている簡単に作れるチャーハンのことで、最初に御飯に卵を混ぜちゃうんですよ。それをお好み焼きみたいに焼く。ヘルシーというのは、要するに炭水化物をいかに食べないか。炭水化物の少ないチャーハンで、いかにボリューム感を出すかっていうことが肝心。このやり方は焼きそばにも応用が利いて、具にエノキ茸を細かく切って使うんです。嵩も味の旨味も増すし、美味しい。自分の体の中に入れる食べ物だったら、美味しいものを食べたいですよ。例えば、友人の料理人たちと一緒にどこかに食べにいったりとかね。夜、お店が終わると電話がかかってきて、「今から飯食う？」みたいに言ってくれる。外食ではプロの技を味わいたいし、普段はいかにヘルシーな食べ物を作るか、なるべく野菜をたくさん食べようとか。自分で作る醍醐味って、そこだと思うんですよ。

音楽のビストロとフルコース

宇田川　真理子さんが言うには、演目を考える時に、フランス料理のフルコースをイメージすると。例えば、オードブルとしてメンデルスゾーン、次にメインはブラームスを演奏して、最後はクライスラーの小品を演奏するというように。そういうふうに考えるのは、観客に喜んでもらいたいという一心からだと。音楽でも料理でも、お客に対するもてなしの心は同じですね。料理は美味しいだけじゃなくて、テーブルセッティングやスタッフのサービスなども相まって完成する。

千住　僕は妹と一緒に演奏会もしますけど、彼女はまさにフレンチのシェフが考えるように、フランス料理に則って曲目を構成している。彼女なりに決まりがちゃんとあるんですよ。いわゆるビストロのメニューじゃなくて、ちゃんとしたレストランのフルコースですね。ヨーロッパの作曲家にも同じように順番がある。オードブル用が小品だったら、メイン用に密度の濃い大作にするとか、上手に按配しながら決めたり。サービス業的な部分も含めて、音楽と料理は基本的にまったく同じものだと思う。ただひとつだけ違うのは、人は音楽がなくても生きていけるけれど、食べ物がなかったら生きていけない。だからこそ、多くの人たちが食に関して興味を持っている。食に関しては誰もが耳を傾けてくれるけれども、音楽は聴かなくても生きていけるから、音楽が人間を惹きつけることは難しい。でも、音楽のある生活は楽しいし、人を惹きつけられたら、僕ら音楽家の掌中でいかようにも処理できますよ(笑)。

宇田川　ジャズのデューク・エリントンもマイルス・デイビスも異口同音に、「音楽にジャンルはない。あるのは良い音楽と悪い音楽だけだ」と。料理も同じことで、「料理にジャンルはない。あるのは美味しい料理と不味い料理だけだ」。

千住　今でもフランス料理は、クラシック音楽を聴くようにちょっとかしこまる。でも、これは絶対に必要なことで、程よい緊張なんですよ。ただ、気軽に居酒屋に行くように、あのビストロのあの料理を食べたいというときがあって、そういうときはライトなミュージックを聴くわけでしょう。音楽家にも、軽いビストロみたいなヴァイオリニストはいっぱいいるわけ。高級なフランス料理か手頃なビストロを選ぶかは、その日の気分によって聴く音楽を変えるのと同じだと思うんですよ。

宇田川　同じく真理子さんによれば、フランス料理にワインがなければ完結しないのと同様、彼女にとってそのワインに相当するのがヴァイオリンのストラディバリウス。それがないと完結しないと。

千住　僕にとっては、シャンパーニュ*がないと生活が完結しない(笑)。フレンチでも鮨でも中華でもなんでも、とにかくシャンパーニュは絶対にマストですね。どんな料理にも合うのがシャンパーニュだと思うから。だから、僕の血にはシャンパーニュが流れているだろうな(笑)。シャンパーニュやワインを飲みながらの食事は楽しいし、自分に対して気分的にリセットできる。日本人に、ワインと食事の楽しみ方をもっと広めるべきだと思います。「鮨シャン」って、鮨とシャンパーニュのことですが、和食には日本の甲州産とかのさっぱりした白ワインも合いますよ。日本酒と同じくらい合う。もちろん、日本酒のほうが合うけれど。例えばワインと食べ物の組み合わせでいえば、僕はピノ・ノワールとカツサンドとかが絶対ね。シャンパーニュには海老フライサンドだと思う。外国じゃ、海老フライサンドは食べられない。ほかにも、海老マカロニグラタンに白ワインってめちゃくちゃ美味しい。白ワインを置いているお店が少しずつ出てきました。日本的な洋食って、ちょっと疲れた人たちにはいいと思う。今まで洋食屋に置いてあったのは、せいぜいキャンティ程度だったじゃないですか。それが少し変わってきて、シャンパーニュやワインを置くようになってきた。

＊フランス本国のシャンパーニュ地方ワイン生産同業委員会（CIVC）とその日本事務局では、シャンパンの正式名称として「シャンパーニュ」を推奨している。

宇田川　毎日、アペリティフ（食前酒）にシャンパンを一本開けると豪語されているけれど（笑）。

千住　毎日一本飲んじゃいます（笑）。

宇田川　思い出の食べ物はいろいろあって選ぶのが難しいでしょうけど、最高の一品は？

千住　僕が小学校の時に、自由が丘にアマンドがあったんですよ。そこに、「車海老のパンケーキ包みグラタン」という料理があって、それを食べるために、ヴァイオリンの練習に通っていた母と妹を待っていたんです。パンケーキに車海老を包んで、下は確かパスタで、ホワイトソースに絡めたグラタンなんですけど、美味しかった。レシピが残っていたら、生きているうちに一回でいいから食べたい。

宇田川　千住さんが書かれた本に、お父さまが亡くなられる時に、最後に天麩羅うどんを食べるシーンが出てきますね。

千住　父は食に関して無頓着な人だったんですよ。逆に僕ら兄弟は、父が反面教師になったようで、食べることにすごく興味を持ったんだと思う。父は昔の人だから、卵かけ御飯だけで満足する人なんです。晩年には僕らがいろんなものを食べさせてみたんですけど、どうも感動がないみたい。ただ、その天麩羅うどんとかは、時々店屋物として取っていました。父の生活の一部としての料理で、特別な料理じゃないですね。僕は、最後に死ぬ時は、母の作った料理を食べたいですね。そのなかでも一番シンプルな唐揚げで締め括りたいと思います。

宇田川　本日はありがとうございました。

◆二〇一一年四月

楠田枝里子《くすた えりこ》

Last Supper
16

「チョコレート」は私の万能薬

司会者、エッセイスト。三重県伊勢市生まれ。東京理科大学理学部を卒業後、日本テレビのアナウンサーを経て、現在フリーとして活躍。テレビ番組の司会や、ノンフィクション、エッセイ、絵本の執筆など、幅広い創作活動を続けている。また、南米ペルーの世界遺産「ナスカの地上絵」の研究と保護活動のための国際的なボランティアワークにも情熱を注いでいる。主な出演番組は、「なるほど！ザ・ワールド」「世界まる見え！テレビ特捜部」など。著書は、『ロマンチック・サイエンス』『不思議の国のエリコ』『ナスカ砂の王国』『ピナ・バウシュ中毒』ほか多数。最新刊は、『チョコレートの奇跡』。

食べるのが遅い子

宇田川　二〇一一年一月に『チョコレートの奇跡』という本を出版して、チョコレートの伝道師としての名を高めました。外出している時も、いつも持ち歩いているのですか。

楠田　基本的に、一日に何回かチョコレートを口にするという習慣ができていますので、常に持ち歩いています。

宇田川　その習慣はいつ頃からですか。

楠田　物心のついた頃から今日に至るまで、チョコレートを食べなかった日はないというほどのチョコレート好きです。実は、母が栄養学の講師を務めていたこともありまして、食べることに関してだけは非常に厳しかった。例えば小さい頃に、夕食で好き嫌いをして食べ残すとしますね。そうすると感情的に叱るということはなくて、私にきちんと説明してくれたんです。「枝里子ちゃん、あなたは朝から何と何を食べました。そうするとタンパク質、脂肪、炭水化物、ビタミンA、B_1、B_2までは摂れている。けれども、ビタミンCが二〇ミリグラム足りない。だから、どうしてもこれは食べなくては駄目なの」というように。感情的に叱られれば、子どもは感情的に反発する。でも、そんなふうに説明されると、私も子どもながらに「そうか、ビタミンCが二〇ミリグラム不足しているのか」と嫌なものでも食べようとしましたね。どうしても食べられない、生理的に受け付けないものが出てくると、母は「それじゃあ、二〇ミリグラムの不足分をこれで補いましょう」と代替案を出してくれました。

宇田川　栄養学的に緻密に考えて料理していたわけですね。

楠田　小さい頃から、一日に必要な栄養素は一日の食生活の中できちんと摂取するという癖ができました。母は、学校帰りの買い食いを許してくれませんでしたので、今でも当時の習慣が残っていて、いわゆるスナック菓子のようなものは一切食べません。けれども、母から「チョコレートだけは食べていい」と。

宇田川　彼女なりに相当の理由があったんでしょう?

楠田　おそらく母は専門上、食品成分表を学んでいて、食物の栄養価に詳しかったので、それに基づいていたんでしょうね。チョコレートは非常に栄養が豊かなことを知っていて、薦めたのでしょう。

宇田川　地元でも、お菓子やチョコレートを売っていたと思うけど、お母さまのお眼鏡に適うチョコレートはあったのかしら？

楠田　私の記憶では、チョコレートはお菓子屋さんに普通にありました。でも、カカオのパーセンテージがどうこうという時代じゃないですからね。父が貿易関係の仕事をしていたものですから、ヨーロッパからお土産に買ってきてくれることもありました。お土産というと、当時はチョコレートとか子ども服ですね。ほかにも絵本をたくさん。私が絵本の仕事をするようになったのは、たぶんその影響が大きいと思います。

宇田川　食べ物に関してはお母さまの影響が絶対的だった。楠田さんは、小さい頃はとろくて不器用で、おっちょこちょいでぼんやりした子どもだったとか。だから、朝食でもたもたしていて、なかなか終わらない（笑）。

楠田　ほかの子どもの三倍も四倍も時間がかかるんですよね（笑）。何が遅いのか自分でもよくわからない。とにかく、お箸を持ち上げるのから、噛むのから、何から何まで動作が遅い。毎朝時計とにらめっこをしていて、途中でお箸を置いて、ランドセルを持って学校に行こうとすると、母が私の手をつかまえて、「ちょっと待って」と止めるんです。「まだ、朝御飯が残っている」「でも、もう出ないと学校に遅刻するから」と私は困ってしまう。すると母は、「いや、一時間目の授業はあとで本を読んでおけばわかります。でも、今日の朝御飯は今しか食べられないから、全部食べていきなさい」。そうやって朝御飯を食べていて、一時間目二時間目に遅刻してたんですよね。朝御飯が遅いということは、当然、お昼御飯も遅い（笑）。

宇田川　お昼御飯というのは学校給食のことですね？

楠田　給食の時間って、当時は五〇分ぐらいあったと思うのですが、私はあまりにもゆっくりで、食べきれない。いつも途中までしか食べられなかった給食を、小学校の低学年の時には、取り上げられてしまうという悲しい体験をしました。ところが五年生の時の先生が、そんな私の姿を見て、「枝里子ちゃん、お昼御飯まだだったら、食べていていいよ」とおっしゃってくださったんです。その日から先生のお墨付きをいただいたので、五時間目が始まって、ほかの生徒は教科書を出して勉強を始めているのに、私だけうつむいて御飯を食べていましたね（笑）。

宇田川　今だったら絶対にいじめの対象ですよ（笑）。

楠田　のんびりしていて、本当にいい時代でしたね。だから朝御飯を食べていて、一時間目も二時間目も先生の話を聞いていない。お昼御飯を食べていて、五時間目六時間目も聞いていない。夕御飯は家でゆっくり食べていても大丈夫だったので、夜寝る前に今日一日何をしたかなと考えると、御飯を食べたことしか思い出せないような小学生時代でしたね(笑)。

宇田川　食べ物の好き嫌いはなかったんですか。

楠田　母の教育のおかげで、好き嫌いはだんだんなくなりました。ただ、大人にならないとわからない味があるから、そういう食べ物はあまり口にはしなかったかもしれない。ちょっと苦味の強いものとか。

チョコレートの奇跡

宇田川　チョコレートを食べる習慣は、小さい頃から現在まで一貫して続いているわけですか。

楠田　はい。私はこの年になるまで、大きな病気をしたことがないんです。おっちょこちょいなのでケガは多いけど、病気はしない。風邪も、もう何年もひいていません。すごく元気です。よく「健康の秘訣はなんですか」とか、「元気の秘密を教えてください」という質問を受けますが、どう考えてもその理由が思い浮かばない。こういう職業についていると生活が不規則になりがちで、食生活に気をつけているとはいっても、時間はまちまちで、睡眠時間も毎日きちんと取れるわけじゃない。

宇田川　世間では「健康を保つためには一病息災だね」と言われますが、まったく病気をしないというのは信じられない。適度な運動をしているとか？

楠田　運動も何もやっていません。ジムに入会したことはあるけれど、三年のうち一回しか行けなかったものだから、もったいないと思ってやめました。むしろ健康には悪いことだらけの生活です。それなのにどうして病気ひとつせず、元気なんだろうと考えていて、チョコレートの存在に気づいたんですね。そもそも母から教えてもらった、基本的に一日に必要な栄養素は一日の食生活の中できちんと摂る、という習慣が大きい。それに加えて何か特別なことがあるとすれば、一日も欠かしたことのないチョコレート。

宇田川　多忙な仕事をこなしていれば、食材を買って、いろいろ栄養を考えて料理するという時間はほとんどないでしょう。一般に、栄養的に不足する部分はサプリメントを摂って補ったりする。楠田さんの場合は、チョコレートがその不足分を補っている存在なんですか。

楠田 そういうことではないんです。基本的な食生活はきちんとある。外食をする場合でも、朝から何を食べた、何が足りない、だからこういうものを注文しようというふうにメニューを選びます。最終手段としてのサプリメントも一通り揃えていて、どうしても不足している分は補ったりしますけどね。

宇田川 小さい頃はチョコレートの栄養を考えずに食べていたと思いますが、チョコレート一筋が結果的に身体にいいことがわかったわけですね。

楠田 私の健康の秘訣を考えていて、「そうだ、チョコレートは欠かさず続けているな」と思い至りました。チョコレートにはきっと何かがあると思ったわけ。それで徹底的に調べ始めました。本当にタイミングのいいことに、ここ一〇年、チョコレートに関して科学的な研究が飛躍的に進んだんです。

宇田川 いよいよ楠田さんの健康の秘訣が明かされる(笑)。

楠田 学会に顔を出したり、シンポジウムに参加したり、論文を読んだりしましたら、面白い研究発表がたくさん見つかりました。ただ専門家向けのものなので、話が非常に難しい。ここまで明らかになっているのならば、「もっとたくさんの方に知っていただかなくちゃ、伝えなくちゃ」という気持ちでいっぱいになって、それが『チョコレートの奇跡』につながった。研究者にインタビューさせていただき、わかりやすい形で研究の最前線をリポートしたんです。

宇田川 その本を読んで驚きました。肉体が患うすべての症状に効くような、まさにタイトル通りに奇跡が起こる。

楠田 本当にそう。チョコレートと人間との付き合いは三千年の昔にまで遡りますが、マヤやアステカでは、長いことカカオは王族や勇敢な戦士たち、つまり選ばれた人たちのための万能薬として使われていたんです。コロンブス以降、ヨーロッパに伝えられたあとも、実はカカオを扱っていたのは薬屋さんでした。今、チョコレートというと、私たちは美味しい嗜好品としか思わないけれど、それはたかだかここ一六〇年ぐらいで、実は三千年にもわたる薬としての歴史があったんですね。

宇田川 ヨーロッパに伝来したカカオが、固形チョコになって登場したのが一九世紀半ば。その前に、ルイ一三世の王妃アンヌ・ドートリッシュ、ルイ一四世の王妃マリー・テレーズ、ルイ一六世の王妃マリー・アントワネットなどがチョコレートのドリンクが好物で、王侯貴族の間でもてはやされた。伝来物のファッションとしてブームになったんでしょうが、彼女たちも身体に効く薬みたいな感じで飲んでいたのですか。

楠田　最初は身体に良い珍しいものとして伝わってきて、だけど美味しくはなかった。ヨーロッパに最初に伝えられた時には、ドロドロとした、あまり旨味のない飲み物、豚の飲み物なんて言われていた時代もあったようです。それに、お砂糖やミルクを加えて甘く飲みやすい形に変えていく。そうしてファッションになっていった。

宇田川　ちなみに二〇〇八年の統計によれば、フランスではチョコレート菓子の一人当たりの年間消費量は七・七キログラム。ドイツがトップで一一・四キログラム、二位がスイスで三位がイギリス。フランスは七位で、日本は二・二キログラムと圧倒的に少ない。

楠田　優れたショコラティエさんはフランス人が多い。

宇田川　フランスにはＭＯＦ（フランス最優秀職人章）という、日本でいう人間国宝みたいな称号を持っているショコラティエがいます。フランスの家庭に招かれた場合、一番喜ばれるプレゼントがチョコレート。その次がフラワーや写真集、画集、絵本などの本でしょう。チョコレート文化の最前線がフランスだと思います。

楠田　『チョコレートの奇跡』の第三章に、私の大好きなショコラティエさんをご紹介したのですが、圧倒的にフランス人が多かった。美味しいチョコレートを食べると、こんな素晴らしいチョコレートを作ったのはどんな人だろう、どんな気持ちで作っているのだろうと、その人に会いたくなる。会って話を聞きたくなってパリまで飛びました。

宇田川　みなさん職人ですが、ある意味アーティストでもある。両者のバランス感覚が素晴らしい。

楠田　生み出されたショコラは芸術作品だと思う。

宇田川　チョコレート文化といえば、例えばフランスの高級ホテルに泊まると、必ずベッドサイドにチョコレートが置いてある。チョコレートに対するイメージはヨーロッパ人と日本人では相当異なる。その辺の考え方の落差みたいなものをどう思いますか。

楠田　日本人にとってチョコレートは、まだまだ甘い子どものお菓子ではないかと思います。私はそれを変えたいと本を書いたりしている。マヤやアステカの時代に薬として重用されたものだから、その古人の知恵を現代に活かさない手はないと思って。まず、チョコレートの原材料であるカカオがどれほど身体にいいものであるかを知ってもらいたい、チョコレートの芸術に情熱を燃やしている人を紹介したい、チョコレートにまつわる文化や歴史などをたどり始めると大変に面白い、それをお伝えしたいという思いで、一冊の本ができあがったわけです。

宇田川　就寝前のベッドサイドに置かれているのが象徴的ですが、ヨーロッパ人にとってチョコレートというのは、就寝前に気分を静めたり、精神を安定させたりするものと考えられている。逆に日本人は、チョコレートは気分を高揚させるもの、覚醒させるものと考えているような気がする。

楠田　非常に不思議で面白いと思うのですが、チョコレートというのは朝食べると、シャキッと覚醒させてくれる。実際にカカオに含まれるテオブロミンやレシチンが、脳の働きを活発にしてくれて、交感神経を働かせてくれる効果がある。夜寝る前に食べると、今度は副交感神経に働きかけて鎮静効果がある。バランスよく、それぞれのケースに効果的に働きかけるこんな食べ物はほかにはありません。

宇田川　確かカカオマス・ポリフェノールの効能が発揮されるのは二〜三時間ぐらい。昼でも夜でも、両方に効能があるならば、塩梅よく摂らなければいけないわけですね。

楠田　賢く栄養素を摂るには、一日何回かに分けてちょこちょこつまむのがいいでしょう。ほかにもチョコレートの効能として、食物繊維が豊富に含まれているので、便秘を解消してくれます。ミネラル分も含まれているので、身体の機能を健全に保ってくれますし、最近有名になったカカオマス・ポリフェノールは抗酸化作用があって、例えば癌や動脈硬化といった、さまざまな病気の予防に効果があったり、殺菌作用もある。胃潰瘍の原因になると言われるピロリ菌とか、O-157にも有効に働くそうです。

宇田川　しかも、嬉しいことに老化防止にもなる？

楠田　そうなんですよ。ストレスとか花粉症などのアレルギー、シミやシワやボケといった老化の緩和にも効果があると言われていて、専門家がそれを証明しています。

宇田川　さまざまな効能に驚きました。だけど忘れちゃいけないのは、あくまで基本的な食生活をしたうえでの話ですよね。めったやたらにチョコレートを食べまくれば効くという話じゃない。

楠田　まずベースとして栄養バランスのよい食生活があって、そのうえでチョコレートを効果的に摂りましょうということです。そして、どんなチョコレートでもいいというわけではありません。もともとチョコレートのさまざまな効果はカカオ由来のもの。カカオから得られるカカオマスに、あとからお砂糖やミルクやナッツ、クリームなどいろんなものが加えられて、さまざまなチョコレートが作られているのですが、カカオのパーセンテージの高いチョコレートを選ばないと効果は望めません。私はカカオ七〇パーセント以上のチョコレートを推奨しています。

宇田川　とても重要な指摘ですね。最近はスーパーでも七〇パーセント以上のチョコレートを売っています。

楠田　七〇パーセント以上というのが大切ですね。八〇でも九〇でも一〇〇でもいい。ただし、どんどん苦味が強くなるから、美味しく楽しんで味わいたいと思うなら、七〇〜八〇パーセントぐらいまでを選んでいただきたいですね。

宇田川　理想的には毎日五〇グラム程度を食べ続けていれば、効果は望めるだろうと。楠田さんはチョコレートの効能を証明するために、女性四人を使って個人的に実験していますね。どんな実験ですか。

楠田　カカオ七〇パーセントのチョコレートを毎日五〇グラム食べてもらう実験をして、レプチンの数値を計測しました。レプチンとは脂肪細胞から分泌されるもので、食欲を抑制する物質。チョコレートを食べていると、どんどん数値が大きくなる。つまり、体内でこれ以上食べなくていいよとセーブしてくれる。だから無駄に食べることがなくなるわけですね。

宇田川　実際に過食もなくなり、体重も減ったそうですね。科学的に正しい効能が証明されたんでしょうか。

楠田　私が個人的に実験しただけで、大きな論文にするためには四人じゃ少ない。一〇〇人とか二〇〇人とか大きい単位で実験ができれば、もっと面白いことになるだろうと思います。

宇田川　チョコレートと胃癌の関係でも、スイス人は日本人より胃癌になる人が少ない。なぜならチョコレートの消費量が多いから。消費量の多い国ほど胃癌による死亡率が低いと楠田さんは指摘しています。

楠田　先ほど申し上げた、ピロリ菌をやっつけてくれる効果が如実に現れているのだと思います。カカオには癌そのものの発癌抑制の効果がありますから。

宇田川　そうした効能が日本で喧伝されないのは、チョコレート文化が根づいていないからですか。

楠田　いわゆる「トクホ」（特定保健用食品）の認定を受けないと、薬事法の縛りがあって、メーカーサイドも効果を高く謳えないというジレンマがあるんですよね。それに、日本にチョコレートが入ってきたのが遅くて、最初から甘いお菓子としての捉え方をしていたのではないでしょうか。

宇田川　確かに甘いスナック菓子だと思っている傾向が強い。そのために、ニキビとか虫歯とかの原因になると言われて、お母さんが子どもたちに食べさせなかったり。

楠田　そういう誤解が生まれたのは、昔はチョコレートが高価なものだったからだと思います。たくさん食べられたらたまらないから、「虫歯になるわよ」とか、「太るわよ」とか、お父さまやお母さまが、そういうふうに牽制したような気がしますね。

宇田川　フランスなどではスナック菓子ってそんなに多くない。チョコレートが本道で、日本のように無尽蔵にお菓子が並んでいるわけじゃない。そんな状況の中で出版した『チョコレート・ダイエット』はベストセラーになったそうですね。そのおかげでカカオ七〇パーセント以上のチョコレートも大層売れたとか？

楠田　私がその本を出した頃は、日本のメーカーではカカオ七〇パーセント以上のチョコレートをまったく生産していなかった。日本で手に入れようとしたら、大手スーパーの輸入物のコーナーに行くしかなかったんですね。本の出版後に大きな話題となり、高カカオブームが巻き起こりまして、これはいけると日本のメーカーも続々とカカオ七〇パーセント以上のチョコレートを売り出したのです。大甘のチョコレートしか食べたことがない人は、最初は七〇パーセントでも苦いとおっしゃる。でも慣れてみると、それこそがカカオの旨味で大人の味わいだと感じるようになる。私は甘いチョコレートはちっとも美味しいと思わないし、もう食べられない。

宇田川　世界にこれだけチョコレートがあるわけだから、気分転換にいろいろ変えて食べたり、さまざまなお酒に合わせて食べたり？

楠田　嬉しいことに、チョコレートはコーヒー、紅茶はもちろんのこと、ちょっと濃く淹れた日本茶も合うんですよ。中国茶もいいし、シャンパンはどんなチョコレートにも合いますし、ワインもブランデーもウィスキーも合う。一日の仕事を終えて帰宅して、最後にシャンパンを飲みながらチョコレートをつまむって至福の時ですよ。普通シャンパンはお祝いの時に開けますでしょう。でも私は、悲しい時にも飲むんです。そうすると心を高揚させてくれる。楽しい時ばかりじゃなくて、悲しい時や辛い時、くたびれた時にこそシャンパンを飲むと、気持ちを明るく前向きにしてくれます。

ピナ・バウシュと囲んだ食卓

宇田川　楠田さんは二〇世紀を代表するコレオグラファーのピナ・バウシュ*の追っかけで(笑)、『ピナ・バウシュ中毒』という本まで出した。彼女たちとシャンパンやワインを飲んだり、よく食卓を囲んだのですか。

＊一九四〇年、ドイツに生まれる。現代舞踏のカリスマ的コレオグラファー。ヴッパータール舞踊団を率いて世界各国で公演。その作品は、舞踏界のみならず、芸術の幅広い分野に大きな影響を与えた。二〇〇九年他界。

楠田　ピナ・バウシュとは二〇年の付き合いになりましたね。残念ながら二年前に亡くなられましたが、生前は公演後に、フランスやイタリア、ピナの本拠地であるヴッパータールや東京でも、必ず「エリコ、御飯食べに行こう」と誘ってくれました。何人かのダンサーたちも一緒ですが、このうえない楽しみだった。みなさん目一杯動いて疲れていらっしゃる。その疲れを癒してくれるような、また明日への力を奮い立たせるような食事会を楽しんでいましたね。もちろんシャンパンやワインも飲んだり。ピナは特にボルドーの赤ワインが好きでしたね。

宇田川　ダンサーたちとの食事ってどんな雰囲気なんですか。

楠田　笑いの絶えない、本当に楽しい食事会でした。なんでもない会話の中に、ものすごく重要な話がポツリポツリ出てきたりする。食事をしながら、ハッと気づかされて身震いするようなことがたくさんありました。

宇田川　ダンサーは普段、肉体を鍛錬しているわけだから、食事や健康管理にすごく気をつけていると思う。食に対してうるさい人たちじゃない？

楠田　みなさんなんでも召し上がっていましたよ。ピナ・

バウシュも、お魚もお肉も好き嫌いなくなんでも。私は食事をしながら、まだ劇場にいてパフォーマンスの続きを観ているんじゃないだろうか、と思うような美しい時をすごしました。「今度の新作のタイトルだけど、こんなのどうかしら」とピナが皆に語りかけたりする。新しいパフォーマンスのタイトルが生まれてくる瞬間に居合わせたのも、貴重な体験ですね。

宇田川　フルコースをちゃんと食べたりするんですか。

楠田　人それぞれですけど、フルコースも食べますよ。夜遅い食事会で、深夜の三時四時になってしまうこともあったりして。素晴らしい思い出は、ピナ・バウシュの本拠地のヴッパータールで、ダンスフェスティバルが行われた時のこと。夕方四時ぐらいに劇場に行って、パフォーマンスを観る。それからオペラハウスに場所を移して、またパフォーマンスを観て、そのあとにもうひとつの小さい劇場に移動してパフォーマンスを観てから、深夜の二時ぐらいにみんなとレストランでの食事会が始まる。朝の五時から六時ぐらいまで食べて飲んで踊って、という時間が毎日毎日続いたことがあるんです。二週間にもわたって。本当にただただ夢の中に私はいましたね。

宇田川　きらめくような光景が浮かんできます。さぞや幸せな時間が流れていたことでしょう。記憶に残る食事会としてトップランクに入る美しい思い出ですか。

楠田　ピナ・バウシュとの食事会は私の人生の中でも、特別に幸せな時間だったと思います。来日した時には、おでんや鰻や懐石料理を共に楽しみました。私の家にお招きして、お鮨屋さんに目の前で握ってもらって皆で大歓声をあげたことも、忘れがたい思い出ですね。

宇田川　国境を越えて仕事をしている人たちは、私から見れば偏食しない人が多い。それは興味深いことで、世界の果てに行っても現地のものを食べる、食べ物の選択にうるさくないことです。食べ物に関しては郷に入れば郷に従うという気持ちが大事なのに、日本の若い人や中年に、やけに日本食にこだわる人たちの多いことが信じられない。

楠田　世界中を旅して仕事をしているわけだから、そんなことを言っていたら、振るい落とされてしまうでしょう。

宇田川　贅沢は言ってられない。世界各地を旅する楠田さんは食べ物にうるさいほうですか。

楠田　私もどこの国を旅しても、現地のお料理で大丈夫なんです。

宇田川　現地に行ったら現地のものを食べるのが普通なんだけど、現地主義を貫くのは意外に難しい。加齢とともに人間の肉体や気力は衰えてきて、海外に行って疲れてくると、小さい頃から慣れ親しんだ食べ物が恋しくなるわけです。異文化に入ると自分のオリジナリティが強く出てくる。そうすると食べ物なんかが一番気になって、日本食に手を出す。楠田さんみたいに自然に軽やかにそう言えるのは難しいことですよ。

楠田　私はヨーロッパでもアメリカでも、和食のことなど思い出しもしない。だって、その土地の気候風土の中で生まれた食べ物が一番美味しいに決まっているじゃないですか。意志が固くて貫いているわけではなくて、自然にやっているんですよ。

ナスカとの不思議なかかわり

宇田川　ピナ・バウシュへの愛情も驚きですが、ナスカの地上絵への執着心もすごいとしか言いようがない。ナスカの地上絵の保護活動をしていたマリア・ライヘ＊について調べて書いた人がいたら、普通ならば、アフターケアをどうするのか気になるところ。楠田さんは彼女のために基金を設立して、パルパ博物館の開館にも協力した。なかなかできないことだと感心しました。

＊一九〇三年、ドイツに生まれる。二九歳でペルーに渡り、「ナスカの地上絵」の研究と保護活動に生涯を捧げた。九四年に世界遺産に登録される。九八年、九五歳で他界。

楠田　私も自分でつくづく不思議だと思います。そもそもマリア・ライヘの存在を知って、興味を持ち始めたのは一九七〇年代の半ば。その時に、まさか自分が地球の反対側へ飛んで、その人に会うとは思っていなかった。一九八五年に初めてナスカに行って、マリアさんにお会いしお話を伺って、聞けば聞くほど興味深くて、このお話の続きを聞かなきゃと思うようになった。毎年のように砂漠へ飛んでお話を聞き続けた時も、まさか自分が原稿を書いて発表するとは思わなかった。その時は自分の興味を満たすと言いますかね、心のうちの疑問を解き明かすということで手一杯でした。『ナスカ 砂の王国』という単行本が出版された時も、まさか彼女が提唱している地上絵保護活動のお手伝いをさせていただくことになろうとは夢にも思わなかった。人生にはたくさんの出会いがあって、その出会いに導かれるように仕事を与えられて生きていくんだなと思います。

宇田川　ナスカの地上絵が日本で一般に知られるようになったのは、楠田さんの功績が大きい。おぼろげだった知識が楠田さんの本によって深く広まった。しかも、地上絵を守るために一生を捧げた女性がいたことにもびっくり。彼女の生活全般が質素で、そして粗食だったと。

楠田　衣食住にも事欠く厳しい研究生活だったと聞きました。ぼろぼろになった彼女の姿を見て、子どもたちは石を投げて、魔女魔女とはやし立てたそうです。

宇田川　日常の食べ物はパンと水とほかにちょこっと、そんな感じでしたね。本の中に日本の玄米食みたいなものを食べるシーンがありますが。

楠田　キヌアですね。穀物の一種だと思います。お粥みたいなものにして食べていました。

宇田川　楠田さんは地元のレストランでクイという奇妙な食べ物を食べたそうですが、クイってなんですか。

楠田　ネズミですよ(笑)。モルモットとネズミの間ぐらいの生き物。お正月にナスカにいて、地元の人に「ペルーのおめでたい贅沢な正月料理を食べよう」とレストランに連れていかれました。どんなご馳走が出るんだろうと楽しみに待っていたら、クイ・チャクタードが出てきた。太った大きなネズミを丸焼きにしたものが目の前に現れたんです。毛をむしって、内臓を取っただけで、爪も伸び放題、目は焼け焦げ、歯はむき出しのすごい形相で出てきて驚きました。これはとてもダメだ、と思ったのですが、レストランの入口にふと目をやったら、日本からやってきた女がクイの丸焼きを食べるというので、みんながもの珍しそうに見物している。ここでひるんでは日本女性の名がすたると(笑)。目を背けながら、ナイフとフォークでちょっと肉を切り離してひとくち口に含んだら、これが美味しいんですよ。

宇田川　どんな味でした?

楠田　鶏肉にちょっとコクをプラスしたみたいな感じで。テーブルに向き直りまして、もりもり食べ続けて、最後は骨しか残りませんでした(笑)。

宇田川　考えてみたら、丸焼きって原始的な調理法だけど、クリスマスチキンなんかもそうだし、日本でも鯛の尾頭付きなんてのもある。しかも目玉まで食べちゃう。

楠田　その後、クイが美味しいと知りましたので、ペルーに行くたびに、食べにいこうと誘うんだけど、みんな嫌だと断る(笑)。かの地では特別な料理で貴重なタンパク源ですし、日常的に食べられるものじゃないですね。

宇田川　ペルーはトマトやジャガイモなどの原産地としても知られている。

楠田　トマトもジャガイモもトウモロコシも、とても美味しい。種類も豊富ですし、五〇種類ものジャガイモを食べた経験がありますよ。色も形も食感もまったく異なっていて、それぞれの魅力があって、感激しました。そういう野菜を食べて育っているから、鶏にしろ豚にしろ牛にしろ、肉がまた味わい深い。素材がいいから、簡単な料理で充分美味しくいただける。

宇田川　一九九〇年代に、ジョエル・ロブション*が日本にレストランを出す前にインタビューしたことがあるんです。私が「日本には美味しい食材がなんでも揃っているから心配ないよ」と言ったら、「ひとつだけ気になることがある」と言う。その答えがジャガイモ。フランスの食生活でジャガイモの占める場所は多い。もちろんガルニチュール（付け合せ）に使うんだけど、種類は多い。だからロブションは、日本には美味しいジャガイモがあるのかって、すごく心配していたのをよく憶えています。ペルーにはもうひとつの名物料理、ペルー式の牛丼みたいなものがありますね。

＊　一九四五年生まれ。「フレンチの神様」とも称される世界的に著名なシェフ。二八歳でホテル「コンコルド・ラファイエット」の総料理長に就任し、七六年にはＭＯＦ（フランス最優秀職人章）を授与される。八一年に独立し、レストラン「ジャマン」を開店、八四年には史上最短でミシュラン3ツ星を獲得。現在では、日本を含め世界中にジョエル・ロブションの名を冠する店が運営されている。

楠田　ロモ・サルタード。あれも私、ペルーでよく食べますよ。日本の牛丼みたいに肉が薄切りじゃなくて、しっかりしています。

宇田川　ペルーと聞くと、私たちは政情不安とか革命とか、貧困などの言葉を思い浮かべるけれど、現地の人たちはたとえ粗食でも元気なんでしょう？

楠田　子どもたちを見ていると、すごく貧しくて、身なりも粗末で、経済的に潤っている家庭でないことは一目瞭然なんですけど、瞳がキラキラと輝いていて元気なんです。それは救いですね。

二〇六一年のハレー彗星まで

宇田川　それにしても、ピナ・バウシュに対してもナスカの地上絵に対しても、楠田さんの好奇心と探究心は半端じゃない（笑）。元気の素はチョコレートにあるにしても、小さい頃からの健康的な食生活が気力や精神力に結びついているんですか。

楠田　健康な身体がなければ何事も始まりませんもの。母の存在は大きかったし、感謝しています。母は大学を卒業して、本当は文章を書く仕事に就きたかったらしい。新聞記者になりたかったと言ってましたから。ただ三重県の伊勢市という小さな田舎町で生まれ育ったので、あの時代に女が都会にとどまって仕事をするということは許されない。泣く泣く田舎に帰らざるを得なくて、田舎に帰っても仕事などありませんから、当時の慣習に従って、お見合いをして結婚をして私がすぐに生まれた。そんな状況だったので、自分の夢をいつの間にか諦めざるを得なかったようです。

宇田川　楠田さんの仕事を見ていると、お母さまの夢をすべて実現している。

楠田　私が仕事をすることに対しては、本当に拍手を送ってくれていました。ある意味では、母が果たせなかった夢を私が代わりに、というような気持ちが常に自分の活動の中にあるんじゃないかなとも思います。

宇田川　長寿の秘訣は健康的な食生活が基本になっていることはわかりました。いったい何歳くらいまで生きたいと思っているわけ（笑）？

楠田　二〇六一年まで生きていられたら嬉しいなと思っているんです（笑）。もう一度ハレー彗星が見たいの。ハレーは七六年周期で姿を現す彗星で、前回は一九八五年から八六年にかけてでした。次回の二〇六一年、ハレーとの再会を祝して、みんなで望遠鏡を覗きながら乾杯したいんです。そのためのワインもちゃんと用意してあるんですよ。一九八五年のシャトー・ラフィット・ロートシルト。ボトルのショルダーに彗星のマークが刻まれているんです。二ダース買ってあったんだけど、味見してみようと次々に開けてしまって、あと七〜八本しか残っていない。実はヨーロッパの古くからの言い伝えで、「彗星の年はワインの年」というのがあります。その言葉の通り、八五年物は当たり年。素晴らしいお味ですよ。それから、ハレー彗星が周期彗星であることを予言して、ハレー彗星の名前のもとになったエドモンド・ハレーというイギリスの天文学者が、病の床で最後に遺した言葉が「ワインを一杯」だったという話も気に入りでしてね。エドモンド・ハレー卿に敬意を表して、ワインで乾杯しようと思っています。

宇田川　ずいぶんシャレた話ですね。でも、私は五〇年後まで絶対に生きられない（笑）。私に代わって、ぜひ長生きしてください。さて、最後の晩餐はどうなりますか。

楠田　ベネズエラ産クリオロ種カカオ七二パーセントのチョコレート一片。それにシャンパンを添えて。

宇田川　本日はありがとうございました。

◆二〇一一年七月

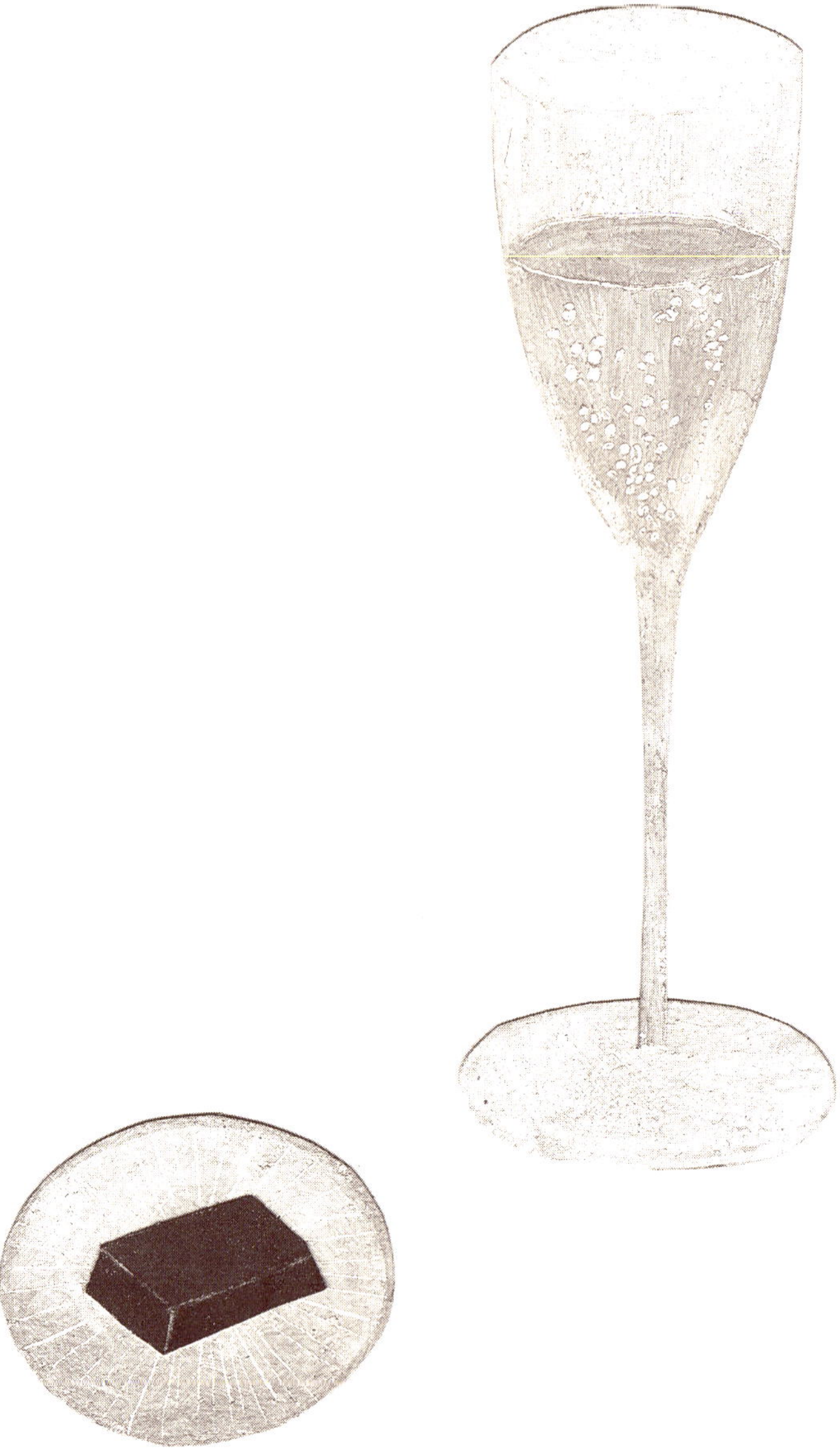

あとがき

一般にフランスの勲章などは、ほとんど馴染みがないだろう。私が叙任されたフランス政府農事功労章シュヴァリエは、主にフランスの農産物や料理の海外への普及に貢献した関係者に与えられるものだ。私などたいそうな仕事をしているわけではないが、それなりに認知されたのであれば嬉しい。

フランスにとって「食」は数世紀にわたりブランドとして、その威力を発揮してきた。ほんの一例だが、日本においてフランス料理を受容してきた歴史を見れば、それがわかる。日本では多くの食べ手が通過儀礼のように一時期、フランス料理の洗礼を受ける。それほどフランス料理の存在感は深い。その後、各人各様さまざまな「食」への道を模索する。私の場合、若い時分にフランス文化に魅了され、やがてパリに住み、フランス文化の象徴的な存在であるフランス料理にのめり込んだ。

本書は各界で活躍する人たちとの対談をまとめたものである。書名に『最後の晩餐』と付したのは、私自身が人生の最終コーナーに差し掛かったからだ。私の記憶の中で、「最後の晩餐」という言葉は多様な乱反射を引き起こしている。すぐに思い出すのは、一九七三年に公開された仏伊合作映画「最後の晩餐」。あの映画の衝撃は圧倒的で、フランス文化に傾倒する初心者の私に言い知れぬ強烈な印象をもたらした。

物語は、食道楽の趣味で結ばれた四人の男が絢爛豪華な晩餐会を繰り広げ、昼夜を分かたず、ひたすら食べまくるというもの。人間の本能の根幹をなす、おぞましい食欲に目を背けたくなりながらも、猥雑で淫蕩な画面にずんずん惹きつけられていく。その凄まじさは筆舌に尽くしがたい。そんな食欲にさらに人間の根本的なエロスがからみつく。「フランスやイタリアじゃなければ作れない映画だな」という言葉が、溜息とともに漏れた。

一方、その映画の対極にあるイメージは、『ふらんす物語』の作者・永井荷風の末期の姿である。放蕩の限りを尽くし、「最後の晩餐」だったカツ丼の御飯粒をぶちまけて、畳にうつ伏せで死んでいる孤独な荷風の写真。両者の映像はわずか一四年の隔たりにもかかわらず、フランスと日本における「最後の晩餐」の、目も眩むようなイメージの落差に慄然とさせられる。その二つが「最後の晩餐」にまつわる私のイメージである。

さて、本書には練達の士である一六人の美食家が名を連ねている。私がとやかく説明するまでもなく、読者諸賢は「食」を巡る彼らの独自の語りの中に豪放、爽快、真摯、執着、探求、洗練、繊細、品性、羞恥、周到、辛辣、韜晦、諧謔、抱腹、屈託などが横溢しているのがわかるだろう。密かな快楽についての密談もあれば、食の魔にとりつかれた恐ろしさもあり、「面白うてやがて哀しき」なんていう語りもある。「食」を語ることは、おのずから「人生」と「死」を語ることにもつながることに思いが至るはずだ。そして、皆さんの共通点を一言すれば、「食」に対する凛とした、その佇まいである。

「最後の晩餐」として、なかには「御飯と味噌汁」を挙げている人もいるが、それは私にとって映画「最後の晩餐」と永井荷風の「最後の晩餐」につらなる、第三の「最後の晩餐」の記憶として長く残るだろう。何年にもわたり彼らと対談を重ね啓発されながら、私も「最後の晩餐」について思いを巡らせてきた。だが、皆さんの決然たる信念に比べれば、最終コーナーに向かっているにもかかわらず、いまだに「食」の方位が定まらず、これからどの方向に転んでいくのか皆目わからない、そんな曖昧な自身に腹を立てている。正直に申せば、「最後の晩餐」に何を食べるか決めかねている。

パリから帰国して早一〇年を超え、その間、9・11アメリカ同時多発テロ事件、イラク戦争、リーマンショック、ジャスミン革命、そして3・11東日本大震災など激動の事変が私を揺さぶった。同様に「食」の世界でも混沌とした状況が続いている。家庭での食生活の崩壊が進み、テレビでは能天気な食と旅の情報番組が垂れ流され、ホルモンヌや立ち飲み、おつまみ横丁やスイーツ、高層ビルへの出店・撤退やミシュラン上陸など虚ろな流行現象に踊らされ、メインストリームを歩むのは相も変わらずレストランとレシピ紹介。もう何年も、「食」に関する本質的な思索や考察はことごとく脇道に追いやられている。そんな惨状に私も翻弄され、なかなか「最後の晩餐」への道筋が見えないのである。

だが、まあ、それも良しとしよう。これからも続いていくであろう、ざらついた不毛な現実を引き受ける覚悟も必要だから。というわけで、今は通過点かもしれないが、フランス料理に準ずるのが最良の選択だろうと思い、「最後の晩餐」として、カバーイラストの如くフランス料理のフルコースを挙げたのである。

本書が世に出るまでに、対談者をはじめ多くの人たちの協力を得た。元「サントリークォータリー」誌編集部の内海陽子、食文化誌「ｖｅｓｔａ」編集部の山中フサ子、和田道子、草野美保の各氏、とりわけ晶文社編集部の小林智之さんには多大な労をお掛けした。皆さんありがとうございました。

二〇一一年七月一日　東京

宇田川悟

宇田川 悟（うだがわ さとる）
1947年、東京都生まれ。早稲田大学政治経済学部卒。作家。フランスの社会・文化・食文化に詳しい。フランス政府農事功労章シュヴァリエを受章、ブルゴーニュワインの騎士団、シャンパーニュ騎士団、コマンドリー・ド・ボルドー、フランスチーズ鑑評騎士の会などに叙任。主な著書は、『食はフランスに在り』（小学館ライブラリー）、『パリの調理場は戦場だった』（朝日新聞社）、『ニッポン食いしんぼ列伝』（小学館）、『ヨーロッパワインの旅』（ちくま文庫）、『フランス 美味の職人たち』（新潮社）、『欧州メディアの興亡』（リベルタ出版）、『フランスはやっぱりおいしい』（TBSブリタニカ）、『図説 フランスワイン紀行』『図説 ヨーロッパ不思議博物館』『書斎の達人』『フランス料理二大巨匠物語──小野正吉と村上信夫』（共に河出書房新社）、『フランスワイン、とっておきの最新事情』（講談社＋α文庫）、『フランス料理は進化する』（文春新書）、『吉本隆明「食」を語る』（朝日文庫）、『VANストーリーズ──石津謙介とアイビーの時代』（集英社新書）、『超シャンパン入門』『東京フレンチ興亡史』（共に角川oneテーマ21）、『フレンチの達人たち』（幻冬舎文庫）など多数。

最後《さいご》の晩餐《ばんさん》
死ぬまえに食べておきたいものは？

2011年8月15日 初版

著　者　宇田川 悟
発行者　株式会社 晶文社
東京都千代田区神田神保町 1-11
電話（03）3518-4940（代表）・4942（編集）
URL: http://www.shobunsha.co.jp
装　丁　大村麻紀子
カバー・本文イラスト　西 淑
印　刷　株式会社 堀内印刷所
製　本　有限会社 三高堂

ISBN978-4-7949-6769-5　Printed in Japan